LA STRATÉGIE D'ENTREPRISE EN TEMPS DE TURBULENCES

Dynamiques d'Entreprises

Collection dirigée par Michael Ballé

Lieu de travail et lieu de vie, l'entreprise est au cœur de la société. Pourtant, beaucoup de ses aspects restent mal connus. Les évolutions technologiques et sociales sont à la source de nombreuses mutations organisationnelles. Les professions continuent d'évoluer en se divisant toujours davantage sur un plus grand nombre de spécialités. Les frontières elles-mêmes des entreprises s'estompent alors que les modes de travail se redéfinissent. Les entreprises deviennent des objets d'étude à multiples facettes dont les dynamiques sont de plus en plus complexes et souvent surprenantes.
Au-delà des grandes lignes des logiques de “ management ” d'une part et des théories sociologiques de l'autre, nombre de ces facettes restent dans l'ombre : dimensions ignorées, métiers méconnus ou dynamiques contre-intuitives. La collection *Dynamiques d'Entreprises* a pour vocation de diffuser les études réalisées sur ces points d'ombre, souvent techniques, de la nature des entreprises. Allant au-delà des “ essais de management ”, la collection regroupe des textes de recherche ou d'expérience sur le terrain qui éclairent les nombreux aspects ignorés des entreprises modernes.

Dernières parutions

Philippe REBIÈRE, *Luxe et digital : de nouvelles technologies dans l'univers du luxe*, 2025.
Didier THOMAS, *Les 30 règles d'or du management par la confiance, Trouver des leviers efficaces face aux crises et affronter les défis,* 2025.
Driss FERAR, *La culture peut-elle sauver le monde ? Le nerf de la paix*, 2025.
Milie Théodora MIERE, *Culture ou cultures d'entreprise. Valeurs, intégration et changement*, 2025.
Serge BOIKA TAHRIR, *Pour un meilleur développement durable en Afrique subsaharienne, Pistes et analyses*, 2025.
Florence STINGHAMBLER et Gaëtane CAESENS, *être (ou non) reconnu et valorisé au travail. Fondements théoriques et implications managériales*, 2024.
Michèle MILLOT et Jean-Pol ROULLEAU, *Ruses ou métamorphoses du capitalisme. L'entreprise en charge du bien commun,* 2024.
Mounir HILALI, *Une logique du management, Origines, succès et limites du concept du management*, 2024.

Fady J. Gemayel
et Antoine Bordier

LA STRATÉGIE D'ENTREPRISE EN TEMPS DE TURBULENCES

Une nouvelle réflexion en stratégie sous l'aune entrepreneuriale vécue en France et au Liban

Préface de Bernard Ramanantsoa

L'Harmattan

Des mêmes auteurs :

Fady J. Gemayel et Ghassan Chlouk

Aux Editions Dar Sader (ouvrage en arabe)

Quelle Économie ? Quelle Industrie ? Quel Avenir ? 2024

Antoine Bordier

Aux Editions SIGEST

Arthur, le petit prince d'Arménie, 2022

Aux Editions GALLIMARD

Femina Vox, 2023 (participation sous la direction de Guila Clara Kessous)

Aux Editions LE LYS BLEU

Arthur, le petit prince du Liban, 2024

Arthur, le petit prince d'Egypte, 2024

5-7, rue de l'École-Polytechnique – 75005 Paris
www.editions-harmattan.fr

ISBN : 978-2-336-55013-8
EAN : 9782336550138

SOMMAIRE

PREFACE **9**

AVANT-PROPOS **13**

I. PREAMBULE **17**

II. TOUR D'HORIZON DES SCIENCES DE GESTION **29**

1. La littérature face aux turbulences 34
2. Une parenthèse attendue : la création de valeur 37
3. Le 19e siècle fait sa révolution 39
4. Le 20e siècle et la naissance des sciences de gestion 42
5. Les années 1950 et les défis de la « discontinuité » 45
6. A l'école d'Ansoff : en route vers les systèmes de gestion page 48
7. Ansoff dans les années 1970 : les systèmes de gestion à l'heure de la flexibilité page 51
8. A l'école de Schön : la confiance, l'action et la théorie Scientifique 54
9. Les dix écoles de la pensée stratégique en discussion.......... 60
10. En marche vers la stratégie d'entreprise en temps de turbulences 66

III. LES ENTREPRISES FACE AUX TURBULENCES **71**

1. Les options ou choix stratégiques de l'entreprise versus ses démarches stratégiques 74
2. Les démarches stratégiques stricto sensu 82
3. Les *Learning Organizations* 98
4. La stratégie et la structuration en temps de turbulences, les premiers pas… 108

IV. DES HOMMES ET DES SOLUTIONS : LE CHT 141

1. La détermination des buts 146
2. Le système de base d'aide à la décision 151
3. Le face-à-face avec la complexité 158
4. La complexité et les marchés 160
5. La vision stratégique et la démarche opérationnelle 166
6. Comment intégrer la stratégie aux opérations ? 168
7. Après le temps de la complexité, le temps des Hommes 176
8. Après le temps des hommes, le temps du temps 186
9. Les outils du CHT et le cycle de vie 189
10. Le CHT en résumé 191
11. Etude de cas : l'entreprise OPTIMUS 194
12 L'essentiel du CHT en 9 points 199

V. L'ENQUÊTE : AU CŒUR DES ENTREPRENEURS LIBANAIS 201

1. Les grandes lignes de l'économie libanaise 205
2. Dans les coulisses de l'enquête 207
3. Les résultats 210
4. Synthèse de l'enquête 217
5. L'enquête 30 ans après… 219

VI. DEMAIN QUELS ENJEUX ? 221

1. Vers une nouvelle structure d'entreprise 223
2. Une feuille de route pour une structure évolutive 234
3. Le CHT : un vœu pieux ou une réalité vécue ? 244
4. La valorisation de l'entreprise 255
5. Les *néo-révolutions* : la numérisation et l'intelligence artificielle 265

VII. CONCLUSIONS 275

VIII. ANNEXES 291

IX. REMERCIEMENTS 311

PREFACE

Sous ses dehors de traité de stratégie d'entreprise, l'ouvrage de Fady J. Gemayel et Antoine Bordier est en réalité une tentative audacieuse de repolitiser l'acte d'entreprendre, dans son sens noble. Le tout rédigé à quatre mains, celles de Fady J. Gemayel, industriel libanais, rescapé d'une double guerre (celle des obus et celle des marges) ; et celles d'Antoine Bordier, ancien entrepreneur et professeur de contrôle de gestion international, plume française proche du monde chrétien des affaires, passionné de France, d'Europe, du Moyen-Orient et de l'Arménie, ses sources d'inspiration pour ses biographies et ses romans, pour ce livre.

Un livre hybride et foisonnant, moitié traité managérial, moitié essai de combat, nous livre une pensée stratégique en mode survie, mais aussi en mode "reprise de pouvoir" : mettre à nu les fragilités d'un capitalisme qui se voulait "global" et se découvre radicalement exposé – aux bombes, aux pandémies, aux pénuries, à la révolte sociale –, pour ensuite proposer une nouvelle idée de l'entreprise.

Gemayel, c'est l'histoire d'un patron qui a piloté une PME au cœur de la guerre civile – la guerre, la vraie –, qui a vu son usine brûler deux fois, qui a bossé dans un pays où l'incertitude n'est pas un mot du jargon managérial mais une réalité quotidienne, et qui décide d'en faire un modèle. On l'imagine presque dans un décor de ruines, plan stratégique à la main, jurant que "tant qu'il y a du carton, il y a de l'espoir".

La *turbulence*, chez lui, ce n'est pas une image. C'est une entreprise à reconstruire, une activité arrêtée huit mois, un business relancé en pleine guerre.
Nous ne vivons plus une crise, mais un basculement de régime, un changement de paradigme. Ce que les auteurs appellent "turbulences", ce sont ces ruptures systémiques – COVID, guerre en Ukraine, inflation énergétique, incertitude logistique, tensions géopolitiques...– qui brisent la linéarité du management à l'ancienne.

L'idée centrale des auteurs ? Transformer la guerre en méthode. Cela donne le "CHT" : Complexité, Hommes, Temps. Trois mots comme trois planches de salut pour les dirigeants à la ramasse dans un monde qui part en vrille. C'est une sorte de *"realpolitik"* entrepreneuriale : apprendre à raisonner dans l'incertitude, à penser long, à remettre l'humain au cœur de l'équation, et surtout à reprendre la main sur le temps stratégique. Car c'est bien de cela qu'il s'agit : une souveraineté perdue, confisquée par les marchés financiers, les algorithmes, les chaînes de valeur déterritorialisées, qu'il va falloir retrouver.

Ce livre fait écho, en creux, à une inquiétude plus large : celle d'un monde post-globalisation où l'économie va devenir de plus en plus dépendante du politique, et où l'entreprise, autrefois "apolitique", va être contrainte de réintégrer le champ du rapport de force géopolitique. On y lit le retour du risque, du climat, de l'énergie mais aussi du local et du territoire, comme variables géostratégiques. L'entrepreneur n'est plus un simple gestionnaire, il est un acteur du monde.

C'est aussi un livre qui ose prendre le risque d'être humain dans un monde de tableurs. On sent chez Fady J. Gemayel et Antoine Bordier une forme de nostalgie du capitalisme paternaliste – celui des familles, des valeurs, des ouvriers qu'on connaît par leur prénom. Pas celui des LBO et des licornes sous stéroïdes. Et ça fait du bien.

Les auteurs réhabilitent des notions trop longtemps évacuées par le management moderne : la vocation, la fidélité. Ils appellent à une entreprise "habitable", où la culture d'entreprise n'est pas un PowerPoint de DRH, mais une mémoire collective, forgée dans l'épreuve.
On est loin de l'idéologie de la *start-up nation*. Ici, pas d' *"exponential growth"*, pas *de "scale-up"*. Seulement un refus de céder au chaos, une tentative de construire une stratégie de l'engagement, du lien, du temps long. Un capitalisme du réel, fatigué de ses fuites en avant.
Si le mot n'est jamais employé frontalement, c'est pourtant bien le néolibéralisme – dans sa version technocratique et désincarnée – qui est ici mis en cause. Le livre défend une vision de l'entreprise qui refuse l'obsession du ROI, la financiarisation, la culture de la performance à flux tendu.
À rebours des dogmes, il redonne droit de cité au doute, à la lenteur, à la contingence. Ce n'est pas un retour au fordisme, mais une tentative de sortir du management hors-sol.

Et ce n'est pas un hasard si la PME et l'ETI sont ici valorisées comme le nouveau lieu politique : plus souples, plus incarnées, moins soumises aux injonctions du capital mondialisé, elles deviennent les laboratoires possibles d'un entrepreneuriat post-libéral, voire post-capitaliste. Le *"small is beautiful"* n'est plus une utopie, c'est une stratégie de survie.

Un autre point fort de l'ouvrage est son style. On ne va pas se mentir : le livre est dense. Il alterne réflexions théoriques, cas concrets, souvenirs familiaux, et citations d'experts ; ça digresse, ça revient sur ses pas…
Ce n'est pas un manuel à l'anglo-saxonne, avec schémas propres et infographies sexy. C'est un livre-vie, un texte qui cherche en marchant. Il ne se contente pas d'un constat froid et technique, il propose un récit. Une narration du capitalisme qui emprunte autant à la pensée sociale chrétienne qu'aux traditions du compagnonnage industriel.
La stratégie, ici, ce n'est pas qu'un processus décisionnel, c'est une éthique de la responsabilité, une manière d'habiter l'entreprise comme un espace vivant, conflictuel, mais porteur de sens.

On lit ***La Stratégie d'Entreprise en temps de Turbulences*** comme on lirait les Mémoires d'un capitaine de navire pris dans un ouragan. Par moments, on sent la houle : les chapitres enchaînent les anecdotes, les réflexions macroéconomiques, les références à Mintzberg ou Ansoff, les envolées sur la vocation de l'entreprise, l'amour de la France, la souffrance du Liban… !
Et c'est surtout une voix singulière, qui parle depuis l'expérience, avec sincérité et rage tranquille. Celle d'un entrepreneur qui, avec l'aide d'un observateur-ethnologue, pense. Qui doute. Qui raconte. Qui ne craint pas de dire qu'il a failli tout perdre. Et dans ce chaos, Fady J. Gemayel et Antoine Bordier tracent une voie, formulent une proposition politique : celle de reconsidérer l'entreprise comme un "actant" social, un "espace de subjectivation collective", une cellule de résistance à l'absurde technicisation du monde. C'est aussi un plaidoyer pour une stratégie morale, non au sens moraliste, mais au sens proposé par Hannah Arendt : *une capacité d'agir en conscience dans un monde incertain.*

La Stratégie d'Entreprise en temps de Turbulences n'est donc pas un "banal" ouvrage de stratégie. C'est un livre pour ceux qui voient leur

monde vaciller : le climat, les chaînes d'approvisionnement, les valeurs, les repères.
Ce livre est une contribution précieuse à une pensée critique de l'entreprise, dans un moment où la critique a trop souvent déserté ce champ.

À la dernière page, le lecteur ne repart pas avec une méthodologie clé en main. Il repart avec une nouvelle manière de penser la stratégie. Une grille de lecture qui bouscule, dérange parfois, mais qui ouvre des perspectives. Et dans un monde où les certitudes s'effondrent, c'est peut-être la seule boussole fiable, qui pourrait bien faire la différence entre ceux qui sombrent et ceux qui rebondissent.

En posant la question centrale – "Comment diriger quand rien n'est stable ?" –, Fady J. Gemayel et Antoine Bordier offrent moins une réponse qu'un ordre de mission : remettre l'humain au centre, cultiver le doute comme une compétence clé, penser lentement, tenir debout.

Un peu comme si Edgar Morin s'était mis au business !

Professeur Bernard Ramanantsoa
Directeur Général Honoraire HEC Paris

AVANT-PROPOS

Cet ouvrage est né de la rencontre de Fady Joseph Gemayel et d'Antoine Bordier. Le premier est docteur en Sciences de Gestion à la Sorbonne. Né au Liban dans les années 50, il est passé par les universités américaines (Georgetown et Texas A&M). Depuis sa thèse (écrite au début des années 2000 et présentée à la Sorbonne) et maintenant, près de 25 ans ont passé. A partir de sa thèse et des idées qu'il a couchées sur papier, il a voulu ce livre.

Son vœu est d'offrir son expertise et son expérience au plus grand nombre des entrepreneurs et des dirigeants d'entreprise qui travaillent dans des PME-PMI, des ETI, des groupes et/ou des grands groupes. Son vœu est d'être une référence auprès de ses coreligionnaires (puisqu'il est lui-même enseignant) : les professeurs et les universitaires.

Ce livre s'adresse, également, aux étudiants et aux apprentis-entrepreneurs, aux start-uppers, qui sauront y puiser toutes les idées, toutes les expériences vécues au Liban et en France.

Les entrepreneurs en herbe sont en mal de connaissances et d'appuis stratégiques. Dans le feu de l'action, ils n'ont plus assez de recul.

A la fois académique et littéraire, entrepreneur, industriel financier et opérateur, Fady J. Gemayel a vécu de grandes épreuves : il a vu, notamment, son entreprise brûler. C'est pour cela qu'il propose au creux de ses expériences libanaises et de ses expériences françaises (plus récentes), sa pensée et sa vision, sa méthode et ses conseils.

Oui, pétri de la littérature des grands auteurs de gestion du 19e et du 20e siècle, ce professeur dirigeant-entrepreneur a vu son entreprise brûler 2 fois. Il a, d'ailleurs, failli jeter l'éponge et épouser à 100% le métier d'enseignant. Oui, son groupe familial a failli disparaître.

Pour lui, l'histoire entrepreneuriale a commencé avec ses cousins et son frère, Nabil. Ensemble, ils ont repris l'entreprise familiale et multiplié par 3 ou 4 la valeur de cette entreprise devenue un groupe industriel de premier plan en France et au Liban.

C'est, dans les années 2010, que Fady J. Gemayel a commencé à entreprendre en France. Trente ans auparavant, en 1982, il est obligé de rentrer des Etats-Unis où il poursuivait ses études supérieures de gestion. Au Liban, alors que la guerre, déclenchée en 1975, continue à frapper le pays du Cèdre et que l'opération *Paix en Galilée* a lieu (Israël ayant envahi le sud du Liban), il se retrousse les manches et remonte la pente aigue dans laquelle l'entreprise, fondée en 1929 par son on. avait failli sombrer à tout jamais.

Aujourd'hui, elle est spécialisée dans le secteur du carton ondulé, de l'emballage, du recyclage, et de la papeterie. Elle est un acteur local, régional et mondial.

Et notre première rencontre ?

Quant à notre première rencontre, elle a eu lieu en 2016, dans le cadre des Assises nationales des Entrepreneurs et Dirigeants Chrétiens à Lille.

Ce vieux mouvement patronal français, qui fêtera bientôt son centenaire, est né en 1926. Sa particularité est de réunir des entrepreneurs et des dirigeants dont l'inspiration et la clef de voute portent un nom : la pensée sociale chrétienne. En résumé, les membres (ils sont, aujourd'hui, plus de 3 500) se retrouvent chaque mois pour travailler en petits groupes sur des sujets comme : le bien commun, la destination universelle des biens, la justice sociale, la participation, la responsabilité sociétale, l'unité de vie et la vérité évangélique, etc.

En 2019, je participe aux premières assises régionales des EDC établis à l'étranger, en tant que journaliste. Là, je revois Fady J. Gemayel qui s'exprime en visio-conférence du Liban. Il est entouré de plusieurs membres. En 2023 et 2024, je le revois de nouveau, dans le cadre de mon livre : *Arthur, le petit prince du Liban*. Il me parle de son projet de transformer sa thèse (écrite 20 ans plus tôt) et ses nouvelles réflexions ajoutées au fil de l'eau de son long parcours d'entrepreneur, en un livre de stratégie. Un livre inédit, jamais écrit !

Soutenue en 2001, sa thèse était déjà l'aboutissement d'une confrontation entre les sciences de gestion de l'époque et une première réflexion sur le sujet stratégique.

Comme il le dit lui-même[1] :

« Cet ouvrage est le fruit de mon expérience qui a commencé dès 1982. Un engagement de plus de quarante ans, au service de l'entreprise, au service des femmes et des hommes, au service de la société tout entière, celle du Liban, et celle de la France. Il est la combinaison d'un parcours académique en gestion et en management, au Liban, en France et aux Etats-Unis. Avec au cœur de l'expérience entrepreneuriale, celle au service d'une PMI familiale qui se transforme pour devenir un groupe. »

Cet ouvrage est le fruit de notre collaboration.

---

[1] Tout au long du livre, le « je » qui est employé le qualifie principalement.

A n'en pas douter, Fady J. Gemayel est un grand serviteur du Liban, de son économie, de sa vie sociale et familiale. Francophone devenu francophile, il est un grand serviteur de la France. Il y met son énergie, du sens et des valeurs ; et, il souhaite que tout cela se diffuse le plus largement possible.

La Stratégie d'Entreprise en temps de Turbulences est au service du plus grand nombre. Pour cela, ma plume a rejoint la sienne.

I. PREAMBULE

La gestion de la notion de turbulence[2] a toujours été mon souci principal. Dès 1982, étant à la tête d'une entreprise industrielle familiale[3] ancrée dans le contexte libanais, connu pour la difficulté de son environnement, les changements fréquents ont marqué le parcours de l'entreprise. Les turbulences font partie de son histoire, certainement de son ADN. Ces turbulences « pays » sont entrées en moi, en chaque Libanais. Et, nous en avons fait une force. Si cela n'avait pas été le cas, le Liban se serait vidé de lui-même.

En 1989, je termine mon DEA en gestion à Beyrouth, à une époque où la stratégie d'entreprise commençait à prendre toute son ampleur dans le contexte académique. Le vrai métier ? C'était de devenir « stratège ». C'est à ce moment-là où je me suis passionné pour le sujet. Depuis, il ne m'a jamais quitté. Il me colle à la peau, comme le sparadrap du célèbre Capitaine Haddock d'Hergé. 40 ans plus tard, il fait, toujours, partie de mes priorités. Et, je l'enseigne même. J'ai de la chance, car je manie aussi bien la stratégie de façon théorique, que sa pratique. Et, je me suis abreuvé aux sources de mes pairs plus anciens.

Fort de mon expérience au sein de l'entreprise, je décidais en 1989 de choisir ce thème comme sujet de thèse pour mon doctorat à la Sorbonne. Mes expériences de dirigeant en temps de turbulences étaient, déjà, nombreuses. Elles m'ont formé un moral en acier trempé, même si les apparences pourraient être trompeuses. Car, je suis

[2] Ma définition de la turbulence. Il s'agit d'un changement fréquent et imprévisible qui vient perturber de façon plus ou moins grave l'activité normale de l'entreprise. La turbulence est souvent plurielle. Elles sont si fortes, qu'elles remettent en cause la bonne continuité de l'entreprise. Elles deviennent, alors, une menace, un risque, et parfois, a contrario, une opportunité.

[3] En 1982, j'intègre comme directeur financier la société familiale GEMAYEL FRERES SAL (société anonyme libanaise), spécialisée dans le carton ondulé. Elle a été créée en 1929 par mon oncle. A la suite, de son décès, mon père, Joseph, prend le relais. Après la papeterie, il lance une nouvelle activité : le carton ondulé. En 1961, mon père, prématurément, et mon 2è oncle, qui a rejoint l'entreprise dans les années 50, décèdent à leur tour. Je n'avais pas 3 ans. L'avenir de l'entreprise, qui avait le monopole dans le secteur, est, dès lors, compromis. Comment la relancer ? Nos entreprises sont des hommes et des femmes et la famille y joue le premier rôle. Néanmoins, des cousins montent sur le pont et en assurent la continuité, la gestion et le management. Jusqu'à mon arrivée avec mon frère, Nabil, en 1982.

Le marché et notre histoire a changé : nous sommes passés d'une position monopolistique, des plus confortables, à une forte concurrence dans le carton ondulé, avec l'arrivée de 4 nouveaux entrants. En 1978 et 1984, nous avions, déjà, eu nos premiers revers : le bombardement de notre papeterie. En 2000, nous réussissons à racheter une participation dans une papeterie, notre métier d'origine.

quelqu'un de bienveillant. J'ai vécu mes premières fortes turbulences pendant la guerre. Cette guerre était intense. A tel point que, de nouveau, à la suite d'un bombardement on a failli disparaître. Mon aventure entrepreneuriale aurait pu se terminer sous une pluie d'obus.

En une fraction de seconde, la vie bascule. Celle de vos collaborateurs, également. Le fil de l'histoire remonte en accéléré jusqu'aux prémices de l'aventure. Les flashs, les images en accéléré, les visages de vos compagnons défilent devant vos yeux. Des sueurs froides perlent sur votre front, d'autres glissent dans le dos. Nous étions sains et saufs, mais notre activité était à l'arrêt. Elle a été stoppée net pendant huit mois.

Nous avons mis près de deux ans pour retrouver une activité digne de ce nom, pour retrouver notre équilibre. Nous regardions autour de nous : tout avait brûlé. Mais, nous étions-là, encore debout, prêts à retrousser nos manches, vivants. Prêts à aller de l'avant. Comme dit le dicton : « Le feu finit toujours par s'éteindre ; et, la fumée par s'envoler ».

Le sujet que j'ai défendu pour ma thèse était celui-là : **« La décentralisation et la délégation de pouvoirs permettent-elles de répondre à la fois aux exigences opérationnelles, et aux enjeux stratégiques d'une PME-PMI placée dans un contexte environnemental turbulent ? »**

Un sujet passionnant, et qui me passionne encore aujourd'hui. Car, il est majeur.

Mon parcours s'est, aussi, enrichi de plusieurs expériences académiques dans l'enseignement. Notre entreprise familiale, elle, est devenue un groupe « international » après son expansion en France. Nous marchons, depuis, avec deux jambes : l'une en Orient, l'autre en Europe.

En 2012[4], nous nous sommes, effectivement, implantés chez nos amis les Français, après le rachat d'une entreprise dans le même secteur. L'entreprise était en difficulté. Nous étions ses sauveurs. Nous l'avons remise sur rail assez rapidement. En 2018[5], de nouveau, nous avons l'opportunité d'une acquisition avec de nouveaux partenaires.

En 2019, une autre épreuve nous attendait. Elle était des plus imprévisibles. Elle était de taille, et nous a pris, tous, au dépourvu. 5

[4] En 2012, Fady et Nabil Gemayel rachètent la Papeterie du Doubs, rebaptisée GEMDOUBS SAS.

[5] En 2018, rachat avec nos nouveaux partenaires du groupe NORPAPER, le leader français du recyclé blanc pour l'emballage.

petites lettres ont fait dévisser le monde entier. Nous avons, en effet, essuyé les coups de boutoirs dévastateurs de la COVID[6]. Cette pandémie mondiale a mis à l'arrêt l'économie mondiale.

Il y a eu quelques exceptions. Et, nous en avons bénéficié. Contre toute attente, la demande pour les produits du secteur de l'emballage a décollé fortement, en raison de l'envolée des produits du e-commerce. En plein confinement, la consommation ne s'arrêtait pas. Elle s'était amoindrie, certes, mais pas pour le secteur digital. Les ventes ont explosé. Et, nous avons bénéficié d'un effet d'aubaine : celui de la vente à distance en pleine croissance.

Concernant notre attrait pour la France et nos bonnes relations, il est intéressant de noter que, même si nous sommes francophones, voire francophiles depuis plusieurs générations, lorsque nous avons mis nos pieds d'investisseurs pour la première fois en France pour y développer nos activités, nous avons été confrontés à une nouvelle culture, dont nous avions, il est vrai, déjà, entendu parler : celle du temps de travail[7], celle des conflits sociaux[8], des grèves, des manifestations. Ce n'est pas un cliché, car nous ne connaissions pas cette culture au Liban. Le temps de travail était différent. Nous devions appréhender tout cela.

Avant l'épidémie, il y a eu, également, l'épisode du confit avec les gilets jaunes, qui a été autant exceptionnel que désastreux et dur pour de nombreux dirigeants en France, pour les PME-PMI. Comment oublier les restaurateurs et leur confinement forcé ? Nous l'avons subi nous aussi, en partie, dans nos secteurs d'activité.

Plus tard, en 2022, le 24 février exactement, ce sera le début de la grave crise russo-ukrainienne. Une véritable guerre avec son lot de blessés, de destructions et de morts. Un conflit qui va impacter les coûts de l'énergie, la baisse du pouvoir d'achat et la baisse de la demande, non seulement en Europe, mais dans le monde entier. Cette guerre va mettre, notamment, le feu à l'inflation et à l'augmentation des taux d'intérêt.

Le monde entier s'était gavé de mondialisation. Il avait oublié la géopolitique des conflits. Elle est de retour, avec force. Il avait oublié

---

[6] Selon l'OMS, la pandémie de Covid-19 aurait fait dans le monde plus de 6,9 millions de morts.

[7] Selon les chiffres publiés par Eurostat en 2022, après la Finlande, la France est le pays de l'Union Européenne qui travaille le moins.

[8] La France est l'un des pays de l'Union Européenne qui consomme le plus de jours de grève. Entre 2010 et 2019, selon l'Institut syndical européen, elle était classée 2è (128 jours), derrière Chypre (275 jours). Elle était suivie de la Belgique (98 jours).

que l'Ukraine était son grenier à blé, et, en même temps la « chasse gardée » de la Russie.

Tous les secteurs d'activité sont impactés par cette guerre. Comme les nuages d'un violent orage, les turbulences se sont accumulées avant d'éclater. Tel un cyclone que l'on peut tracer dès sa naissance, les turbulences étaient pourtant là en apesanteur. Mais, on ne voulait pas les voir. Telles des cascades en furie, elles ont déversé leurs flots de mauvaises nouvelles : celles des hausses d'énergie, celles des délais de livraison rallongés à outrance, celles des commandes annulées au dernier moment, celles des entreprises qui ont fermé leur rideau métallique à tout jamais. Leur nombre a implosé.

Oui, la liste est longue de ces conséquences qui ne laissent personne, encore aujourd'hui, sur le bord de la route. Tous sont touchés.

Au sein de Gemayel Frères, un exemple de ces impacts, sur le plan managérial, est parlant. Alors que nos filiales en France étaient structurées autour de deux directeurs généraux assurant les opérations et la bonne continuité avec notre CODIR, j'ai dû, ces deux dernières années, me plonger, exceptionnellement, dans le cadre opérationnel. Et, comme j'aime la France, cette petite épreuve fut une belle aventure humaine : affronter la tempête, mettre les mains sur la barre du gouvernail, affaler les voiles, les hisser avec prudence et sauvegarder tous nos collaborateurs, là était l'essentiel. Cela m'a redonné de l'énergie, de la jouvence.

Ces turbulences ont entraîné des conséquences sur notre culture d'entreprise, sur nos valeurs et sur nos principes. Ces derniers ont été affinés, consolidés, renforcés. Toutes nos équipes en sont pétries. La culture d'entreprise n'est pas un vain mot. Ce n'est pas une mode. C'est l'âme, l'esprit de nos entreprises. Elle est construite en temps de stabilité opérationnelle, en dehors de toute turbulence. Et, elle se dévoile en temps de turbulences.

La stabilité ? Elle devient de plus en plus rare. Elle ne dure pas. Elle paraît de plus en plus idéale cette stabilité, devenue, finalement, si précieuse. Cette stabilité, quand elle existe, est fragile. Parfois, elle ne tient qu'à un fil, car elle dépend de deux environnements : extérieur et intérieur. Et, quelle que soit la rigueur budgétaire plus ou moins forte, elle est vite emportée, rompue. Les digues ne sont pas suffisantes.

Un petit avertissement

Vous l'avez compris : les grandes lignes du livre viennent d'être pensées, écrites avec la lenteur de l'expérience académique et entrepreneuriale. Mais, il est important de vous avertir que cet ouvrage n'a pas la prétention de parcourir les prouesses managériales et opérationnelles d'une entreprise et de ses dirigeants. Ni d'être un condensé de sciences économiques purement académiques. Ni, d'ailleurs, de répondre à toutes vos questions et de résoudre tous vos problèmes entrepreneuriaux, managériaux et opérationnels. Ici, nous proposons un modèle, des mécanismes de gestion efficaces, en phase avec un environnement confronté à des changements fréquents et souvent imprévisibles. Ces mécanismes, ces études, ces expérimentations, ce modèle vous permettra, nous l'espérons, de trouver la solution que vous recherchez, à court, moyen et long terme. Ils vous aideront à mettre en place vos futurs facteurs clefs de succès, lorsque la tempête paraîtra à l'horizon. La solution ressemble souvent à un fil d'ariane qu'il faut s'aventurer à tirer, même si la pelote tarde à venir, et qu'elle ne se voit pas du premier coup d'œil. Elle est là, c'est certain.

Etes-vous prêt à embarquer ? Etes-vous prêt à voyager ? Le grand voyage littéraire va commencer : par la découverte, et pour certains la redécouverte de ces auteurs, de cette culture, de cette littérature des sciences de gestion qui effleurent le sujet de la stratégie en temps de turbulences. Les turbulences parfois sont des révolutions… industrielles ! Alors, à ce moment-là, à ce moment-là seulement, elles deviennent nobles. Il faut les déguster et en apprécier les différentes saveurs. Puis, les maîtriser et se les approprier.

La stratégie à déployer ? Oui, la stratégie est notre mot clef. Ce n'est pas un gros mot. C'est un sujet qui concerne toute entreprise. C'est LE sujet de nos temps modernes, des 20e et 21e siècles. Avant, au 19e, il est né dans la pensée de quelques-uns, suivant l'évolution de la révolution industrielle. Puis, les Trente Glorieuses en ont parlé de plus en plus. Il est passé par un processus de vulgarisation – dans le sens noble du terme. Il a nourri les écoles académiques qui proposaient, dans un premier temps, des concepts et des modèles plus ou moins théoriques. Mais, au creuset de nos expériences, de celles vécues au Liban et en France, c'est à l'école du terrain que vous êtes tous convoqués.

Chez Gemayel Frères, cette école-terrain passe par la PME-PMI, qui est devenue un groupe industriel familial, une véritable ETI.

Il vous est proposé, également, un modèle : le mien. C'est le cœur de cet ouvrage, de mes expériences que vous allez découvrir au fil des pages. Cette méthode, avant de la normaliser, d'en conceptualiser les contours, je l'ai appliquée. Nos entreprises ont été des laboratoires d'expérimentation. Cette méthode a fait ses preuves, c'est certain. Ce modèle tient en peu de mots, il tient en trois lettres. Il se dénomme **CHT** : **Complexité, Hommes et Temps**.

C'est au creuset de l'industrie du carton ondulé et de l'industrie papetière, que vous êtes conviés. L'industrie papetière est un secteur passionnant. En 2020, elle craignait une grande crise européenne en raison des nouvelles capacités de production qui arrivaient sur le marché, alors que nous étions, déjà, en surcapacité. Mais, il y a eu l'impact Covid[9]. Paradoxalement, notre secteur était en croissance. Les besoins des clients montaient en flèche, en raison du Covid. Le papier pour fabriquer le carton d'emballage était souvent… en pénurie !

Vous connaissez cet adage : « Ce qui est rare, est cher ! ». Par contre, cette turbulence de la rareté n'impliquait pas, dans notre secteur, une augmentation pérenne des prix. Malchance, cette expérience de turbulence inédite, parce que mondiale, était accompagnée d'une autre : la hausse à deux, trois et quatre chiffres du coût de l'énergie.

On a commencé à parler de l'énergie. On en parlera beaucoup dans ce livre.

Rappelez-vous : le mégawatt de gaz avait atteint, en France, 340 euros en août 2022 alors qu'il se négociait aux alentours de 20 euros un an auparavant. Il redescendra à 26 euros en août 2023 ! Et aujourd'hui ?

Adieu analyse, anticipation et raisonnement logique, l'incertitude était de mise. Elle l'est encore. Adieu les statistiques qui prévoyaient une hausse de croissance. La plupart des turbulences sont imprévisibles. Elles ressemblent à un yo-yo désarticulé. Et, quand elles le sont, prévisibles, il est difficile de réduire la voilure de la croissance.

Soyez les bienvenus ! Nous entrons dans un nouveau monde. Nous sommes face à une nouvelle ère : celle des turbulences. Oui, soyez les bienvenus dans ce nouveau monde.

Les cours de l'électricité, du transport, de l'amidon (par exemple), ont connu des soubresauts et en connaîtront d'autres. Ils sont devenus nos maîtres. Il en est de même du prix des matières premières, du prix

---

[9] En réalité cette crise liée à la pandémie du Covid-19 n'impactera le marché français que d'une légère baisse de 6,1%, selon la Copacel (l'Union française des Industries des cartons, papiers et celluloses).

des vieux papiers et du prix du papier. Nous, les dirigeants qui aimons autant faire de la stratégie que d'avoir les mains dans le cambouis, nous avons les yeux rivés sur ces cours et ces coûts.

Une question se pose : quels sont les professionnels et les cabinets de conseil qui avaient prévu ces mouvements ? La réponse, vous la connaissez : personne !

Imaginez : les papetiers étaient dans un désarroi total. Les médias en ont très peu parlé. Alors que dans ce secteur, auparavant, tous les groupes étaient impactés plus ou moins de la même façon, par les mêmes contraintes comme l'énergie et les vieux papiers. De nouvelles conditions ont vu le jour qui influaient chaque groupe différemment, suivant ses sources d'énergie : le gaz, la biomasse, le CSR (combustible solide de récupération). Dans ces temps de turbulences, les achats, dont le risque est limité financièrement par des couvertures financières à terme, sont devenus l'endroit des grandes batailles.

Si vous manquez de visibilité, c'est, certainement, parce que vos services n'ont pas pu ou su anticiper cette déflagration. Si le moteur de votre croissance se grippe, il faut regarder du côté des achats, de vos matières premières.

Comment faire ?

Comment faire lorsque nos organisations manquent de visibilité totale quant à l'évolution des cours, des marchés et des prix ? Face à ces aléas, il faut établir des business plans et des budgets ! Mais sur quelles bases et quelles estimations ?

Quels sont les concepts ou les critères à suivre, les hypothèses à envisager, les scénarios à suivre ?

Un doctorat et le CHT

Revenons un instant à cette recherche doctorale, au début des années 2000. Puisqu'à ce moment-là, fort de l'expérience terrible des guerres du Liban (guerre des Palestiniens, guerre des Syriens et des Israéliens qui envahissent le Liban, et guerres intracommunautaires) de 1975 à 1990, j'ai vu mon pays plonger dans les méandres guerriers de la violence qui emporte tout entendement. Le Liban s'embrasait, il était défiguré, à terre. Mon entreprise était bombardée et partait en fumée deux fois… Face aux périls, j'avais déjà parcouru un éventail de solutions disparates de gestion, d'organisation et de management. Les idéaux de la stratégie à long terme s'éloignaient. Ils se transformaient en chimères.

Les solutions ? Oui, nous étions à la recherche de solutions. Citons quelques exemples, comme le planning et le management stratégique, l'innovation, le reengineering, le Six Sigma, l'empowerment, la gestion du changement, et la gestion des ressources humaines. Ces solutions, finalement, qui paraissaient plus ou moins complexes et qui parfois s'opposaient, je les ai positionnées autour de ces trois dimensions : complexité, hommes et temps.

Ainsi était né le concept que je qualifie de « fédérateur » et qui pose les fondements d'un nouveau modèle de gestion global, ***le CHT management***, capable de répondre aux défis de chaque situation. Le concept CHT est le fruit à la fois de la synthèse des préconisations des sciences de gestion, de la littérature, et de mon expérience professionnelle, passées aux cribles des turbulences.

La littérature ?

Oui, elle fait partie de nos racines entrepreneuriales. Elle nous abreuve et liquéfie nos pensées asséchées. Heureusement, sans le savoir, nos faits et gestes, nos pensées, nos grandes décisions stratégiques en sont pétries. C'est pour cela que ce livre ressemble, dans un premier temps, à une balade, à une belle (re)découverte de ces grands auteurs contemporains du 20e siècle, principalement, mais, également, du 19e siècle. Ils sont les pères de la pensée stratégique, qui ont nourri des générations de chefs d'entreprise, de professeurs et d'étudiants.

Ce livre espère nourrir les prochaines générations. Il veut rendre hommage à celles et ceux qui, aujourd'hui, travaillent à créer de la valeur pour le bien-commun.

Des auteurs et des lignes de pensée

Les études de certains auteurs, concernant la stratégie, touchent à plusieurs concepts. Des ouvrages traitent de la démarche stratégique, qui peut englober les capacités organisationnelles ainsi que la planification des opérations. D'autres considèrent, plutôt, le sujet dans l'ordre des choix ou des options stratégiques.

Déjà, dans une première ligne de pensée, plusieurs auteurs plaident pour l'innovation et l'introduction de la créativité au sein de l'entreprise, non seulement dans l'espoir de favoriser l'assimilation des connaissances (*knowledge*) et en particulier de l'apprentissage (*learning*), mais, aussi, afin de battre la concurrence au niveau du temps, c'est à dire de réduire les temps nécessaires à l'introduction des produits sur les marchés.

Les recettes sont, certainement, enrichissantes, mais elles ne sauraient à elles seules procurer à l'entreprise un avantage concurrentiel propre, qui se prolongerait dans le temps en dehors des cas ponctuels.

Parmi ces auteurs, citons : Ansoff[10], les auteurs du célèbre Strategor[11], Mintzberg[12], Prahalad[13] et Hamel[14], Godet[15], etc.

Innovation, créativité et l'avantage concurrentiel forment le premier triptyque de cette ligne de pensée, de cette lignée d'auteurs.

Une autre génération de pensée, qui découle des ouvrages traitant de la mise en application de la stratégie et de la structure de l'organisation, plaide pour un allégement total des structures. Ce sont les iconoclastes de la vieille pensée stratégique, celle d'avant les années 80.

Ce concept, finalement, varie selon les auteurs. Il va de la gestion par modules, par projets, par cellules, jusqu'à même la dotation des éléments opérationnels de pouvoirs qui relèvent ordinairement de la stratégie. Les variations sont d'autant plus nuancées qu'elles semblent avoir pris au départ des hypothèses bien différentes concernant le degré de turbulence de l'environnement.

Le livre va aussi évoquer le sujet de la décentralisation et de la déstructuration. Faut-il décentraliser la prise de décision ? Faut-il aplatir nos vieilles organisations, trop souvent structurées en silo ? C'est l'apanage des start-ups ! Faut-il transformer nos groupes et nos ETI qui ploient sous le poids des processus et des règlementations en des PME-PMI moins contraintes et beaucoup plus agiles ?

Si tel est le cas, on est en droit de se demander quelles sont les conditions nécessaires à une telle transformation ?

---

[10] H. Igor Ansoff (1918-2002) est un mathématicien, professeur et consultant en stratégie. Russo-Américain, on lui doit ce best-seller sur la stratégie : *Corporate Strategy*. Edité en 1965, il est paru en 1968 en français (*Stratégie de développement de l'entreprise*).

[11] *Strategor* est le livre par excellence en matière de stratégie. Paru pour la première fois dans les années 1980, il en est à sa 9è édition (qui date de septembre 2024).

[12] Henry Mintzberg (1939-) est un universitaire canadien. Il est un expert incontournable des sciences de gestion. Il a écrit de nombreux ouvrages sur la stratégie, l'organisation et le management.

[13] Également incontournable, Coimbatore Krishnao Prahalad (1941-2010) a été un des influenceurs les plus remarquables de sa génération en matière de management et de stratégie. Auteur de nombreux livres, il a collaboré, notamment, avec Hamel.

[14] Gary Hamel (1954-) est un économiste-entrepreneur. Il est le fondateur du cabinet Strategos, spécialisé en stratégie d'entreprise. Il a enseigné à la London Business School. C'est un conférencier très réputé.

[15] Michel Godet (1948-) est docteur en statistiques et en sciences économiques. Prospectiviste, il est l'auteur de nombreux livres.

L'enjeu : la prise de décision et le pilotage de nos entreprises

C'est au creuset d'une enquête réalisée auprès de 300 chefs d'entreprise du Liban sur le sujet de la turbulence et dans le cadre de la thèse que l'extraction des réponses les plus pertinentes – une quarantaine – a permis de répondre au sujet de la délégation ou non de pouvoirs en cas de forte turbulence. Question épineuse que celle de la délégation, qui est l'objet de normes internationales dans les grands groupes. La délégation de pouvoirs va de pair avec la régulation, avec la *segregation of duties*, la séparation des tâches (cet angle ne sera pas abordé ici, ayant fait l'objet de nombreux ouvrages).

Cette question managériale de la délégation est posée : à quel étage se prend la décision en cas de forte turbulence et jusqu'où pouvons-nous la déléguer ?

Ce sujet nous concerne tous, quelle que soit la taille de nos entreprises. Par exemple, s'il s'agit d'un grand groupe, doit-il déléguer ses prises de décisions aux dirigeants de ses départements, de ses divisions et de ses centres d'activités ? Doit-il déléguer à des n-1, des n-2, des n-3 ? Jusqu'où dans la chaîne hiérarchique peut-il déléguer, à quel niveau de responsabilité et d'engagement budgétaire ?

Et, s'il s'agit d'une PME-PMI où la proximité des collaborateurs est première, où le « small is beautiful », le chef d'entreprise qui a la vision globale prendra sa décision en fonction des informations-clefs. La question de la délégation se poserait, donc, tout autant en fonction de l'information-clef des responsables des fonctions principales.

Mais, avant de répondre à cette question, embarquons tous pour un tour d'horizon plus que nécessaire dans le monde de la littérature. Prenons une bouffée d'air pur, en nous baladant d'auteur en auteur, d'esprit en esprit, de plume en plume.

Ils ont marqué à tout jamais les champs de la gestion, du management et de la stratégie.

II. TOUR D'HORIZON DES SCIENCES DE GESTION

Nos grands auteurs, nos pairs, ont-ils, déjà, tout dit, tout écrit sur le sujet de la stratégie ? Ont-ils tout expérimenté ? Nous avons de la chance, car nous profitons de leur savoir. Nous sommes en quelques sortes leurs héritiers, les témoins d'une époque qui a connu plusieurs révolutions économiques et industrielles.

Même théorique, leur savoir nous permet d'apprendre, d'avancer, de comprendre, de mettre en place, de tester et de trouver des solutions. Il nous permet d'anticiper et d'établir des modèles qui nous correspondent, qui répondent, plus ou moins exactement, à nos besoins, à nos défis, à nos enjeux.

Lors des travaux que j'ai réalisés pour écrire ma thèse, je me suis passionné pour ces auteurs. Et, j'ai fini par essayer (je dis bien essayer) de devenir comme l'un d'entre-eux, de les imiter. Ce qui est certain, c'est que je me suis mis à leur école. Je reste leur élève...

Je me souviens, encore, de cet article que j'avais lu à la fin des années 90. J'avais été attiré par le fait qu'il avait été primé par la revue Harvard Business Review[16] comme étant l'article de l'année. John Seely Brown[17] y affirmait que : « Les chercheurs doivent sortir des laboratoires[18] ». Son franc-parler me plaisait, moi qui me destinais à une grande carrière m'intéressais aussi au monde académique. Il les invitait à aller vers le consommateur, au plus près du client, afin de développer ensemble les nouveaux produits, les nouveaux services de demain. A son tour, Regis McKenna[19] auteur de l'esprit *market oriented* invitait les producteurs à faire participer leurs consommateurs au processus de développement de nouveaux produits.

Cette réflexion s'amorce, ainsi, dans cette logique dans la mesure où, d'une part, l'étudiant-dirigeant était le client, et d'autre part, la théorie de la gestion représentait le sujet proposé. Il me fallait, donc, analyser la réflexion académique et la soumettre à la réalité du terrain (le mien).

---

[16] Célèbre revue américaine, elle est éditée depuis 1922. Elle est transverse et traite des sujets de gestion, de finance, de management et d'organisation, de stratégie. Elle est distribuée en langue française depuis 2014.

[17] John Seely Brown (1940-) est un chercheur américain, spécialisé sur les sujets d'apprentissage, d'informatique et d'organisation. Il est docteur honoris causa d'une dizaine d'universités prestigieuses. Il a publié plus d'une centaine d'articles dans la Harvard Business Review.

[18] *Les Chercheurs doivent Sortir des Laboratoires*, Harvard L'expansion : Dossier innovation, Automne 1991, No. 62.

[19] Regis McKenna (1939-) est un as du Marketing. Dans les années 1970-1980, il est la personne clef de la Silicon Valley. Il s'est mis à son compte et accompagne de nombreuses start-ups. Il a écrit de nombreux livres.

Ce choix était évident pour l'étudiant en DEA qui était en même temps en charge d'une entreprise industrielle. J'avais la chance de bénéficier d'un laboratoire unique. A la tête d'une entreprise dynamique et avide de reprendre sa position commerciale, nous étions à la recherche de nouveaux moyens, de la formule du succès, ou du modèle qui nous aurait permis d'assurer sa réussite à jamais !

A l'époque, notre entreprise au Liban employait plus de cent cinquante personnes et réalisait un chiffre d'affaires de plus de 60 millions de francs (9 millions d'euros). Elle a été mon laboratoire…

Car les préconisations académiques y ont trouvé un champ propice à leur mise en application. J'étais comme un apprenti-jardinier qui devait cultiver son potager entouré de ses maîtres.

C'est en vivant cette expérience unique de réflexions et d'actions simultanées que naissait l'idée d'apprendre à gérer en temps de turbulences. Les turbulences étaient devenues ma manne quotidienne.

C'était une évidence. Avais-je le choix ? Cela devenait d'une part un besoin réel pour le dirigeant que j'étais et une préoccupation de l'étudiant-chercheur. La confrontation des idées apprises aux situations réelles du terrain me donnait l'occasion de fournir des observations, d'obtenir des confirmations, mais aussi des mises en doute de certaines préconisations académiques. Encouragé par un ouvrage intitulé *Le management en crise : pour une formation proche de l'action*[20], je pouvais, dans mon for intérieur, mettre en question certaines préconisations académiques de l'époque. La réalité présentait des situations nouvelles, qui ne trouvaient pas de réponse dans la théorie courante.

Dans le cinquième chapitre intitulé *Gestion, Formation et savoir-faire*, Henri Tézenas du Montcel évoque le sujet. Il écrit : « Mise en œuvre sur des terrains variés, elle progresse à la rencontre de l'expérience et de la recherche. Mais l'essentiel de ses apports résultent de la créativité des praticiens appartenant au monde de l'entreprise comme à celui de l'université. »

Je me retrouvais pleinement dans ce que je lisais. Et, je me devais de profiter de cette interaction unique entre la pensée et l'action dans le cadre extrêmement turbulent qui était celui de mon expérience professionnelle. Je vivais pleinement cette situation de « réflexion dans

---

[20] G. Paquet, W. Gilles, C. Navarre Ottawa, O. Gélinier, H. Tézenas du Montcel, et C. Vimont, *Le management en crise : pour une formation proche de l'action*, paru aux éditions Economica, Paris, 1991.

l'action ». Cette condition qui pourrait produire dans les termes de Gélinier de « la connaissance de type Delta », qui est bien souvent le fruit d'un aller-retour entre l'analyse rationnelle et la perception pointue dans une démarche finalisée.

Oui, c'était pointu. Et, je me retrouvais à la pointe de cette démarche. Aujourd'hui, je comprends que, finalement, je n'avais pas le choix.

Gélinier ajoute : « Le professionnalisme est toujours imprégné de connaissance de type Delta[21], car il ne se réduit pas à une capacité d'application déductive de la théorie. Il y ajoute la nécessaire triple capacité de « perception pointue » (décrypter les signaux faibles), de résolution créative de cas inédits (inaccessible au pur théoricien car puisant dans la mémoire d'autres cas), et de progrès continus dans le métier pour y rester compétitif !

Le manager agissant en vrai professionnel se distingue surtout par sa capacité à trouver des solutions pour l'action dans une configuration inédite de circonstances et de buts. Comment procèdent alors l'architecte, le manager, ... le chef d'atelier ?

L'expérience réfléchie, guidée par son auteur, lui a appris :

- A percevoir et à structurer les symptômes significatifs de la situation particulière qui se présente ;
- à recourir à la théorie, aux connaissances Alpha, Béta et Gamma, pertinentes à son métier, et qu'il sait utiliser pour analyser, modifier, simuler si possible... sans y trouver une réponse complète ;
- à faire un retour au concret et à puiser dans son expérience et son imagination une approche nouvelle, ou une variante des solutions classiques et des méthodes de mise en œuvre qui permettent une action atteignant son but dans les conditions particulières du cas[22]... »

---

[21] Les connaissances de type Delta visent la maîtrise d'action. Nous rappelons les trois principaux types de connaissance proposés par Fritz Machlup, et désignés par des lettres grecques par le groupe d'Ottawa sous la direction de Gilles Paquet. Alpha : connaissances humanistes, Beta : connaissances scientifiques, et Gamma : connaissances des sciences sociales. La connaissance de type Delta est une capacité à intervenir, une compétence qu'une personne crée et acquiert en agissant dans et sur un système complexe (informationnel, relationnel) avec sa prise d'initiative, ses marges de liberté et la nécessité de faire ses choix dont les conséquences ne sont pas pour elle entièrement visibles. Par construction, cette compétence est donc peu transférable d'une personne à une autre, mais davantage transférable par un individu d'une « situation » à une autre. C'est une compétence en quelque sorte personnalisée et personnelle, co-produite par l'individu et le système dans lequel il est placé (Gélinier, 1991, p. 1553).

[22] O. Gélinier, page 105.

Conforté par cette attitude, je me devais, donc, d'aborder les préconisations reçues en études doctorales avec une distanciation positive. Celle de n'accepter au niveau intellectuel les propositions théoriques avancées que dans la mesure où elles répondaient effectivement aux besoins du terrain.

1. La littérature face aux turbulences

Evoluant à travers le temps, les sciences de gestion ont constamment été affectées par les changements qui touchaient les entreprises dans le cadre de leur activité. Il en va de même pour la stratégie, qui a été l'aboutissement des sciences de gestion dans les années quatre-vingt. A son tour, la stratégie a généré une profusion d'ouvrages cherchant à répondre aux nouvelles conditions du changement, et aux changements eux-mêmes. Les auteurs, la plupart du temps, étaient des hommes aimant les chiffres, les lettres, l'économie, l'entreprise et la société. Ils le sont restés.

Il est clair que la notion de stratégie a englobé, à un moment donné, un ensemble de notions. Dès le départ, il fallait discerner entre, d'une part les choix stratégiques appelés aussi options stratégiques ou bien stratégies de contenu, et d'autre part, les démarches stratégiques. La méthode est une chose, le fond en est une autre, qu'il faut savoir appréhender et implémenter. C'est dans ce sens que plusieurs choix stratégiques s'avèrent incomplets, puisqu'ils ne représentent qu'un contenu et la gestion stricte de ce contenu, et non une chaine, un chemin, un processus qui guiderait l'ensemble de l'entreprise à travers le temps.

Considérons à titre d'exemple le reengineering, qui fut un choix stratégique que beaucoup d'entreprises ont adopté. Cette démarche peut présenter de nombreux intérêts pour l'entreprise, notamment en termes de réduction de coûts et de simplification des process. Cependant, l'entreprise qui se fie à la seule démarche de reengineering ne peut répondre à la fois aux exigences opérationnelles et aux enjeux stratégiques. Le processus du reengineering se base sur une démarche qui s'enclenche en temps T0 et aurait comme échéance T3. Que faire alors si en temps T1, donc après l'entrée en action du reengineering, des impulsions de changement viennent remettre en cause les valeurs prises en considération en T0 pour T3 ? Il en va de même pour toute démarche qu'on enclenche à partir d'un moment donné et qui aurait pour fondement une image préétablie du futur. Tout changement en cours de route remettra en cause l'aboutissement. Ces approches de contenu ne peuvent répondre qu'en partie aux besoins réels de l'entreprise. En se basant sur une approche de positionnement, ils gèrent mal l'évolution de toute l'entreprise en temps de turbulences. Dans la catégorie de démarches stratégiques certains auteurs à l'instar de Calori et Atamer[23], Godet, Thietart[24], Prahalad et Hamel, favorisent le long terme. Ces derniers proposent un choix stratégique de recentrage sur les compétences clés de l'entreprise, et insistent sur l'idée que les percées stratégiques ne se réalisent qu'à très long terme (vingt ou trente ans). Ils citent les exemples de Canon versus Xerox, et de Komastu versus Caterpillar. Leurs arguments sont très convaincants, mais comment gérer le transit à travers pareils délais ?

Le chemin est très long pour une équipe qui doit faire face continuellement à des défis qui surgissent en cours de route.

Ils citent d'autres exemples, comme celui de la compagnie aérienne Pan American World Airways (1927-1991). Que peut-on dire de Pan Am ? Ce fleuron américain des compagnies aériennes, autrefois blason des Etats-Unis, n'existe plus, bien que les lignes que possédait autrefois cette entreprise avaient formé à l'époque le réseau qu'aujourd'hui plus d'une alliance de compagnies aéronautiques cherchent agressivement à mettre sur pied.

Lus sous un autre angle, certains ouvrages américains abordent le problème de l'efficacité et celui de l'efficience. Le premier répondant à la question de faire les bonnes choses ou « Doing The Right Thing » et le second relevant plutôt de l'optimisation de l'emploi des ressources ou « Doing Things Right », donc bien faire les choses.

Parallèlement, certains auteurs parlent du « strategic fit » ou de l'agencement, de l'alignement entre l'emploi et la disponibilité des ressources. D'autres, en revanche, à l'instar de Prahalad et Hamel favorisent le « strategic stretch », qui veut que l'on étire l'utilisation des ressources jusqu'à son point ultime.

D'ailleurs, le gestionnaire se rend vite compte que sa réussite à long terme dépend non de la simple gestion de la valeur, mais surtout de la création de cette même valeur. Il ne suffit plus de bien agencer un dispositif de mesures à un moment donné, mais de le remanier en

---

[23] Roland Calori (1951-2002) et Tugrul Atamer (1953-) ont co-écrit ensemble l'ouvrage *Diagnostic et décisions stratégiques*, paru chez Dunod, dans sa 2è édition en 2011.

[24] Raymond-Alain Thietart (1944-) est, également, un universitaire éminent, professeur à l'Université Paris-Dauphine et à l'Essec. Il a, aussi, été professeur au MIT (Massachussetts Institute of Technology) et à l'EIASM (European Institute of Advanced Studies in Management). Il est un grand spécialiste du management, des organisations et de la notion du temps. Il aime éclairer les sujets de gestion sous le halo de l'histoire. Parmi ses nombreux ouvrages, il a écrit, notamment, *La Stratégie d'Entreprise*, Paris, 1997, paru chez McGraw Hill.

permanence pour optimiser l'utilisation des ressources qui sont toujours relativement très limitées. En permanence ? Oui, il en est, ainsi, en temps de turbulences.

Par exemple, des entreprises devenues des groupes sont l'aboutissement d'un noyau dur qui a fini par grandir à travers le temps, avec des satellites, tel un arbre avec de beaux fruits. Son développement n'a pas été nécessairement prévu à l'origine lors de la création de ce noyau dur.

Il suffit d'analyser les grands groupes actuels en France, en Europe, au Japon et aux Etats-Unis. Parmi les entreprises qui font aujourd'hui partie de l'index Dow Jones, seule GE (General Electric) existait du temps de la création de cet index, il y a 130 ans. On se trouve, par cet exemple, réellement face à deux grandes situations : celles des PME-PMI qui seraient limitées dans leur structuration, et qui ont leur raison d'être, leurs problèmes et leurs besoins ; et celle des grands groupes qui ont atteint leur taille actuelle, en raison de concours de circonstances, et de décisions hautement stratégiques prises en prévision de leur évolution.

La stratégie, qu'elle soit de haut vol ou pas, s'adresserait-elle, ainsi, uniquement, aux groupes ? La question s'est souvent posée, jusqu'au début des années 2000. Les fameuses « start-up » ont changé la donne.

Il est à noter, que l'existence même de la PME-PMI semblait être occultée dans bon nombre d'ouvrages. Parmi les auteurs à grand succès, peu se sont souciés des problèmes inhérents à la PME-PMI. Pourtant les PME-PMI représentent plus de 90% des entreprises européennes.

Depuis 20 ans, un intérêt se dessine autour de la PME-PMI saluée pour sa flexibilité et pour la rapidité de prise de décision qu'elle permet.

Pour Marchesnay[25], elle illustre le rapprochement qui existe dans la réalité entre les opérations et la stratégie. En se baignant dans la mare des ouvrages de gestion, les gestionnaires de ces petites et moyennes entreprises se trouvaient confrontés à une énième illusion : celle de la théorie appliquée plutôt aux grands groupes.

[25] Michel Marchesnay (1950-) est un universitaire français, professeur émérite de l'Université de Montpellier. Il est, aussi, président honoraire d'associations scientifiques francophones en stratégie et en entrepreneuriat. Il est l'auteur de nombreux ouvrages sur l'entrepreneuriat et la stratégie. Il a publié une centaine d'articles et des dizaines de livres.

2. Une parenthèse attendue : la création de valeur

Pour certains auteurs, comme Roudaut[26], la création de valeur toucherait à sa fin. Fin de l'histoire ?

La notion de *création de valeur* mérite, ainsi, qu'on s'y attarde davantage. C'est le vœu pieu de Fady J. Gemayel. Il en est un peu « l'apôtre moderne ». Car, selon lui, elle permet aux petites entreprises d'assurer leur croissance et aux grands groupes de perdurer dans le temps. En cherchant à concrétiser leur mission-vocation de création de valeur, les dirigeants ont deux grands axes d'action : la mise en place et l'agencement de l'ensemble des ressources qui vont permettre de saisir les opportunités pour développer leurs activités et assurer leurs continuités, améliorer les compétences de ses collaborateurs, augmenter la qualité de ses produits et services.

Ce dispositif n'est pas nécessairement des plus faciles, mais l'idée est que le dirigeant dispose d'un choix de ressources qu'il utilise pour prendre les bonnes décisions. Dans ce cas, on pourrait en programmer la valeur ajoutée future et l'anticiper. Et, s'il y a changement ou risque de dérapage, le dirigeant remanierait l'utilisation des ressources mises à sa disposition pour assurer la réussite de son entreprise.

Vue sous cet aspect, la valeur ajoutée dépend d'une certaine façon de l'alignement des ressources considérées comme étant disponibles. Mais, car il y a un mais, les ressources dont dispose le chef d'entreprise ne sont pas infinies. Justement, comme la disponibilité des ressources est relativement limitée, il faudrait remarquer que la simple mise en place du dispositif évoqué ci-dessus ne permet qu'une augmentation relativement limitée de la valeur.

S'opposent, ainsi, la gestion et la création de valeur. Il s'agit de pouvoir dépasser à la fin la somme des composantes tout en tenant compte que leur croissance nominale reflète les intérêts relatifs à l'utilisation même de ces ressources. D'ailleurs, les sciences économiques ne font-elles pas la nuance entre les gains ordinaires ou « normal gains » et les gains économiques ?

---

[26] Yannick Roudaut se présente comme un « décloisonneur intellectuel ». La cinquantaine, cet ancien journaliste économique et financier (Bloomberg TV, Les Echos, Le Journal des Finances, Le Monde, etc.) est devenu auteur, conférencier, éditeur, entrepreneur et essayiste. Il aime poser des ponts entre l'économie, la finance, l'écologie, la philosophie et la société. Et, il évoque ainsi la création de valeur : « Sortir d'une quête de rentabilité financière au profit d'une logique de retour sur investissement à la fois économique, social et environnemental est une nécessité. »

La prédilection spontanée des dirigeants à privilégier les seconds n'est souvent pas en rapport avec l'engagement qui devient nécessaire, dès lors que l'on se veut dans une situation de création de valeur, et non seulement d'une simple gestion de la valeur. La création versus la gestion...

Le dirigeant l'a bien compris, lui qui ne peut plus se mobiliser entièrement (lui et toute son équipe), afin d'exploiter à fond la moindre opportunité de création. Au sein des départements, des services de son entreprise, il se met en quête de ces opportunités devenues rares.

Les premières opportunités concerneraient l'innovation et la synergie. Elles sont accompagnées d'une prise de risque, d'une grande connaissance, et de la nécessaire prise en charge des ressources limitées.

Face aux changements, aux turbulences, se dressent toutes sortes d'opportunités. Créer de la valeur exige, ainsi, une mobilisation permanente à prospecter le changement, à le prospectiver, à l'anticiper.

Il va falloir revoir en permanence la cohésion des choix opérationnels en fonction de la stratégie choisie. Il ne faut pas omettre de regarder à la loupe la pertinence de cette stratégie face au changement. C'est, par ailleurs, toute la différence entre l'esprit d'entreprise et l'esprit d'administration... le regard au plus loin, et le regard au plus près.

Pour cela, plongeons, véritablement, dans la littérature, qui est riche et qui nous enseigne. Elle balise notre vie chaotique d'entrepreneur. Elle nous enseigne, dans un premier temps, ce trésor qu'est la confiance. Elle nous invite à un tour d'horizon... révolutionnaire !

3. Le 19e siècle fait sa révolution

Dans « Implanting Strategic Management », Ansoff et McDonnell[27] retracent l'évolution des sciences de gestion depuis la création de la firme moderne. Ce qui suit s'inspire largement de leur ouvrage, ainsi que de l'historique des sciences de gestion retracé par Michel Godet. Ces auteurs ont le génie de nous baliser, à nous chefs d'entreprises, nos chemins managériaux et stratégiques de traverse.

Depuis la création de l'entreprise moderne, c'est-à-dire de l'entreprise produisant des biens manufacturés en grande série, sortant de l'économie traditionnellement agraire et artisanale, l'évolution des sciences de gestion, distinguée en plusieurs modes, est passée par différentes étapes où des défis ponctuels et progressifs, des sauts technologiques ont modifié le cadre d'activité de l'entreprise, sa nature même. Cette évolution s'est faite par itération où les révolutions technologiques et l'expérience, dans un langage non pas didactique, mais mathématique et économique, ont leur mot à dire. Le bien-être et le développement économique passeraient-ils systématiquement par une « révolution » ?

Avant de présenter l'évolution des différents modèles de gestion, parcourons brièvement celle des défis où les grands changements dans l'environnement de l'entreprise ont eu lieu.

Ah, ce fameux 19e siècle qui fait, toujours, autant rêver.

Nous distinguons tout au long du 19e – nous aurions, d'ailleurs, dû commencer un peu avant, en 1769, lorsque James Watt dépose le brevet d'une nouvelle machine à vapeur conçue à Glasgow, en Angleterre – quatre grandes phases qui vont impacter les sciences de gestion. Successivement, l'entreprise évolue, lentement, de la phase de la création entrepreneuriale, où la production a dépassé le stade artisanal du mono-métier, à celui de la firme moderne qui investit dans des équipements de production et diversifie son activité. L'amélioration de son appareil de production est tournée vers la production à grande échelle (*mass production*). Puis, vient la phase de développement commercial, car il faut bien écouler son stock et vendre. Sinon, à quoi bon créer son entreprise, la développer, innover, prendre des risques et recruter ?

C'est la naissance de ce que l'on a appelé la *mercatique de masse*, la mère du marketing, pour aboutir au 20e siècle, dans les années 1950 à l'âge

---

[27] Edward I. McDonnell : Co-auteur du livre *Stratégie du développement de l'entreprise : une approche méthodologique du management stratégique dans le dernier quart du XXe siècle*, paru aux Editions Nouveaux Horizons, 1989.

d'or de la discontinuité, aux premiers pas balbutiants du *bébé marketing*. Dans les années 1930, les avant-gardistes du marketing évoquaient l'intérêt premier que l'entreprise doit satisfaire : celui de la demande effective du consommateur qui se trouve placé au cœur des activités.

En France, avant les Années folles (1920-1929), la révolution industrielle fait son apparition dans les grandes sidérurgies. C'est sans précédent : la France développe ses infrastructures ferroviaires de façon majeure. Le *tout vapeur* a le vent en poupe. Comme l'industrie minière qui a, également, adopté la vapeur. L'industrie textile n'est pas en reste, car son développement va être tiré vers le haut par le transport ferroviaire.

Ce qui est marquant, enfin, c'est ce phénomène nouveau : l'urbanisation et l'exode vers les villes. Ce siècle est, aussi, le siècle de la création d'une nouvelle industrie : celle du carton ondulé.

Quand et où est née l'entreprise moderne ?

L'entreprise moderne est née en Angleterre à la fin du 18e siècle. Selon Thomas Hardy[28], la « révolution » la plus visible est, effectivement, celle du ferroviaire. Mais, l'invention révolutionnaire reste la vapeur. D'autres inventions vont suivre et former ce premier bouquet industriel 100% anglais. Les ateliers textiles se mécanisent et le premier métier à tisser mécanique fait son apparition en 1785[29]. Chronologiquement et géographiquement, ces « nouvelles technologies » vont se déverser, par la suite, en Belgique, puis en France, au début du 19e. Ensuite, ce sera l'Allemagne avant de faire un bond vers les Etats-Unis.

A l'époque, la mise en place d'un réseau de canaux suivi d'un ensemble ferroviaire facilitait l'unification économique. L'infrastructure d'un pays restait la clef de son développement industriel. Elle l'est toujours. D'autant plus qu'elle est le facteur clef de succès, sur un plan macroéconomique, des investissements étrangers en France.

D'autres inventions révolutionnent la face d'un monde essentiellement agricole, telles que les égreneuses de coton. Du coton à l'acier, il n'y a qu'un pas, notamment, avec le procédé de fabrication de l'acier

---

[28] Thomas Hardy (1840-1928) est un auteur et poète anglais. Mais, il est, surtout, un observateur. Il observe, en effet, la « révolution » industrielle et parle d'un bouleversement unique depuis « la conquête normande de l'Angleterre, en 1066 ».

[29] Richard Arkwright (1732-1792) est l'inventeur de ce métier à tisser mécanique. Il a participé, à son niveau, au déploiement de cette révolution industrielle dans tout le pays. Il est le pionnier de l'industrie textile.

Bessemer[30], etc. Une révolution industrielle est en marche. Elle est d'ampleur, avec la production d'acier qui coule à flots. C'est la première, qui aboutira à son tour à la mise en place de la plus influente des organisations de tous les temps : celle de l'entreprise moderne, avec ses services, ses départements, ses hommes et ses femmes, ses politiques et ses procédures, ses plans stratégiques, ses formes juridiques[31] et ses autres structures.

Sur le terrain économique, dans l'industrie, le bateau à vapeur, les trains et bientôt l'avion et la voiture vont suivre... vite.

Dans les années 1880-1890, les pays industriels étaient dotés d'une infrastructure industrielle *moderne*. Ce n'était pas un vain mot. Elle contribua, notamment, à la richesse des Etats-Unis, à celle du Canada, de l'Angleterre, de l'Allemagne et de la France.

La révolution industrielle n'était pas qu'économique, elle était, aussi, sociale. Au côté de l'entreprise, principal moteur de cette évolution, le progrès social était en marche. Tous voulaient avoir leur part à la création de richesses et de valeurs prodiguée par l'activité économique.

Cette révolution industrielle n'était pas sans connaître de grandes turbulences. Il y eut celles liées aux crises des régimes politiques, sur lesquelles nous ne nous étendrons pas. Mais, surtout, avant la Grande Dépression de 1929, les crises financières et les crises liées à la hausse des matières premières vont marquer la fin du 19e siècle. Ainsi, entre 1873 et 1897, des kraks boursiers ont lieu en Europe, en Allemagne et en Autriche. La raison ? Justement, c'est l'outil industriel qui est en cause. Certains pays ont, ainsi, suréquipé leurs entreprises – dans le ferroviaire surtout – ce qui a entraîné une folle surproduction, puis des bulles spéculatives qui ont fini par éclater les unes après les autres. Un véritable feu d'artifice.

Des banques ont, alors, fait faillite et les taux d'intérêt sont repartis à la hausse. Cette histoire se répétera… jusqu'à nos jours.

Du côté des entreprises, le marché est aux mains des grandes familles, qui ont le monopole.

Les prémices de la concurrence – telle que nous la connaissons aujourd'hui – ne verront le jour que dans les années 1880.

---

[30] Henry Bessemer (1813-1898) : Ingénieur, industriel et métallurgiste anglais, il donna son nom à ce procédé qui permet la fabrication de l'acier. Il est un grand inventeur. On lui doit, également, d'autres inventions dans le secteur maritime.

[31] Alors que la SA est plus ancienne, la SARL a été créée en France en 1925. Mais, auparavant, en Allemagne, une loi similaire a été créée à la fin du 19e siècle.

4. Le 20e siècle et la naissance des sciences de gestion

Au début du 20e siècle, jusqu'à la Grande Dépression de 1929, le souci principal des entreprises était la consolidation de leur structure industrielle. Ainsi la tâche principale de gestion se limitait au perfectionnement des procédés de fabrication qui évoluaient dans le sens des volumes de production à grande échelle. Ce qui permettait de réduire les coûts unitaires de production.

Les entreprises n'avaient pas à se soucier des exigences des consommateurs, d'autant plus que ces derniers ne l'étaient pas... exigeants ! Ils étaient comme des apprentis. Ils apprenaient à consommer et venaient juste de découvrir ces nouveaux produits, comme, par exemple, l'automobile. Une révolution à elle toute seule ! Ils apprenaient à consommer, répétons-le. Car, aujourd'hui, le fait de consommer n'est plus inédit, sauf quand la pénurie frappe à la porte de nos économies. Les réflexes de consommation se transforment, alors, en *mode survie*.

En ce temps-là, les entreprises se contentaient de subvenir à leurs besoins de première nécessité. Il fallait se loger, se nourrir, se vêtir... Le jeu de la concurrence se limitait à celui du niveau des prix et n'avait pas pour objectif de satisfaire tous les besoins des clients. Il n'y avait pas de courses à l'innovation et à la différenciation. Il fallait consommer *l'essentiel*.

Les études de marché pour le lancement d'un nouveau produit, d'un nouveau service, étaient-elles impensables ? Oui : impensables. Une autre révolution était en marche ! Notre humanité était en marche vers une nouvelle évolution, une évolution-révolution.

Les sciences de gestion vont, véritablement, naître, après ces balbutiements, avec Fayol[32] et Taylor[33]. Elles vont s'appliquer en grandeur nature avec Henry Ford[34], un génie de l'industrie automobile !

---

[32] Henri Fayol (1841-1925) est l'auteur de *L'Administration industrielle et générale* (1916). Il est considéré comme l'un des pères des sciences de gestion. Plus qu'un théoricien, il a piloté pendant 30 ans un groupe industriel minier.

[33] Frederik Winslow Taylor (1856-1915) est un ingénieur américain. Il est le père du taylorisme : l'organisation scientifique du travail. Sa revue *The Principles of Scientific Management*, parue en 1911, a été traduite en français un an plus tard. Elle devint une source d'inspiration pour Henri Fayol.

[34] Henry Ford (1863-1947) est un industriel américain. Avant-gardiste, il est le père de l'industrie automobile qui porte son nom. Il y développa le fordisme, c'est-à-dire le travail à la chaîne standardisée, à partir de lignes d'assemblage. Son succès est tel, dans les années précédant la Première Guerre mondiale, qu'il réussit à produire plus

Il est bon de se rappeler ses propos quand il répondait à la question de la satisfaction du client : « **Laissez-les choisir n'importe quelle couleur pourvu qu'elle soit noire** ». Cette phrase est devenue une devise. Ce « laissez-les choisir » est au cœur de nos décisions stratégiques aujourd'hui. Elle reflète moins la désinvolture des industriels de l'époque, que la réalité d'une consommation basée sur les besoins essentiels et non exigeants du consommateur.

Plus tard, et au fur et à mesure que les besoins élémentaires des consommateurs étaient satisfaits, ces derniers sont devenus beaucoup plus complexes, car plus élaborés. Comme si l'appétit venant en mangeant, la consommation venait en achetant, en dépensant de plus en plus, de génération en génération.

Ainsi, la révolution industrielle tournait à plein régime. Les consommateurs se multipliaient, exigeant plus de choix, plus de qualité, plus de raffinement dans les produits et les services (rares) offerts. Ils apprenaient à être exigeants, mais ce n'était pas encore l'ère du service.

Aux Etats-Unis, dans l'automobile, General Motors sera l'un des premiers à comprendre cette évolution. L'un des premiers à se mettre à l'écoute du client. La société se posera en champion de ses besoins et adaptera ses produits à cette nouvelle prise de conscience. Cette attitude sera à la base de l'évolution vers l'ère du « mass marketing » qui verra le jour dans les années 1930-1950.

De plus, comme le cadre social et politique favorisait les affaires, les entreprises pouvaient diriger leurs efforts sans contrainte de l'optimisation de leurs appareils de production. Résumant l'atmosphère de l'époque, Charles Wilson, alors président de General Motors, dira : « Ce qui est bon pour General Motors est bon pour le pays ». Tout un pays, orienté automobile, était, finalement, orienté industrie… Et, les première et seconde guerres mondiales dopèrent cette orientation. La France, l'Europe, le monde entier devint industriel.

Plus tard, une fois le marché des produits de base saturé, de nouveaux besoins vont se créer obligeant ainsi les producteurs à modifier leurs produits. Le comportement des consommateurs avait changé. Il devenait, véritablement, moins ignorant et commençait à s'embourgeoiser. La voiture, par exemple, n'était plus seulement un objet révolutionnaire. Elle devenait un moyen de locomotion, et

---

de 15 millions d'exemplaires de sa célèbre Ford. Il est le père de nombreuses innovations techniques, commerciales et de gestion. Il était un autodidacte et devint un génie. A 15 ans, il construisit sa première machine à vapeur. Puis, plus tard, en 1896, ce sera sa première voiture à … essence. Il était, aussi, auteur.

représentait en plus un statut social élevé. Les industriels devaient multiplier les couleurs et les options. La consommation allait de l'avant.

C'est ainsi que General Motors introduira la gamme qui non seulement cherchera à toucher chacun des segments de son marché, mais, aussi, qui symbolisera le passage des produits standards aux produits différenciés. La complexité entrait dans la production. L'introduction du changement de modèle annuel de la voiture accentuera cette métamorphose et reflétera une nouvelle époque, un nouveau temps : celui de la saturation de la société de consommation. Cette transition à grands pas requiert de nouveaux moyens de commercialisation : ceux de la publicité, des promotions, des ventes, qui changeront les méthodes de gestion de l'entreprise, et qui les moderniseront.

La mise en valeur de *la fonction mercatique* aux dépens de la production allait accentuer, voire provoquer, le conflit entre les divers départements introduisant ainsi le rapport de force et la lutte de pouvoir interne, au sein de l'entreprise. Oui, la question se posait !

Qui avait le pouvoir : les achats, le marketing ou les ventes ?

Les entreprises chercheront, alors, à anticiper les préférences des consommateurs et se prédisposeront à pourvoir aux changements requis tant dans les produits que dans les mécanismes de gestion ou dans les structures des entreprises. Les industries de produits de consommation saisiront le concept de marketing bien avant les autres secteurs, en particulier dans l'industrie lourde. L'innovation technologique constituera la locomotive de plusieurs secteurs qui créèrent, à l'instar de Dupont de Nemours et de General Electric, des bureaux d'étude, des laboratoires et des départements dédiés à la recherche au sein même de l'entreprise. Le cadre social et politique, quoique toujours favorable à l'activité économique de la libre entreprise, évoluera, surtout à la suite de la crise de 1929, vers une intervention ponctuelle du gouvernement dans l'ordre économique afin de remédier aux déséquilibres économiques qui apparaissaient de temps à autre.

5. Les années 1950 et les défis de la « discontinuité »

A partir de la moitié des années cinquante, des changements majeurs annoncent de nouveaux défis tellement importants que Peter Drucker[35] appelle cette ère : « The age of discontinuity ».

La concurrence devenait telle que les entreprises devaient se battre sur les marchés, améliorer les produits, augmenter la productivité, et surtout mieux organiser le temps de travail. Concernant la main d'œuvre, les dirigeants devaient négocier avec des syndicats[36] devenus implacables : un état dans l'état ! En outre, ils devaient soigner l'image de l'entreprise auprès des investisseurs, cherchant les compromis nécessaires entre la distribution des bénéfices pour plaire aux actionnaires, et l'augmentation des marges afin de financer la croissance. En peu de mots, la gestion devenait de plus en plus complexe, poussant les dirigeants à considérer un nombre croissant de paramètres qui changeaient souvent de façon simultanée et surtout imprévisible. Un nouveau rythme de changement provenant en partie de l'innovation technologique et surtout de l'évolution des consommateurs à des degrés plus élevés dans l'échelle de Maslow[37].

---

[35] Peter Drucker (1909-2005) est considéré comme le « pape du management ». Cet Autrichien devenu Américain est un professeur de grand talent. Doublement docteur en droit, il démarre sa carrière comme... journaliste. Il sera l'un des premiers à interviewer Hitler et à dénoncer le totalitarisme. Il deviendra banquier, professeur et consultant. Il est l'auteur de nombreux ouvrages. Son premier livre de référence « Concept of the Corporation », de 1946, reste une référence mondiale.

[36] Le syndicalisme en Europe est né à la fin du 19e siècle, dans les années 1880. Victor Hugo était passé par là, avec l'un de ses chefs d'œuvre : *Les Misérables*, paru en 1862. En France, il faudra attendre officiellement 1884, avec la loi Waldeck-Rousseau, pour que le syndicalisme soit légalisé. Avant, il y avait bien des mouvements corporatistes, mais, ils avaient été interdits à plusieurs reprises, notamment lors des grèves révolutionnaires des années 1790-1791.

[37] La pyramide d'Abraham Maslow (1908-1970), de ce psychologue américain qui a travaillé sur les besoins humains, présente une échelle de ces besoins. Dans un premier temps, à la base, se trouvent les besoins physiologiques (la faim, le sommeil, la soif, etc.). Puis, viennent les besoins de sécurité et de protection (la sécurité pour sa propre personne, sa famille ; la nécessité d'avoir un emploi, des ressources, une bonne santé, un toit, etc.). Le 3è niveau, le cœur de la pyramide, représente les besoins d'appartenance, les besoins d'aimer et d'être aimé. Il s'agit, également, des besoins sociaux, ceux de fonder une famille, d'avoir une vie amicale, sociale et associative. Au 4è niveau se situent les besoins d'estime de soi (qui permettent de donner un sens à sa vie, d'avoir confiance et de faire confiance, de réussir ses projets et d'être respecté). Enfin, le 5è et le dernier niveau correspond aux besoins de s'accomplir. Il s'agit de se réaliser en tant qu'individu en exploitant tout son potentiel. Il ne peut être

Cette progression était impressionnante. Ainsi, l'enrichissement des consommateurs fera jaillir de nouveaux critères d'acquisition. Les préférences pour la sécurité et le confort ainsi que la sensibilisation vis-à-vis de l'environnement marquaient une recherche de la qualité au détriment de la quantité.

De nouvelles industries voient, alors, le jour dans les produits et les services haut de gamme, comme les produits de luxe, les loisirs, la restauration et le tourisme.

Dans les 1950-1970, ces industries ressemblent à des OVNI. 20 ans auparavant, en France, dans les années 1930, il y a eu la révolution des congés payés, qui a eu pour conséquence la démocratisation (assez lente, néanmoins) du tourisme et la multiplication des agences de voyages. Les journalistes rédigeaient pour la première fois des articles sur le sujet et écrivaient de leur plus belle plume le mot VACANCES en majuscule.

Pour la plupart des entreprises, la notion du rôle social devenait prioritaire et l'esprit traditionnel de corps se confrontait aux nouvelles dissensions dans l'échelle hiérarchique, qui devenait de plus en plus complexe, à la mesure où se créaient de nouveaux métiers (en communication, en marketing, en innovation, pour le service client, pour le service après-vente, etc.). Les organigrammes faisaient alors leur apparition et embrassaient l'ensemble de nos départements et de nos organisations. Ils n'étaient plus limités au secteur des chemins de fer[38]. Les dirigeants supérieurs ne bénéficiaient plus des blancs-seings de leurs subalternes. La réalisation de soi et l'épanouissement de l'individu, ainsi que le rôle social de l'entreprise, allaient révolutionner l'entreprise. Les rapports entre les salariés et les administrateurs, entre les dirigeants et les autres parties prenantes, vivaient, eux aussi, leur mutation. L'obéissance totale d'un subalterne, ou d'un subordonné, et la recherche de la rentabilité à court terme n'étaient plus la panacée.

Puis, la nouvelle prise de conscience de son environnement et du soin qu'il fallait lui prodiguer vont pousser les entreprises à restreindre les aspects négatifs de leurs activités, comme la pollution par exemple, et à prendre en charge le progrès social et environnemental. Le développement durable et ses KPIs n'étaient pas encore nés.

---

envisagé que si les quatre besoins précédents sont satisfaits. On y cultive son ou ses talents.

[38] Le premier organigramme date de 1854. Il a été utilisé par Daniel McCallum (1815-1878) dans le cadre de l'ouverture d'une ligne de chemin de fer. Cet ingénieur des chemins de fer était, aussi, un entrepreneur. Il a créé sa propre compagnie.

Cette nouvelle semence n'avait pas encore été plantée en terre. Elle était, déjà, présente dans les esprits. Face à cette métamorphose du cadre de vie que reflètent l'accélération du rythme de fluctuation et l'imprévisibilité des éléments mouvants, il est intéressant de constater comment les sciences de gestion se sont adaptées. Comment elles ont pu évoluer. L'évolution vers le marketing de masse devenait de plus en plus complexe, car elle englobait des changements de plus en plus inédits tant dans les marchés que dans les technologies. Les expériences de l'entreprise se démarquaient de leurs expériences précédentes et les dirigeants ne pouvaient plus avoir recours à leur histoire et leur mémoire pour dessiner l'ébauche du futur et anticiper les changements qui les guettaient. Il fallait investir massivement dans la recherche et le développement. Ceci dans un environnement où la turbulence était bien présente.

Dans les années 1950, les impulsions de changement accentuaient non seulement le rythme de turbulence de certaines variables du système, mais en atteignaient d'autres aussi. Ainsi, les dirigeants ont eu besoin de réintroduire l'entrepreneur, son esprit, son énergie et ses valeurs, en interne pour pouvoir combiner produits, marchés et compétences ; et mettre la stratégie au service de toute l'entreprise.

Le monde avait changé. C'était celui des Trente Glorieuses. Il marchait vers la globalité, vers la gloire. En plus, les entreprises faisaient face à une concurrence désormais internationale ; et, surtout, les consommateurs ou le grand public n'étaient plus passifs, ni même neutres. Jusqu'à aujourd'hui, leurs préférences dictent les nouvelles orientations aux fabricants. L'évolution de leurs goûts a créé de nouvelles industries, telles que le sport chic, les loisirs extrêmes, les vacances et les voyages autour de la planète à la dernière minute, etc.

Concernant les préférences sociales et les politiques des consommateurs, du grand public, pour l'environnement par exemple, elles ont fini par baliser le champ d'action des entreprises. Le consommateur avait grandi, presque mûri, son acte d'achat devenait un acte politique. Répétons-le, le progrès technique et la croissance économique ont fait passer l'individu d'un stade à l'autre suivant *l'échelle de Maslow*.

A l'approche du vingt-et-unième siècle, l'homme moderne aurait atteint le stade de l'opulence, celui de l'abondance ; et serait devenu très exigeant dans ses choix.

C'est pour tout cela qu'il est important de se (re)mettre à l'école…

6. A l'école d'Ansoff : en route vers les systèmes de gestion

Au début du 20e siècle, le climat propice aux affaires laissait les entreprises optimiser leur outil de production sans se soucier de l'environnement externe. D'emblée, la règle du jeu étant la réduction des coûts unitaires et l'optimisation de la productivité, l'attention se focalisait sur l'instauration de systèmes et de procédés de fabrication basés sur l'étude des temps et des mouvements à l'instar des études de Taylor. On y parlait cadence, rythme, durée de travail. Les pauses et les changements d'équipe de production étaient programmés. De cette optimisation interne à la minute, naissait un avantage de coût qui assurait le succès de l'entreprise. Plus tard, avec l'augmentation des volumes et l'importance de l'appareil productif, les entreprises sont passées à un système de contrôles de plus en plus financier. La comptabilité et la gestion se diffusaient partout. Le leitmotiv était, ainsi, celui de la gestion par le contrôle et le chiffre. Celui-ci constituait l'ensemble du système de gestion, jusqu'à l'apparition d'autres défis sur les marchés qu'imposaient les nouvelles préférences des consommateurs.

Puis, à mesure que l'on consolidait l'outil de production et que l'on affinait le contrôle financier, de nouveaux défis sont apparus sur les marchés. Il fallait de plus en plus anticiper. Toutefois, pour pouvoir prévoir le futur, il suffisait de continuer à extrapoler le passé. Quoique important, le changement avait comme racines celles du passé le plus proche. On pouvait, ainsi, anticiper la croissance des ventes futures, par exemple, par simple extrapolation des ventes passées. Il s'agissait de se projeter dans le futur, à partir du passé et du présent ajusté, en y semant, ou pas, une graine de saisonnalité.

L'importance grandissante de la mercatique créa le besoin d'établir des budgets opérationnels proches du métier, des besoins, des ressources et des coûts. Ils étaient réalisés en plus des budgets financiers déjà existants. Les plans de l'entreprise se limitaient, donc, à cette période, aux budgets fonctionnels qui se basaient, comme nous venons de le dire, sur le passé pour extrapoler l'avenir.

De plus, l'entreprise anticipait les besoins futurs de sa clientèle et orientait ses ressources vers des investissements dans des secteurs encore inexplorés.

Les activités de recherche conduites au sein de plusieurs entreprises mettaient au point de nouvelles inventions exigeant de nouveaux investissements, d'où l'évolution vers des systèmes de budgétisation des capitaux et le développement de critères de choix entre projets.

Ceci était d'autant plus urgent que la croissance dépassait le cadre de l'activité principale de l'entreprise qui s'attaquait à de nouveaux produits, de nouvelles technologies et de nouveaux marchés.

Tout au long de cette évolution, le rythme de changement s'intensifiait et les résultats préétablis étaient souvent loin de se réaliser. Naturellement, les cadres supérieurs ne pouvaient plus dicter le quoi et le comment et assurer les résultats espérés. On passait, alors, à des systèmes de gestion par objectif où le patron négociait avec son subordonné les résultats voulus et le *comment* était laissé à la libre discrétion de l'exécutant, où l'implication des collaborateurs dans l'implantation des décisions devenait la clef.

Il était évident que le rythme de changement exigeait de nouvelles actions de la part de l'entreprise qui devait rallier ses effectifs autour de ces nouveaux choix.

Dès la fin des années cinquante, est apparue la notion de « long range planning » développée par quatre professeurs de Harvard. L'entreprise faisait face à un nouvel environnement tant dans le domaine de sa mission que dans ses moyens. Comment assurer alors la croissance ? Le modèle proposait une méthodologie qui visait à préparer un plan d'action dans une période définie de temps, à partir du bilan des forces et des faiblesses de l'entreprise. Le SWOT était devenu le roi de l'analyse de gestion pour nourrir la pensée stratégique du dirigeant.

On est passé, ainsi, à la notion de planification à long terme, première démarche de la pensée stratégique moderne.

Les changements des méthodes de gestion sont liés au rythme de la croissance et de la turbulence. Lorsque celui-ci augmentait, même dans une période de changement prévisible, on ne pouvait se fier à l'évolution historique des paramètres de décision. La modification des méthodes de prévision, due à la nature des changements, donnait davantage de poids à la planification stratégique, versus la planification à moyen et long terme. Ainsi, le futur n'était pas une projection pure et simple du passé, mais il dépendait des conditions particulières de chaque entreprise, qui devait détecter ses propres tendances, ses propres menaces et ses opportunités, ainsi que les événements pertinents affectant sa performance future.

Le chef d'entreprise devait arbitrer entre la prospection du futur et la projection de la croissance passée. De plus, il y avait la nécessité de souligner l'amélioration du positionnement dans son cadre d'activités principal et actuel. En poussant plus loin l'analyse, l'entreprise pouvait mettre en évidence la vulnérabilité stratégique de son portefeuille d'activités actuel et son équilibre dans les limites de sa croissance à long terme et de ses performances présentes.

La confrontation de cette réalité face aux opportunités possibles permettait à l'entreprise de développer ses possibilités de diversification et de remodifier ses buts globaux qui dépendront des ambitions de l'équipe dirigeante et de la disponibilité des ressources nécessaires.

A mesure que le rythme de turbulence augmentait, les défis qui guettaient les entreprises s'amplifiaient et celles-ci gagnaient à passer d'un système de planification à long terme à celui de la planification stratégique.

La mise en application de la planification stratégique apporte, encore aujourd'hui, dans la nouvelle stratégie un élément de changement qui exige de l'entreprise le développement de nouvelles aptitudes de gestion généralement différentes de ses forces historiques.

7. Ansoff dans les années 1970 : les systèmes de gestion à l'heure de la flexibilité

Dans les années 1970, le grand virage des sciences de gestion se fait en direction de la planification stratégique. Pour Ansoff deux facteurs vont affecter durablement les entreprises, en matière de gestion :

- Le besoin de considérer la planification des opérations de gestion plutôt que la formulation de la stratégie.
- L'intégration de mécanismes de gestion systémiques qui vont aplanir la résistance au changement et permettre l'acquisition d'autres aptitudes lors de l'implémentation de la nouvelle stratégie.

En s'ajoutant à ceux de la planification stratégique, ces deux éléments précis assureront le passage, selon lui, de la planification à la gestion stratégique.

Cette évolution due à l'adaptation des entreprises au nouveau rythme de turbulence, prend en considération de nouveaux objectifs qui, loin de les isoler dans leur milieu interne, trouvent dans l'environnement extérieur les opportunités à saisir et identifient dans ce même cadre les menaces à venir.

Déjà, de nouvelles méthodes de gestion sont nécessaires pour pouvoir composer avec un niveau plus élevé de turbulence. Jusqu'à présent, le changement aurait été prévisible soit par simple projection du passé, soit par extrapolation. Mais là, nous entrons dans une période de changements non seulement discontinus, mais surtout imprévisibles.

La flexibilité et la rapidité de la réponse de l'action vont entrer dans le jeu. A ce nouveau rythme de turbulence, il devient impératif de distinguer la nature des changements et leur prévisibilité.

Lors de l'anticipation d'une variable donnée, comme le coût des matières premières, par exemple, il se pourrait que l'on puisse esquisser plusieurs possibilités, sans toutefois opter pour l'une ou l'autre avec précision ou avoir la moindre idée de ce que pourrait être la finalité de cette variable. Dans le premier cas, on pourrait concevoir un système de « contingency planning » qui évoluerait vers un système de gestion stratégique.

Dans la seconde version, le besoin d'apporter une réponse en temps réel se fait sentir à mesure que l'imprévisibilité augmente. On évolue alors vers des systèmes de gestion opérant à partir de *graines de changement* ou bien de principes de gestion qui prennent en considération les risques imprévisibles.

A l'époque de l'introduction de la planification et du « business model », l'environnement était plutôt stable et l'on pouvait alors cerner les variables hypothétiques et mettre au point le plan global. Le « business plan » était ainsi édifié, honoré, devenu incontournable. Il balisait le futur. Il le fait, d'ailleurs, toujours. La stabilité, elle, n'a pas duré.

A mesure que l'imprévisibilité augmentait, on voyait se dessiner plusieurs tendances. Pour réduire les écarts entre les plans et leur réalisation, il fallait mettre au point, en même temps que le plan initial, des plans parallèles, des plans « B ». Ceux-ci devaient se baser sur les autres possibilités que pouvait réserver l'avenir, tels les plans qui s'appuient sur plusieurs prévisions, sur des scénarii hypothétiques, dits *optimistes* ou *pessimistes*. Vers la moitié des années soixante-dix le changement dépassa la possibilité de conception et de mise au point de ces plans parallèles. On se dirigeait vers les systèmes de gestion des données stratégiques, qui n'étaient plus des systèmes de positionnement préalable de l'entreprise, mais qui cherchaient à identifier les sources de changement et à apporter les réponses en temps réel. Les réponses, justement, pouvaient prendre, suivant l'urgence des impulsions, plusieurs formes :

- Si l'entreprise devait réagir sans tarder, cette issue était considérée comme un projet stratégique mettant en action tout un mécanisme d'étude et d'analyse qui prendrait en charge ce projet.
- Si, par contre, l'entreprise pouvait retarder sa réponse, celle-ci était incorporée dans les plans périodiquement préparés.
- Enfin, s'il n'y avait pas d'urgence, des mécanismes de surveillance des impulsions de changement pouvaient alors être mis en place.

Mais de quelles impulsions parlons-nous ?

D'impulsions irréfutables, d'un changement plus que certains ou d'impulsions timides, de signaux faibles suggérant des fluctuations possibles ?

Face à ce questionnement, Ansoff distingue deux cas : les réponses aux signaux forts et les réponses aux signaux faibles, autrement écrits : « weak signals ». C'est binaire, c'est simple.

Godet, de son côté, appelle ces signaux faibles, *les germes de changement*[39]. Les signaux faibles sont des signes précurseurs qui peuvent présager des changements imprévisibles. On peut les apercevoir, les regarder, puis, les voir. Le développement et l'aboutissement du changement sont incertains, mais ils peuvent être perçus.

De nouveau, une question se pose : L'entreprise doit-elle attendre que ces signaux faibles confirment la tendance ? Ansoff suggère qu'à des niveaux de turbulence élevés l'entreprise doive engager sa réponse dès la détection des germes de changements ou des signaux faibles ou des graines de changement.

Malgré la veille environnementale devenue une nécessité, certaines données peuvent jaillir sans aucun avertissement, surprenant les dirigeants et remettant en cause toute l'entreprise. Citons comme exemples récents les expériences de Valdez, Perrier, Tylenol, etc. La prise en charge rapide d'accidents inattendus exige aussi de nouveaux mécanismes de gestion.

Nous avons exposé l'évolution des systèmes de gestion de réponse rapide décrits par Ansoff sans nous étendre suffisamment sur leurs mécanismes, car ces systèmes feront l'objet de notre prochaine étude.

Nous allons, maintenant, quitter Ansoff pour nous mettre à l'école de Schön.

---

[39] Michel Godet, dans son ouvrage *Manuel de prospective stratégique*, paru chez Dunod en 1997, évoque les germes de changement ou les signaux faibles qui vont influer sur la stratégie. De notre côté (celui des auteurs) nous utiliserons, dans un sens plus positif, la notion de *graines* de changement. Nous sommes persuadés qu'elles sont davantage créatrices de valeurs, d'opportunités, que de contraintes et de menaces. Pourquoi ? Parce que les graines sont visibles, ce que ne sont pas les germes, éléments microscopiques de la vie.

8. A l'école de Schön : la confiance, l'action et la théorie scientifique

Je me suis souvent posé cette question à la lecture de mes pairs : Quels sont les liens entre la connaissance professionnelle, les acquis professionnels et l'apprentissage, l'école et le système d'éducation ? En d'autres termes : entre la pratique expérimentée et la théorie enseignée quelles sont les passerelles, quels sont les ponts ?

Dans son premier ouvrage *The reflective Practioner*, Schön[40] veut d'emblée mettre en évidence la notion de la pensée dans l'action, (« reflection in action »). Il trouve que les professionnels apportent dans l'exercice de leurs fonctions et, surtout, lorsqu'ils maîtrisent la compétence et le savoir-faire (« artistry ») de leur domaine, une contribution réelle à la connaissance professionnelle. L'apport de la pensée dans l'action peut élucider des données et trancher des débats, notamment, dans les situations d'incertitude, de particularisme et aussi de conflits vis-à-vis du système de valeurs.

Il aurait été le maître de ce célèbre adage revisité : « Je pense, donc j'agis. J'agis, donc je pense…[41] ».

En prenant la part en faveur de la connaissance scientifique, le monde académique n'accorde pas à la connaissance professionnelle l'importance qu'elle mérite. En fait, ces institutions abordent la notion de compétence professionnelle comme étant celle de la mise en application, d'abord, des connaissances scientifiques et ceci dans le cadre de l'action. De ce fait, les universités, d'une part, adoptent une approche normative qui se reflète dans leurs programmes d'enseignement, et, d'autre part, elles séparent la recherche scientifique de l'action. De ce fait, la notion de la réflexion dans l'action ne trouve plus sa raison d'être. Il en résulte que les praticiens, les éducateurs et les étudiants émettent des réserves. Ils hésitent et se montrent réticents, par crainte que cette voie de la recherche leur fasse encourir des risques de se faire accuser de manque de rigueur et de pertinence. Pourtant, une

---

[40] Donald Schön (1930-1997), *The Reflective Practioner*, New York, Basic Books, 1983. Universitaire, cet Américain a beaucoup œuvré au MIT. Il est une référence sur les sujets de stratégies réflexives et d'apprentissage par la pratique. Le partage des apprentissages et des connaissances professionnelles est clef.

[41] En lien avec le "Je pense, donc je suis", de René Descartes. En latin : "Cogito, ergo sum". René Descartes (1596-1650) est connu pour ses oeuvres magistrales comme *Le Discours de la Méthode*. Mathématicien, philosophe et scientifique, il a apporté à Schön son esprit cartésien, qu'il a transposé en économie.

approche rigide, figée sur la rigueur scientifique fait perdre à la science beaucoup de connaissances dans la mesure où celles-ci ne peuvent apparaître qu'à travers le savoir-faire pratique.

Schön pose alors la question de savoir quel genre d'enseignement professionnel peut permettre de saisir la contribution du monde pratique, basé sur le concept de la réflexion dans l'action ? Schön répond à cette question dans son livre. Il propose que les écoles professionnelles installées dans les universités développent des pratiques d'enseignement mises en œuvre traditionnellement dans les ateliers d'art et de design, les conservatoires de musique, les écoles de danse et les ateliers des arts, qui tous favorisent le « coaching » ainsi que l'apprentissage sur le tas (« learning by doing »).

L'éducation professionnelle devrait permettre alors l'enseignement des sciences appliquées à partir d'une mise en apprentissage du savoir-faire dans le cadre même de l'action. Il devient le maître de l'apprentissage.

Le concept de réflexion dans l'action paraît si important que Schön propose d'amender les programmes universitaires en conséquence. Le levain de l'apprentissage permettrait, ainsi, de lever toute la pâte économique. Ce qui n'est pas faux.

Pourquoi la réflexion dans l'action ?

Pour Schön, la topographie du monde professionnel est en relief. Elle présente deux catégories-images : la première est un plateau élevé qui surplombe des « marécages ». C'est, en fait, une montagne qu'il nous faut gravir : celle du monde des connaissances. Dans ce cadre, les problèmes des sciences économiques et sociales peuvent faire l'objet de recherches scientifiques, qui permettent plus facilement de la gravir, et qui ressemblent à des cordes de rappel. Rares sont les escaladeurs à mains nus. Les cordes de rappel étant les bienvenues.

Dans la seconde catégorie, en revanche, les problèmes vécus ne sauraient se prêter à la recherche scientifique. Pour Schön, la majeure partie des problèmes réels se trouve en fait dans le second cadre et ne peut trouver de réponse dans le premier.

Le praticien se trouve confronté à un dilemme. Resterait-il attaché à la « montagne » où il pourrait résoudre des problèmes relativement peu importants, mais se pliant à la rigueur de la demande scientifique classique ? Ou bien devrait-il se pencher sur les problèmes des

« marécages » qui, bien qu'en réalité très importants, ne se prêtent pourtant pas à la rigueur de la recherche scientifique ?

Deux points mettent en exergue ce dilemme : d'une part la notion courante du concept rigoureux de la connaissance professionnelle (la montagne) ; et d'autre part les parties floues et les zones indéfinies (les marécages) du monde qui échappent aux explications de la connaissance professionnelle.

En d'autres termes : il s'agit de l'affrontement entre praticiens et scientifiques.

La rationalité scientifique, qui est à la base de l'approche universitaire, soutient que les praticiens, tout en cherchant des solutions à leurs problèmes quotidiens, choisissent les techniques et les sciences qu'ils trouvent les plus appropriées à leur application. Dans ce sens, les praticiens puisent la solution dans la théorie scientifique qu'ils cherchent à mettre en application dans le cadre pratique.

Cependant, en réalité, Schön remarque que pendant les vingt dernières années (les années 60 et 70), les problèmes du monde réel ne se présentent plus aux praticiens d'une manière structurée. D'ailleurs, ils ne s'annoncent pas en fait comme étant des problèmes, mais apparaissent plutôt comme des situations brouillées et peu claires. Il en ressort que les praticiens décèlent le ou les problèmes qu'ils auraient eux-mêmes repérés d'une manière qui devient ainsi plutôt subjective. Ils en interprètent les données et décident en conséquence. Les diagnostics et les réponses dépendent, donc, des disciplines concernées, du rôle des personnes dans l'organisation, de l'historique de la question, des intérêts en lice, ainsi que des perspectives politico-économiques. Il va de soi que les solutions s'opposent, quand le ou les éléments pris en compte sont différents. De ce fait la démarche scientifique ne peut apporter de solutions en tant que tel. Il s'agit alors, dans ces conditions, de bien établir le diagnostic et de bien poser la problématique pour que la recherche scientifique puisse aboutir.

Schön relève plusieurs catégories de problématiques. Certaines concernent le fait que le cas en question est unique ou même isolé. D'autres représentent des situations de conflit au niveau de l'échelle de valeurs. Par contre, d'autres cas se présentent comme un ensemble de problèmes concomitants. Schön remarque, ainsi, que ces problèmes du monde pratique, en l'occurrence, l'incertitude, la spécificité et les conflits liés au système de valeur ne trouvent toujours pas de solution dans les préconisations scientifiques traditionnelles. Comme si la recherche scientifique avait été figée dans le passé.

Cependant, ce sont ces situations qui sont les plus fréquentes depuis vingt ans. Elles sont au cœur de la pratique professionnelle. Elles font l'objet de polémiques qui remettent en question la performance même de plusieurs professions. Le statut social de certaines professions est lui aussi remis en question.

Schön va plus loin et parle, même, d'une crise de confiance dans les connaissances professionnelles.

Cette crise de confiance correspond à une crise au niveau du système d'éducation. Plusieurs programmes d'éducation professionnelle sont sur la sellette. Ceux des écoles de gestion sont concernés. Pour Schön, ces critiques reflètent surtout une facette du dilemme engendré par la rigueur scientifique. Il l'exprime de cette façon-là : « What aspiring practitioners need most to learn, professional schools seem least able to teach[42]. »

Est-ce une polémique entre universitaires ? Oui et non. Car, le problème est au cœur de la démarche des universités dont les recherches se fondent sur une interprétation très stricte de la démarche scientifique.

Les programmes tels qu'ils sont établis se fondent sur la séquence suivante :

- Théorie fondamentale ;
- théorie appliquée ;
- mise en pratique de la théorie dans le monde réel.

A la base de cette démarche, le présupposé de fond est que la recherche scientifique produit des connaissances ou une théorie qui sont utiles aux praticiens. Or, ce présupposé est lui-même contesté. Des doutes s'élèvent dans plusieurs disciplines, des critiques se développent quant aux programmes éducatifs en cours. Pour certains, la solution réside dans l'incrustation ou l'intégration dans les programmes actuels des résultats de certaines recherches qui se sont avérées intéressantes au niveau de la pratique.

Dans la pratique de leurs tâches, les professionnels développent un noyau de savoir-faire. Bien que différent de la théorie scientifique, celui-ci ne contribue pas moins aux connaissances ou à la théorie. De plus, il ne présente pas de mystère. Il a sa propre rigueur qui, tout en étant différente de la théorie, n'en est pas moindre.

Schön donne le nom de « Professional artistry » ou savoir-faire aux compétences artistiques que les praticiens mettent en œuvre face à ces

---

[42] « Ce que les aspirants praticiens ont le plus besoin d'apprendre, les écoles professionnelles semblent les moins capables de l'enseigner. »

situations d'incertitude. Ces compétences, ces talents ne sont pas nécessairement déchiffrables. Elles sont innées.

Les exemples sont en réalité innombrables. Ils témoignent de ce que Schön appelle le « knowing-in-action ». Il s'agit du savoir-faire révélé par l'action réfléchie. La description de ce savoir-faire, se fait, même si elle est verbale, à partir de « constructions ». C'est une manière de rendre compte d'une façon explicite d'une certaine logique ou d'un certain état qui, à l'origine, sont tacites ou spontanés.

Ces connaissances dans l'action vont évoluer vers une « reflection in action » qui se traduit par la « pratique réfléchie ». Sur le tas, le praticien peut se rendre compte qu'en poursuivant « son activité » souvent de façon mécaniste, il pourrait aussi faire face à des éléments nouveaux, non prévisibles. Il peut, dans ce cas, soit ignorer ces signaux soit répondre par une réflexion.

L'effet d'apprentissage y tient un rôle de premier plan. Il accumule les connaissances, les bonnes pratiques et les savoirs. La plupart ne sont pas formalisés.

La clef : c'est l'apprentissage, la connaissance et l'exercice d'un métier, d'une expertise, d'un talent, dès le plus jeune âge.

Cette famille de connaissances caractérise plusieurs corps de métier qui développent un savoir-faire typique. Chaque profession aurait son propre savoir-faire, sa propre éthique, ses propres valeurs et normes et aussi sa ligne de conduite. Tout le processus métier devrait être normalisé. Chaque profession serait un art, un métier.

De ce fait, un professionnel aurait, en s'acquittant de ses activités courantes, pratiquement le choix entre deux démarches :

- La démarche scientifique. Dans les cas qu'il trouve familiers, le praticien mettra en application les procédures et les routines formulées dans le contexte de connaissance de la profession. Dans les cas où il fait face à des situations nouvelles, le professionnel compétent suit la démarche bien définie d'une recherche scientifique. Il collecte l'information, organise l'inférence, et formule l'hypothèse. Il s'agit d'établir des relations entre la théorie et les données qui se présentent sur le terrain. La démarche se fait d'une façon objective sans que le professionnel puisse intervenir.
- Une démarche de réflexion-action où le professionnel intervient dans le processus. Face à de nouvelles situations, il peut proposer et faire l'expérimentation sur le tas. Il remet en question son paquet de connaissance (knowing in action). Il redéfinit le contexte et peut suivre une démarche évolutive. Il construit son cadre tout au long de sa

perception, de son appréciation et de ses convictions du contexte qu'il est en train d'expérimenter en permanence. Ce contexte devient son « monde », il devient « sa réalité », même s'il n'est plus en ligne avec l'approche scientifique qui favorise l'objectivité absolue.

Ce processus constant qu'engagent les professionnels est à la fois un dialogue permanent et une série de transactions dont la conséquence est qu'ils construisent et entretiennent le monde à leur façon. En faisant face à des imprévus, ils repensent certains éléments qui remodèlent ce cadre, et ils révèlent ainsi les processus implicites qui conditionnent leur façon de voir leur contexte et leurs pratiques spécifiques.

Il y a, donc, beaucoup à apprendre des praticiens. Surtout quand, dans leur contexte pratique, ils opèrent dans des zones assez floues. Les praticiens peuvent, dans le cadre de leur pratique professionnelle, proposer de nouvelles théories. Ils ont la capacité de produire de nouvelles connaissances à partir de leur réflexion dans l'action. Schön conclut qu'il faudrait recréer, ou revitaliser une phénoménologie de la pratique qui aurait comme centre d'intérêt la réflexion sur les actions des praticiens dans leur contexte organisationnel.

Cette question du praticien versus le scientifique telle qu'exposée ci-dessus et dont Schön en est le vibrant maître, nous poursuit encore aujourd'hui. Elle imprègne cet ouvrage qui n'est pas le fruit de la seule expérience professionnelle d'un chercheur qui tout en n'abordant pas les préconisations théoriques, trouve un éventuel intérêt pour la théorie à partir de son expérience professionnelle. Cette alliance entre la réflexion et l'action représente surtout l'expérience réfléchie d'un praticien qui avait pu approfondir pleinement ses connaissances de la théorie avant même d'entamer sa carrière professionnelle et tout au long de son expérience vécue.

En tant que dirigeant actif, j'avais la possibilité d'expérimenter, en temps réel, certaines préconisations académiques dans le cadre même de l'entreprise. De ce fait, la réflexion-action a été constamment enrichie de l'interaction évolutive entre la théorie et l'action. Il ne s'agit, donc, plus seulement d'une démarche unique qui, à partir d'une série d'observations dans le cadre de l'action, va permettre au chercheur d'émettre des suggestions pour une nouvelle théorie. Cette recherche s'appuie sur un continuum d'itérations entre l'action et la théorie.

Après les écoles d'Ansoff et de Schön, nous allons, maintenant, passer en revue les écoles de la pensée stratégique.

9. Les dix écoles de la pensée stratégique en discussion

Souvent, nous devons retourner à l'école. Être entrepreneur, être dirigeant, être manager, avoir les mains dans le cambouis de nos activités, de nos acquisitions, de notre croissance, est essentiel. Essentiel, mais cela ne suffit pas. La stratégie s'apprend, se pratique et se vit au rythme de l'expérience et des temps de pause auprès des grands penseurs, des grands académiciens, des grands théoriciens, dignes de ce nom.

Oui, il faut passer au crible des sachants, des grands sachants.

De multiples approches stratégiques sont enseignées et pratiquées. Elles se distinguent par une prise de position divergente à l'origine sur les objectifs à atteindre dans le futur. Certains considèrent, d'ailleurs, le futur comme le dénouement d'un ensemble d'actions décidées à l'avance dans le cadre du plan stratégique. D'autres, cependant, apprécient quand le futur est l'aboutissement de plusieurs décisions qui se précisent en cours de route. L'itération y est, ainsi, importante. Elle en est la clef. Mais rares sont celles et ceux, entrepreneures au féminin et entrepreneurs au masculin, qui anticipent, maîtrisent et règlent les horloges du temps.

Dans son bref exposé, Thietart[43] aime citer Simon[44] et Mintzberg, comme s'ils discutaient entre eux. Le débat qui en découle n'est toujours pas tranché, mais il serait possible d'imputer à la turbulence de l'environnement la raison principale de leurs différences.

La question qui est posée est celle-ci : **Pourquoi ne pourrait-on plus planifier ?**

N'est-ce pas, parce que les paramètres et les variables changent surtout au long d'une évolution, qui est marquée par le rythme grandissant du changement ? De plus, ce changement n'affecte pas seulement les valeurs intrinsèques des agrégats de l'entreprise, de ses

---

[43] (En complément de la note 24) Raymond-Alain Thietart a fait une grande partie de sa carrière à l'Ecole supérieure des sciences économiques et sociales, l'ESSEC, et dans d'autres universités. Très brillant, il est reconnu par ses pairs et par ses étudiants, à tel point qu'il a supervisé des dizaines de thèses en sciences de gestion. Il a écrit une dizaine d'ouvrages et une centaine d'articles.

[44] Herbert Simon (1916-2001) est un économiste et un sociologue américain de premier plan. Il a conseillé plusieurs présidents des Etats-Unis, comme Johnson et Nixon. Il est incontournable sur le sujet de la décision managériale, son approche, son processus, et son rapport entre la raison objective et la raison subjective, entre la décision consciente et la décision intentionnelle. Il est l'auteur de *Administrative Behavior* paru en 1947. Il a publié une vingtaine d'ouvrages.

données, de ses flux, mais il affecte, également, les perceptions que s'en font les preneurs de décision, les « patrons ».

En fait, la plupart du temps, les dirigeants apprennent de leurs expériences et de celles de leurs collaborateurs (n-1) s'ils savent bien s'entourer. Ils modifient dans le temps leur façon de voir ainsi que leur appréciation des divers paramètres.

Qu'en est-il, par ailleurs, lorsque l'organisation dépasse le cadre du décideur pour regrouper toute une équipe qui, malgré la division des tâches, chercherait à agir en tant qu'agent économique unique ?

Comment, alors, dégager des choix et comment convenir de la manière de les exposer face au changement de l'un des paramètres de décisions ? Propos complexes, qui démontrent la nécessité de retourner à l'école. Il est incroyable de noter que ces questions sont à la base des dix écoles stratégiques qui sont identifiées par Mintzberg et par Marchesnay dans *Le management stratégique*[45].

Si le « je pense, donc, je suis » est toujours valable. Il faudrait l'ajuster et ajouter : « je vais à l'école, donc, je pense, donc, je suis ».

Reprenons, donc, ces dix écoles de pensée ainsi que la notion stratégique relative à chacune.

- Parmi ces 10 écoles de pensée, il y a d'abord celle de *la modélisation*, de la création, dont la formation de la stratégie est d'ordre conceptuel. Il s'agit d'un processus créatif.
- En second, vient l'école de la *planification*, qui, elle, est formelle, très formelle, très agendée.
- Puis, l'école du *positionnement* consiste à adopter une stratégie des plus analytiques, des plus critiques et des plus détaillés.
- Ensuite, c'est l'école *entrepreneuriale*, devenue majoritaire dans les années 2000, qui met en avant l'esprit visionnaire. La plupart du temps, c'est l'entrepreneur, le fondateur, le dirigeant qui en est l'incarnation. Sa fille est l'école *intrapreneuriale* !
- De façon plus scientifique, l'école de pensée *cognitive* met l'accent sur le processus mental, celui qui s'appuie sur les sciences neuronales, sur la psychologie, sur les fondamentaux.
- La 6è école de pensée est celle de *l'apprentissage*, celle de Schön. Il s'agit d'une école qui souligne l'émergence, ou l'ensemencement des expériences et des faits, à des fins stratégiques. A

---

[45] *Le management stratégique* de Michel Marchesnay est paru en 1993 aux Editions Eyrolles.

la différence du visionnaire qui se limite au dirigeant, l'apprentissage est ouvert à tous.

- Par l'école de pensée *politique*, il faut comprendre celle qui est proche du pouvoir, du décideur, et dont l'autorité incarnée est puissante, voire principale. C'est celle qui réconcilie la stratégie avec l'*intuitu personae* du dirigeant.
- La 8è école de pensée est dite *culturelle*. Elle est à mi-chemin entre l'idéologie, l'art et la transmission. C'est-à-dire entre la capacité de penser, d'avoir des valeurs profondes, et celle de créer et à transmettre. Elle est ouverte à tous, elle aussi.
- L'avant-dernière école de pensée est très actuelle : c'est l'école de pensée *environnementale*. Si sa base d'expression paraît passive, à l'état d'observation, il s'agit, plutôt, d'une réaction. Car, elle débouche souvent sur des plans d'amélioration actifs, qui peuvent être, également, contraignants.
- Enfin, la dernière école de pensée est *configurationnelle*. Elle se forme de façon épisodique, en fonction du contexte. L'accent est, alors, mis sur la structure de l'entreprise et sur sa capacité à se transformer.

Vous l'avez compris, ces écoles sont incontournables. Incontournables comme les échanges et les discussions entre Ansoff et Mintzberg qui marquent dans le marbre nos actes et nos pensées.

Pour bien comprendre leur pertinence, il faudrait prendre le meilleur de chaque école.

Car, force est de reconnaître que la bonne stratégie n'est point un choix exclusif entre ces diverses écoles, bien au contraire.

Ainsi, au creuset de ces écoles, où chacune développe son fil d'ariane, qu'il nous faut tirer précautionneusement, c'est *l'équipe intrapreneuriale* qui est convoquée. C'est, autrement écrit, *le groupe entrepreneur* dont les membres savent assimiler les nouveaux changements et peuvent, ainsi, développer des réponses de groupe et non d'individus aux impulsions de changement. Les meilleurs qui connaissent leur métier savent anticiper ces changements.

D'ailleurs, si nous restons positionnés sur la montagne académique, avant de redescendre dans la vallée de l'entreprise, où se trouvent ses eaux plus ou moins saumâtres et ses marécages, il est bon de noter que les efforts académiques qui visent à concilier ces écoles de pensée sont connus. Les grands auteurs les ont bien toisées et ont noté leurs convergences.

Par exemple, Goold[46] est intervenu dans la discussion lors du débat entre Ansoff et Mintzberg pour donner lui-même un score final de « Planning 1, Learning 1 » …

De son côté, Schoemaker[47] compare dans « Strategic Decisions in Organizations : Rational and Behavioral Views » quatre des approches qui visent à prédire et à comprendre les décisions stratégiques des entreprises. Il s'agit des quatre modèles suivants : celui du décideur rationnel unique, celui du modèle organisationnel, celui du modèle politique et celui du modèle contextuel.

Ici, l'auteur cherche à réconcilier ces quatre approches tout en mettant en relief leurs diverses hypothèses concernant ces cinq points : la validité de leur hypothèse ; le niveau de l'analyse ; le coût de la mise en application de la rationalité collective ; les limitations de l'assimilation de l'information au sein de l'organisation ; enfin, le rôle des retards d'adaptation et des déséquilibres qui résultent des écarts entre l'actuel et le planifié.

C'est ici où nous reparlons de turbulence. Et, principalement, de **la turbulence de l'environnement** qui semblerait être l'un des critères cruciaux déterminant la prépondérance de l'une des approches sur les autres. En temps de stabilité, les approches rationnelles et organisationnelles sembleraient être privilégiées par la décision stratégique d'une organisation. Par contre, en temps d'accélération de la turbulence qui devient tempêtueuse, les modèles politiques et contextuels expliqueraient mieux la situation surtout en la présence d'écarts et de coûts associés avec la planification rationnelle. Lorsque la tempête arrive, si le capitaine manque à l'appel, c'est tout l'équipage et leurs passagers qui se retrouvent en première ligne de la prise de décision de naviguer en affalant les voiles ou pas, et en réduisant la vitesse ou pas. Certes, le bon sens stratégique existe, en temps ultime, mais lorsque la décision est multiple, elle plonge, elle se noie dans le brouhaha des paroles ébruitées emportées par le vacarme de la tempête. Il reste, alors, une seule solution : celle du réflexe héroïque, de la prise de décision exceptionnelle.

---

[46] Michael Goold est un auteur, consultant et universitaire à la retraite. Il a été l'un des directeurs fondateurs du Ashridge Strategic Management Center. Avant de créer ce centre en 1987, il était Senior Fellow à la London Business School. Il a travaillé comme associé au BCG.

[47] Paul J.H. Schoemaker (1949-) est un universitaire néerlandais, basé aux Etats-Unis. Il est, également, un entrepreneur et un auteur réputé en stratégie. Il a créé son propre cabinet de conseil en stratégie. Il est l'auteur d'une dizaine d'ouvrages de référence.

Concernant le niveau d'analyse, il semblerait que plus l'analyste se détache de l'organisation, plus il trouverait le modèle rationnel attirant. En tout cas, l'entreprise gagnerait à intégrer ces approches. D'ailleurs, des nuances dans les hypothèses de base impliqueraient des recommandations stratégiques différentes. Le processus de planification serait plus linéaire, émanant du sommet vers la base, et délibératif dans le modèle contextuel.

Notons que l'approche contextuelle favoriserait une procédure plus graduelle à l'instar de Quinn[48] ; et, plus tacite et expérimentale à l'instar de Mintzberg.

La métathéorie que préconise Schoemaker repose principalement sur deux variables clés suivantes : le degré de congruence des buts à atteindre et la rationalité coordinatrice qui dépend elle-même de la turbulence extérieure, de son environnement, du niveau de l'analyse et du type de décision parmi tant d'autres.

Le choix du modèle aura un impact sur l'approche stratégique. Les modèles rationnels mettront l'accent sur les profits au niveau de l'industrie ou du groupe stratégique à l'instar de Caves et de Porter[49].

Les modèles organisationnels et politiques fixeront les compétences-clés de l'entreprise et ses capacités. Ils mettent en valeur les actifs invisibles à l'instar de Itami, des compétences-clés comme Prahalad et Hamel, ainsi qu'une culture de gestion qui amalgame une attention à la gestion des ressources à long terme et l'exploitation à court terme des opportunités sur les marchés. L'approche contextuelle, en revanche, préconise un mode de planification plus expérimental qui est orienté vers les processus. Elle chercherait à gérer les contextes et à développer plutôt les conditions internes qui permettent de dégager les bonnes stratégies plutôt que d'en dessiner directement l'ébauche.

---

[48] Robert E. Quinn (1948-) est un professeur de « Comportement organisationnel et management des ressources humaines ». Il a enseigné à l'Université du Michigan, à Ann Arbor. Depuis 50 ans, il est une référence en matière de leadership, de management et de stratégie. Son leitmotiv : « Inspire positive change » (Inspirer les changements positifs).

[49] Michael E. Porter (1947-) est un consultant, un entrepreneur et un professeur américain. Il est l'un des fondateurs du groupe The Monitor, qui fait partie du grand cabinet Deloitte. Il est le père de la méthode de gestion et de stratégie des « 5 forces de Porter ». Cette méthode permet d'analyser son marché et d'élaborer une stratégie en fonction de son environnement, de la concurrence intra-sectorielle, du pouvoir de négociation des clients, de celui des fournisseurs, de la menace de nouveaux entrants et de celle des produits de substitution. Il a enseigné à Harvard.

De ces discussions, de ces questions, de ces écoles est-ce qu'une synthèse est possible ? Une synthèse qui serait une sorte de vade-mecum qui puisse concrètement doter le chef d'entreprise, le fondateur, tout dirigeant, du dirigeant au manager, en passant par tout collaborateur, toute l'entreprise, finalement, d'un système d'aide à la décision ? Ces 10 écoles seraient ainsi ces 10 clefs garnissant sa précieuse boîte à outils.

Une synthèse des mécanismes de gestion qui permettrait à tout groupe entrepreneur, à tout intrapreneur, d'agir à la fois de façon efficace, dans un esprit visionnaire et selon une forme flexible qui s'imposerait…

Pourquoi pas !

10. En marche vers la stratégie d'entreprise en temps de turbulences

Ces écoles et ces discussions nous entraînent vers un questionnement ultime : dans quel but, pour quelle stratégie (basée sur l'activité des filiales ou sur celle de la holding – la stratégie de groupe), selon quel mode opératoire agir (l'anticipation ou le positionnement fixe), et face à quelles turbulences de l'environnement ? L'affrontement est-il inévitable ?

Car – et c'est une évidence, mais il est bon de la rappeler – il ne faudrait pas oublier que nous sommes à une période où les perceptions des degrés de turbulence et des conditions de mise en place de la stratégie ne sont pas semblables, ni pour tous les pays, ni pour tous les consultants, ni pour tous les académiciens, auteurs et professeurs. Cette multitude d'expressions accentue la confusion. Mais, il s'agit d'une diversité d'appréciation, de pensée, et au-delà d'action. Le paradoxe ne s'arrête pas à ce que ces différents auteurs de milieux proches suggèrent des solutions différentes et parfois contradictoires, mais, par moment, certains auteurs ne sont pas conséquents avec eux-mêmes. Il en est, ainsi, au sujet de la solution qu'ils envisagent et de la nature ou du rythme de la turbulence qu'ils prennent eux-mêmes en hypothèse.

Au sujet des changements majeurs, certains auteurs semblent apporter des solutions convenables à un changement peut-être très important mais plutôt ponctuel, mais non à un nouveau rythme de turbulence permanente qui coïnciderait d'ailleurs davantage avec leur description personnelle du changement en question.

Dans la sémantique, il convient d'aborder le sujet *des buts*.

Souvent tenus pour acquis sans analyse préalable, les buts créent une grande confusion sur plusieurs angles. En fait, de quels buts s'agit-il ? S'agit-il, autrement dit, des objectifs eux-mêmes, de la mission d'ensemble ou de la mission particulière ? Et, ces buts sont-ils multidimensionnels et immuables ?

Cette interrogation, cette sémantique, cette confusion de propos entre experts s'accentue à mesure que la turbulence qui frappe l'entreprise augmente. A ce moment de turbulence, évoluent les systèmes d'anticipation vers les systèmes d'action en temps réel. Par incidence, l'on ne peut plus les tracer comme par le passé de haut en bas. Le feed-back permanent pourrait les modifier à chaque impulsion de changement. Il serait possible à l'entreprise, après avoir tracé ses buts devenus sa stratégie, de faire face à un changement imprévisible. Là, le curseur de l'imprévisibilité entre en jeu. Il est un baromètre en temps de tempête. Celui-ci pourrait devoir engager soit une modification des moyens pour atteindre le même but initial, cet engagement aurait pour conséquence le changement des objectifs de chaque fonction ou bien de certains collaborateurs. Ou bien, que le changement nécessite une remise en question du but initial. Notons, également, que le cadre extérieur de l'entreprise affecte de plus en plus sa propre formulation de buts en raison de considérations conjoncturelles, écologiques, légales, règlementaires, technologiques et structurelles.

La formulation des objectifs est aussi différente suivant le niveau de l'analyse. C'est une autre évidence : les objectifs sont différents s'il s'agit d'un grand groupe et/ou des diverses entités qui en font partie. Ils sont différents pour une PME-PMI particulièrement sensible à ce sujet.

Voudrait-elle se limiter à croître et consolider sa position dans son cadre d'activités actuel uniquement ? Ou bien voudrait elle se diversifier suivant ses compétences, ses produits et ses marchés ? Ses choix seraient ils modifiés si, en cours de route, des menaces ou des opportunités initialement imprévues se présentaient ?

Les objectifs sont à la fois tridimensionnels, dépendant de ces trois notions : **complexité, hommes, temps**. Chaque impulsion de changement peut les remettre en cause. La formulation des objectifs est un exercice dynamique qui englobe la totalité des collaborateurs. La spécificité du but individuel de chacun des collaborateurs établis dans une répartition des buts globaux, conduit à la cohésion de l'équipe.

10.1 La stratégie de groupe ou la stratégie d'activité

La distinction est souvent occultée. Dans nos entreprises, l'analyse du portefeuille d'activités au pluriel, c'est-à-dire de plusieurs produits adressés à des marchés différents, est très éloignée et entre en opposition avec celle d'un centre d'activité stratégique se limitant à une seule activité, un seul produit, un seul marché.

Les prescriptions de décentralisation pour la première impliquent une passation du pouvoir du groupe vers les entités ou les CAS (Centres d'activités stratégiques), donc, une décentralisation du « corporate » vers les « business ». Par contre, une décentralisation au sein d'un CAS touche plus à la délégation de pouvoirs à travers une même structure.

10.2 Direction de l'implantation : Stratégie ou opération ?

Cette distinction découle de l'identification des objectifs. Deux possibilités se dégagent : soit, les buts stratégiques sont décidés en premier, alors les plans opérationnels en découlent. Soit, les données opérationnelles impulsent les grandes possibilités et les buts stratégiques en découlent.

Un système qui se veut flexible pourrait faire converger ces deux orientations.

10.3 Positionnement ou temps réel

Nous avions distingué entre ces deux approches :

- Un système de positionnement cherche à prédisposer l'entreprise en fonction de certaines anticipations d'un état donné.
- Un système d'action en temps réel qui, lui, cherche à composer en permanence avec le nouveau rythme de changement.

La première approche exige des systèmes de prévision et une structure particulière. A un niveau de turbulence limitée, l'entreprise peut puiser dans son expérience et sa mémoire collective pour affiner ses choix.

La seconde nécessite des systèmes d'adaptation flexibles affectant la structure. Généralement, ce choix est fait en temps de grandes turbulences, donc, quand l'innovation et la créativité sont les facteurs de succès. L'expérience passée n'est plus, pour les dirigeants, une référence pour l'action future.

10.4 La turbulence de l'environnement

La turbulence est un *climat* qui comporte différentes *couches* de changement :

- Une couche qui peut impacter un ou plusieurs éléments décisionnels ;
- ce ou ces éléments peuvent accuser des changements de différentes ampleurs ;
- ce ou ces éléments peuvent être familiers ou nouveaux ;
- ce ou ces changements peuvent avoir différentes durées ;
- ce ou ces changements peuvent se présenter suivant une certaine cadence. Et certainement la question la plus importante demeure celle de la prévisibilité de ce ou de ces changements.

Il ne fait pas de doute que, de nos jours, le rythme (on peut parler, également, de cycle) de changement a beaucoup accéléré. Il est devenu fréquent, discontinu et imprévisible. Toutefois, toutes les entreprises ne sont pas soumises aux mêmes conditions de turbulence environnementale. Face à cette multitude de possibilités, Ansoff établit une échelle qui distingue les diverses situations. Les conditions de l'environnement varient sur une échelle de 1 à 5.

Elles sont déterminées par la fréquence et la prévisibilité du changement.

Le tableau ci-dessous indique l'étalon.

Environmental Turbulence	Repetitive Repetitive Incremental	Expanding Slow Incremental	Changing Fast Predictable	Discontinuous Discontinuous Unpredictable	Surprising Discontinuous Unpredictable
Strategic Aggressiveness	Stable Based on Precedents Experience	Reactive Incremental Based on Extrapolation	Anticipatory Incremental Based on Expected	Entrepreneurial Discontinuous Based on Futures	Creative Discontinuous Based on Creativity
Responsiveness of capability	Custodial Suppresses Change	Production Adapts to Change	Marketing Seeks familiar Change	Strategic Seeks new Change	Flexible Seeks novel Change
Turbulence *level*	1 Stable	2 Reactive	3 Anticipating	4 Exploring	5 Creative

<u>Source Ansoff</u> [50]

Les chefs d'entreprise le constatent : l'environnement est devenu de plus en plus turbulent. Les changements se multiplient. Imprévisibles, ils viennent contrecarrer nos plans. Il faut faire face.

[50] Ansoff, *Strategic Success Hypothesis*.

III. LES ENTREPRISES FACE AUX TURBULENCES

Après ce petit tour d'horizon, ce smart tour du monde des grands auteurs de la littérature des sciences de gestion (pas tous, hélas), de ces grands professeurs, académiciens et consultants, de ces entrepreneurs, entrons davantage dans le sujet de nos entreprises confrontées aux turbulences.

Ces hommes de la littérature, de la plume et de la calculette, ces hommes du terrain nous ont ouvert la voie. Mais étaient-ils préparés à ce rythme effréné, cette multiplicité, ces turbulences qui allaient s'abattre et qui s'abattent de plus en plus sur nos entreprises, nos femmes et nos hommes, nos collaborateurs ? Les raisons ? Elles sont liées aux perturbations climatiques (dans le sens économique du terme), aux chocs écologiques et technologiques des transitions, aux crises économiques et financières, politiques et sociales. Les menaces sont là, de plus en plus imprévisibles. La gouvernance en temps de stabilité est devenue si rare.

La turbulence au singulier n'a rien à envier aux turbulences plurielles. La première précède toutes les autres. Elle en est leur mère. Comme le premier nuage qui noircit à l'horizon et qui annonce les autres, plus tumultueux.

Le chef d'entreprise, le dirigeant, le fondateur, qui est encore à la manœuvre peut-il mettre le cap sur une mer où les tempêtes se forment, sans entraîner avec lui toute l'entreprise, ses collaborateurs, ses parties prenantes, ses associés, ses fournisseurs, ses banquiers et créanciers, ses clients, ses « stakeholders » ? Oui, quand l'heure de la turbulence a sonné, tous sont dans la tourmente ! Il existe même de fausses mers calmes ! « Il n'y a de mers calmes, que nos nuits tourmentées », disait un poète. Chez Homère, c'est certain, la mer n'est jamais calme. Une mer calme devrait inquiéter plus qu'une mer en furie.

Ce qui nous alerte, et ce que nous avons vu précédemment, ce sont ces liens étroits entre l'apparition de nouveaux défis pour nos entreprises et les réponses apportées sous la forme d'une nouvelle notion de management, sous la forme de changements. Oui, la turbulence entraîne le changement forcé, le mouvement, la révision et la remise en cause de nos comportements managériaux. Elle a un impact indéniable sur nos stratégies. En la matière, les postures sont insuffisantes, car elles sont de courtes durées. Et, elles ressemblent à ces masques étriqués qui ne tiennent pas. Face à nos collaborateurs ne jouons pas la comédie, soyons authentiques.

Face à un rythme plus élevé de changement, l'entreprise se voit contrainte de modifier, effectivement, sa stratégie. L'entrepreneur n'en dort plus. Il ne sommeille plus et multiplie ses quarts de veille. Il affale ses voiles, pense, réfléchit, réunit son équipe et prend des décisions. Puis, il hisse la grand voile, sûr de son cap. Le navigateur est, aussi, veilleur.

Le changement et la turbulence sont des mots évocateurs, forts, qui se prêtent à des interprétations subjectives. Sur le sujet, nous avons retenu la définition d'Ansoff et de McDonnell. Puis, nous avons mis en relief l'échelle qu'ils proposent afin de décrire la situation particulière qui se présente à chaque entreprise. Le nouveau rythme de turbulence fait que le raisonnement stratégique qui se soucie pourtant du long terme reprend un intérêt particulier pour le court et le moyen terme, donc, pour les opérations. Nous explorerons cet angle précis dans cette nouvelle partie. En entreprise, la stratégie occupe depuis l'apparition des modèles de planification (des années 1950) une place de plus en plus prépondérante dans la littérature contemporaine des sciences de gestion.

Au départ, la réflexion stratégique se limitait à la planification sur le long terme et plus tard aux outils d'analyse stratégique à l'instar du modèle du cycle de vie développé par le BCG, ainsi que les diverses variétés de modèles de positionnement telles que les matrices de McKinsey, de Makaron & Associates, PIMS, GE, etc. Le plan et la planification – certainement parce que le politique s'est mêlé d'économie, et que dans de nombreux pays la mainmise du pouvoir en place sur les entreprises était réelle (en référence aux nationalisations) – ont eu leur âge d'or. Ils ont correspondu à nos sociétés au pouvoir gouvernemental centralisé. Oui, le monde change… La planification de la production a tracé le chemin vers la planification stratégique, mais, également, vers le management stratégique. Il s'agissait, finalement, pour la direction de mettre en place un traitement systémique de la résistance au changement, lorsque l'organisation, la structure d'entreprise y était confrontée. Et, l'analyse de ses capacités organisationnelles à accompagner le changement, à l'anticiper, devenait une nécessité. Si par le passé, chaque étape d'évolution avait pour source une rupture ou un changement dans le cadre de l'entreprise, il ne fait pas de doute que l'étape actuelle se caractérise par un rythme élevé de turbulences, par une quantité accrue de leur nombre. L'environnement interne de l'entreprise en est plus que perturbé.

Dans ce chapitre, il est utile de faire le point sur la stratégie d'entreprise et de préciser la nuance entre les choix et les options stratégiques d'une part, et la démarche stratégique d'autre part.

1. Les options ou choix stratégiques de l'entreprise versus ses démarches stratégiques

Plusieurs auteurs ont abordé le thème de la stratégie d'entreprise. Généralement, le terme stratégie comporte deux éléments essentiels : d'une part, la stratégie relève du domaine du long terme, et d'autre part, la stratégie traite des éléments substantiels et importants des paramètres de décision. Ainsi, aurait été stratégique toute conception ou démarche ou choix qui aurait mobilisé l'entreprise pour le long terme ou bien s'ils avaient activé une orientation précise des paramètres décisionnels importants.

Quelle différence entre les choix stratégiques et les démarches stratégiques[51] ?

Citons quelques exemples : comme la segmentation[52], la différenciation[53], l'internationalisation. D'autres thèmes viennent nourrir ces exemples et augmenter le champ des possibles. Par exemple, il s'agit de la notion du *just-in-time*, de l'excellence, du TQM[54]. Certaines options, à l'instar des précédentes, traitent de combinaisons particulières des produits et des marchés quand d'autres traitent d'autres aspects comme l'excellence, la qualité, le temps, le reengineering, et l'innovation.

---

[51] La démarche stratégique est plus générale et englobante. Elle est de l'ordre de la méthodologie. Alors que, par définition, le choix stratégique est plus décisionnaire, ciblé et sélectif. C'est la même différence conceptuelle entre la macro et la micro-économie. Ainsi, la démarche stratégique est plus globale, c'est une méthode. Quand le choix est la fin de cette démarche ; il est concret, décidé, orienté. D'un côté il s'agira de la méthode, de l'autre de son application, de sa décision opérationnelle.

[52] En économie, il s'agit-là d'une technique d'appréciation et de ciblage de son marché, dont l'objectif est de rendre son organisation plus optimale, plus proche du client et de ses besoins. Dans cet esprit, l'entreprise positionne ses ressources et ses plans de développement en fonction de cette segmentation (notion de marketing).

[53] La différenciation est la politique mise en place par l'entreprise pour prendre le lead en se distinguant de sa concurrence. Elle valorise davantage ses produits, ses services, en fonction principalement de la concurrence et en apportant au produit une nouvelle fonction, une nouvelle valeur ajoutée, et en offrant, par exemple, un nouveau service.

[54] Le TQM ou le Total quality management est une politique de gestion de la qualité, qui se base sur l'amélioration de la technicité, du savoir-faire des collaborateurs, du sourcing des matières premières et des autres achats permettant cette amélioration.

1.1 Le reengineering

Dans « Reengineering the Corporation », Hammer et Champy[55] proposent une refonte totale des processus, de la structure organisationnelle, ainsi que de la culture d'entreprise. C'est un grand bouleversement, une révolution (dans le sens noble du terme) !

Ce triptyque est, encore de nos jours, d'actualité. Les grands noms du consulting en ont fait leur livre de chevet. Car leur approche est effectivement révolutionnaire, permettant aux entreprises un bond spectaculaire et non pas une simple amélioration limitée dans le temps, dans l'action et dans les coûts. Les principes du *reengineering* se basent sur une réorientation du couple marché-métier visant à augmenter la valeur créée pour les clients à partir d'une remise en question intégrale des activités et des processus.

« The core message of our book, then, is this: it is no longer necessary nor desirable for companies to organize their work around Adam Smith's division of labor. Task oriented jobs in today's world of customers, competition, and change are obsolete. Instead, companies must organize their work around process[56] ».

Ce changement de paradigme de gestion est plus qu'une révolution, car les conséquences sont, toujours, actuelles. C'est un nouveau régime.

Entrons plus dans le détail de cette *révolution*. Et, reprenons l'expérience de *Hallmark*, entreprise décrite par les auteurs Hammer et Champy. Créée dans les années 1910, dans l'état du Missouri aux Etats-Unis, elle est leader dans le secteur des cartes de vœux. Elle se porte à merveille quand elle décide, dans les années 80, de se réorganiser. Elle n'a aucune raison objective de le faire. Mais, elle a un but et un nouvel axe stratégique qui va devenir majeur : réduire le temps qui sépare la détection d'un nouveau besoin du marché et l'arrivée sur le marché de la solution (une carte de voeux). Elle veut, donc, anticiper et appréhender au mieux le besoin du client, pour le servir. La question de

---

[55] En 1993, Michael Hammer (1948-2008) et James Champy (1942-) publient *Reengineering the Corporation: a Manifesto for Business Revolution*. Ils sont du MIT. Ce sont les pères du reengineering. Tous les deux soulignent l'intérêt des processus du management. En 2002, la revue Forbes critique cet ouvrage par ces mots : " l'un des trois plus importants ouvrages économiques de ces dernières années..." On ne peut mieux dire.

[56] « Le message central de notre livre est, donc, le suivant : il n'est plus nécessaire, ni souhaitable que les entreprises organisent leur travail autour de la division du travail, à l'instar d'Adam Smith. Dans le monde actuel où les clients, la concurrence et le changement sont premiers, les emplois axés sur les tâches sont obsolètes. Les entreprises doivent plutôt organiser leur travail autour de processus. »

la gestion du temps est, également, majeure et prioritaire. La méthode utilisée par le président de l'époque est de réunir tous ses cadres supérieurs autour d'une grande table ovale. Sont, alors, évoqués les dysfonctionnements, c'est-à-dire les écarts entre le fonctionnement de l'entreprise, ses processus et les objectifs recherchés, leurs résultats. Les processus opérationnels sont pointés du doigt. Après le diagnostic, un plan d'amélioration est mis en place.

A partir d'un but préétabli, l'entreprise s'est, ainsi, lancée dans le *reengineering*. Son objectif était de « dramatically reducing the time that elapses from noting a new market need to filling it with a card on the retailer's shelf », comme cela est dit plus haut. Elle a fait du temps un trésor, sa toison d'or !

Ce qui est remarquable dans cet exemple, c'est que l'entreprise et ses dirigeants ont réussi à convaincre tous leurs salariés (plus de 20 000) de cette nouvelle orientation. Le changement n'est possible que si toute l'entreprise est convaincue, enthousiaste et partie prenante.

Cette approche ne remplace pas l'approche de la stratégie globale de l'entreprise mais elle la consolide, l'épaule et, parfois, la précède. Mieux, elle en devient le tuteur. Elle va, ainsi, aboutir à des résultats positifs considérables en sollicitant l'apport et la contribution d'un grand nombre de collaborateurs. Dans ce sens, elle en devient stratégique. Chez Hallmark, ce qui est certain, c'est que cette technique a été payante. Elle a permis à un grand groupe qui jouissait déjà d'une position privilégiée dans un segment précis de faire encore mieux !

Rappelons-le : l'entreprise n'était pas au départ en quête de manœuvres concurrentielles élaborées pour assurer sa survie, à l'instar d'une action stratégique de sursaut ; mais, elle a abouti à consolider davantage sa position de leader. Et ce, jusqu'à nos jours !

C'est le temps long, le long terme, qui est le grand gagnant. Le court et le moyen, également, puisqu'ils ont permis de fédérer l'ensemble des dirigeants et de consolider la culture d'entreprise pour le plus grand nombre. L'entreprise a remis en question son passé et son présent. Elle a bâti son futur, avec ses dizaines de milliers de salariés.

A l'époque, certaines questions ont fusé : « Pourquoi perdre son temps avec ce reengineering, alors que tout va bien ? Nous allons perdre beaucoup de temps... »

Le grand gagnant : c'est le temps. Il s'est accéléré, s'est valorisé au fil des équipes qui se constituaient et des réponses apportées. Certaines équipes étaient chargées d'innover dans un nouveau système d'aide à la décision, avec l'appui des services supports informatiques. Il a fallu repenser, également, les points de vente. Des terminaux de vente ont été installés, partout.

De plus, cet exemple montre l'importance de l'implication du sommet managérial qui a guidé tout au long ce processus. Le document ne rapporte pas comment on intègre tout ce flot d'informations en temps réel. Qui prend les décisions ? Comment peut-on élaborer une réponse rapide avec le positionnement du produit à long terme ? Qu'aurait fait Hallmark si, au lieu de jouir de sa position de leader sur le marché, l'entreprise avait fait face à une concurrence acharnée ? Comment a-t-on abouti au but fixé ? Et, qu'aurait-on fait si celui-ci n'avait pas fait l'unanimité des décideurs ?

1.2 Allons plus loin avec Thackray et McKinsey

A son tour, en 1993, dans « Fads, Fixes & Fictions » John Thackray analyse pour Fortune magazine le *reengineering*. Cette nouvelle approche vise à pousser les entreprises à se repenser entièrement quitte à aboutir à une reconceptualisation, à une reconfiguration et à une réorganisation totale de l'entreprise. Il faut mettre l'organisation et les processus à plat, tout revoir et repartir de zéro.

Qu'est-ce que cela veut dire ?

Par exemple, il s'agit de la refonte totale du système d'information, de la remise en question des méthodes de travail, de la révision des processus, et de certaines pratiques opérationnelles. Les moyens de communication interne et externe sont, également, revus. Il s'agit de revoir l'outil de production, son organisation. Il s'agit, également, de revoir la relation-client. Cette dernière, effectivement, doit, aussi, être repensée afin d'atteindre non seulement les résultats escomptés, mais d'en atteindre de nouveaux. La Performance Absolue avec un P et un A majuscules est recherchée.

Avec le succès qu'il remporte auprès des dirigeants et de leurs équipes, le reengineering est vu comme une nouvelle méthode de gestion, la plus optimale. Mieux, il est devenu la coqueluche des entreprises, l'étendard, la figure de proue. C'est un phénomène. Est-ce une mode ? Une mode poussée par les consultants externes les plus aiguisés en matière de réorganisation, de processus et de technologies avancées ? Ou le mouton à 5 pattes de l'efficacité de nos entreprises, avec la productivité qui serait optimale et la qualité des produits et des services également ? Serait-ce le *Graal* ?

Le succès et la déroute de ses prescriptions, à l'instar du concept de l'excellence, font désormais partie d'un phénomène courant aux Etats-

Unis. D'ailleurs, l'article de John Thackray met en cause l'originalité du reengineering qui se trouvait, déjà, sur les bureaux de la majorité des cabinets de conseil sous une forme ou une autre.

En Angleterre, il est ramené à sa plus étroite expression. C'est-à-dire qu'il est considéré comme une technique de réduction de coûts plutôt que comme une partie intégrante de la stratégie ou de l'acquisition d'atouts concurrentiels significatifs. En France, seuls les grandes ETI et les groupes s'y sont essayés. Les entreprises du CAC 40 ont nourri de nombreuses escouades de consultants sur le sujet. Bigre ! C'est sans doute pour cela, qu'elles se retrouvent aujourd'hui en retard par rapport aux investissements numériques, beaucoup plus agiles, moins mécaniques.

De son côté, Hazel, de McKinsey, en analysant les problèmes associés à l'adoption du concept de reengineering, a identifié certaines faiblesses, au nombre de trois :

- Le manque d'assimilation des processus existants avant leur démantèlement ;
- la confrontation de plusieurs processus à la fois ;
- et l'exclusion d'une partie de l'entreprise de cette opération qui peut prendre trois ou quatre ans.

L'auteur révèle la tendance des Américains à vouloir essayer au plus vite les nouveautés en matière de gestion, puis à s'en dessaisir avec la même rapidité. Il conclut avec la remarque de Champy, père avec Hammer du concept, qui suggère à tout dirigeant de lire les ouvrages de Drucker[57]. Ce dernier, effectivement, avait, déjà, prévu le développement majeur des systèmes d'information et l'allégement des échelons dans l'arbre hiérarchique.

Le reengineering est-il la panacée des stratèges ? A-t-il reconçu, réformé, réinitialisé l'entreprise ? Ce qui est certain, c'est qu'il a permis de réaliser des gains de performance majeurs.

1.3 Dix ans de reengineering ?

Dans ses travaux : « Dix ans de réingénierie des processus d'affaires : qu'avons-nous appris ? », Annie Cornet[58] propose son analyse critique. Elle y parle de restructuration et de réorganisation. Elle s'interroge sur la promesse de Hammer et de Champy. Quel est leur

---

[57] Peter Drucker cité dans la note 35.

[58] Annie Cornet (1959-) est docteure en sciences de gestion et enseigne à l'Université de Liège en Belgique.

bilan ? Quel est le bilan des dix années de promesses d'établir nos entreprises dans la meilleure des organisations où les classes sociales et les conflits n'existeraient plus et où tous les salariés seraient « heureux et motivés [59]».

Elle y décrit de nombreuses lacunes. D'une part, parce que le processus s'il est opéré par des consultants les plus brillants qui soient, doit être implémenté par les équipes en interne. Et, parce que ces collaborateurs ne reçoivent pas la formation appropriée.

Elle note, également, que la simplicité apparente de la mise en place d'un plan de réingénierie se heurte à la complexité des organisations. Elle écrit : « La complexité organisationnelle et humaine ne peut se réduire à un ensemble de certitudes. » Elle va même plus loin : « Vouloir faire croire qu'il y a moyen de réorganiser fondamentalement une entreprise en s'en tenant aux préceptes édictés dans les ouvrages largement diffusés, c'est enfermer les gestionnaires dans des visions réductrices de la réalité organisationnelle[60]. » La réalité du terrain, first !

1.4 D'autres solutions

D'autres solutions stratégiques mêlant la créativité et l'innovation sont possibles. Ce ne sont pas les ouvrages de Kanter[61], Makridakis[62], Levitt[63], Sadler[64], Ansoff, qui diront le contraire.

---

[59] Annie Cornet dans *Reengineering : un défi pour les professionnels des ressources humaines ?*, Gestion 2000, dossier « La gestion du changement », n° 3, mai-juin 1998.

[60] Ibid.

[61] Rosabeth Moss Kanter (1943-) est une universitaire américaine de grand talent. Elle a été enseignante en Management à Harvard. Elle est la première femme à monter sur le podium de l'excellence en matière de management d'entreprise. Elle a obtenu de nombreuses récompenses honorifiques. Elle est 23 fois docteur honoris causa. En 1984, elle publie l'un de ses ouvrages de référence : *The change masters : innovation and entrepreneurship in the American corporation*, chez Simon and Schuster.

[62] Spyros Makridakis (1941-) est professeur émérite à l'INSEAD (Fontainebleau). Il est, également, professeur à l'université de Nicosie, à Chypre. Il est, enfin, directeur de l'Institut du Futur.

[63] Theodore Levitt (1925-2006) est un économiste américain, spécialiste de management et de marketing. Il a été l'un des rédacteurs en chef de la célèbre revue d'Harvard. Il fait partie de celles et ceux qui ont parlé de "globalization" des marchés avant l'heure.

[64] Philip Sadler est professeur et expert des organisations. Il a publié en 1991, chez Mercury Books, *Designing Organizations: the foundation for excellence.* Il a fait partie des pionniers de Tomorrow's Company, un think tank fondé en 1995.

Pour Battini[65], l'innovation est devenue l'arme économique par excellence : « les technopoles à forte densité de matière grise vont supplanter les traditionnelles zones d'activités industrielles », écrivait-il dans les années 1990. Selon lui, « le management de l'innovation est une gestion qui réclame des qualités particulières des individus, une structure d'entreprise favorisant la communication, un état d'esprit axé sur la nouveauté, mais aussi la rigueur à tous les stades. Ce sera d'ailleurs toute la difficulté : prendre des risques et maintenir la rigueur. La stratégie d'entreprise intègre de plus en plus l'innovation comme une de ses composantes principales. »

1.5 « Innover c'est gagner », mais, c'est, aussi, changer

C'est une vérité de La Palice (une lapalissade). C'est au sein de l'entreprise que naissent les produits et les services qui vont répondre aux besoins du marché et des clients de demain. Notre rôle est de les fabriquer et de les développer. Seuls, nous ne pouvons pas faire grand-chose. Nous pouvons entreprendre, initier, investir, lancer et recruter.

Le chef d'entreprise consacre sa vie, son argent et son énergie à cela, avec tous ses collaborateurs et parties prenantes. Souvent, le succès est au rendez-vous. Mais, parfois, l'échec frappe à la porte de la firme. Et ce, malgré le fait qu'il soit bien accompagné. Il nous faut tendre vers les *innovations* que le consommateur réclame car, comme dirait McKenna[66], le succès dépend de la mise sur les marchés, dans des délais réduits, des produits que recherchent les consommateurs. Nous entrons dans l'avènement de la mercatique, de la production et des approvisionnements orientés sur le mix marché-client.

Cela me rappelle[67] cette mise en garde de John Seely Brown[68], dans les années 1990, qui était vice-président et Directeur du centre de recherche de Xerox : « Les chercheurs doivent sortir des laboratoires ».

---

[65] Pierre Battini (1940-2024) était professeur-associé à l'Université de Paris-Dauphine. Il est l'un des pionniers du capital-risque en France. Il est l'auteur de l'ouvrage : *Innover c'est gagner*, paru chez Dunod en 1993.

[66] Regis McKenna: *Marketing is everything*, Harvard Business Review, jan./fev.; Tr. Fr. *Le client a pris le pouvoir*, Harvard-l'Expansion, automne, n° 62, pp. 96-105.

[67] Selon Fady J. Gemayel.

[68] John Seely Brown (1940-) est un universitaire américain. Docteur en sciences informatiques et en sciences de la communication, il a dirigé, notamment, le centre de recherche de Xerox à Palo Alto. Il s'est retiré définitivement des affaires, mais il était membre de nombreux conseils d'administration d'entreprises de renom, comme Amazon. Il est docteur honoris causa d'une demi-douzaine d'universités, en lettres, en sciences, et en systèmes d'information.

Brown relevait, ainsi, l'importance du client chez qui il faudrait anticiper ses nouvelles façons de travailler. Comme McKenna, Brown affirmait que « le partenaire essentiel de la recherche chez Xerox est le client. L'innovation a lieu à tous les niveaux de l'entreprise, pas uniquement dans les laboratoires. »

Les utilisateurs d'un produit peuvent offrir plus d'apport à son développement que les chercheurs retranchés dans leur laboratoire. Cette tendance n'a fait que s'accentuer au fil des années, et ce jusqu'à nos jours. A tel point que, certains clients sont devenus des influenceurs. Il s'agit alors de « recueillir l'innovation spontanée » de l'utilisateur qui lui peut, parce qu'il utilise le produit, le modeler à ses besoins. Le client devient la source du changement.

On l'aura compris, l'innovation et la créativité sont toutes les deux initiatrices de changement.

Comment réussir, dès lors, une stratégie d'innovation ? Suffit-il d'allouer un budget substantiel à la recherche et développement dans l'espoir de voir émerger le produit, la solution que tout le monde va vouloir acquérir ? L'innovation présente des défis particuliers. A part le risque financier énorme qu'elle engage, elle doit intégrer le risque technologique et le risque commercial.

D'autres questions se posent : comment poursuivre ses recherches sur un axe donné quand il n'aboutit pas aux résultats attendus ? Et, qui se charge de transposer l'innovation dans l'entreprise ? D'ailleurs, ces questions rendent encore plus difficiles les choix organisationnels au sein de l'entreprise. Au niveau structurel, les collaborateurs affectés au développement de l'innovation semblent préférer un cadre de travail plutôt autonome que rigidement structuré, un travail établi au rythme personnel des collaborateurs, plutôt qu'un cadre bureaucratique routinier. Un chercheur est un gros travailleur avec l'esprit libre ! Il a besoin d'avoir les coudées franches.

Pour autant qu'elles soient judicieuses, est-ce que ces options peuvent à elles seules garantir le succès de l'entreprise à long terme ? N'a-t-on pas besoin de se pencher sur la notion du comment implanter un choix au sein de l'entreprise et de ne pas limiter le jeu stratégique à seulement faire ce bon choix ? De plus, que ferait l'entreprise qui se serait embarquée dans l'exécution d'une option stratégique donnée, quand les conditions qui prévalaient au départ cessent d'être valables après le lancement de ces choix stratégiques ? N'est-il, donc, pas impératif de considérer avec plus de détail les notions de démarches stratégiques et de capacités organisationnelles ?

2. Les démarches stratégiques stricto sensu

Au début, quand elle existait, la démarche stratégique n'était en fait que la planification du moyen et long terme. Elle était loin d'être évidente. Au fil des années, l'histoire nous le dit, et nos propres expériences, également, il devenait impératif de prendre en considération, d'une part la résistance au changement, et d'autre part, les conditions de l'environnement dans laquelle elle voulait s'exprimer.

Ainsi, afin d'assurer la réussite du plan stratégique, l'entreprise devait s'assurer des capacités organisationnelles adéquates et devait surtout être en mesure de répondre au nouveau rythme de turbulence qui caractérise son environnement.

Aujourd'hui, les démarches proposées sont bien nombreuses. Si certaines divergent sur leurs conclusions, il n'est pas improbable que les nuances des prescriptions soient, aussi, dues aux différentes considérations prises comme hypothèse par leurs auteurs. Nous avons relevé certaines situations différentes qui peuvent être à l'origine de nombreux débats. Il reste que la turbulence ou plutôt le niveau de turbulence pris en hypothèse par chaque auteur sera le facteur prépondérant dans la formulation de la démarche stratégique.

2.1 Les stratégies de positionnement

Evoquons cette démarche qui découle de la planification à long terme. La logique de base est bien celle de l'anticipation du futur et de la mise en place d'un plan stratégique pour une longue période définie. Si, lors de l'introduction de la planification, l'entreprise peut avoir recours à son expérience passée pour prévoir le futur, le changement qui peut frapper les entreprises les oblige à avoir recours à d'autres moyens d'anticipation. C'est pour cela que les auteurs, déjà cités, préconisent plusieurs solutions.

Ansoff, Thietart, Godet, Kepner et Tregoe, Calori et Atamer, en effet, ont proposé des techniques qui cherchent à affiner l'analyse environnementale. Cette analyse anticiperait un plus grand nombre de variables qui pourraient influencer la décision de l'entreprise. Le balayage environnemental cherche à cadrer les variables, soit en prenant les avis des collaborateurs au sein même de l'entreprise, soit en sollicitant les avis d'experts extérieurs.

De ce fait, la démarche exige de plus en plus de participation. La sophistication des moyens de prévision distingue les différents ouvrages. Au départ, la participation était un moyen de motivation qui réduisait la résistance des collaborateurs au changement. Plus tard, cette participation était rendue nécessaire à mesure que les techniques d'anticipation touchaient à un plus grand nombre de paramètres. L'idée est, toujours, pour cette école, de concevoir un plan stratégique qui va être exécuté plus tard par les équipes de l'entreprise. Certaines démarches prévoient, d'une façon plus détaillée, la mise en application du plan stratégique et touchent, ainsi, à l'aspect opérationnel de la gestion. A partir de cette logique de base, les diverses démarches se distinguent par des nuances. Nous en relèverons certaines qui, au sens de leurs auteurs, leur permettraient de composer avec les conditions qui confrontent les entreprises.

La démarche de Thietart présente un guide pratique à la conception du plan stratégique. Il introduit la méthode *Stradin* ou la *stratégie dynamique inter-relationnelle* comme processus de formulation et de décision stratégique. Stradin repose sur la notion de faire développer la vision stratégique à partir d'un consensus émanant d'une dynamique de groupe. Cette dynamique repose sur quatre points : la communication, la critique, la collaboration et la décision.

Cette approche permettrait de réduire les résistances organisationnelles à la nouvelle stratégie. Pour Thietart, l'entreprise accomplit les analyses traditionnelles de force et de faiblesse, de segmentation stratégique, et d'analyse concurrentielle. De plus, il propose la méthode *Prodin*[69] qui cherche à capter la relation entre les différents acteurs du changement, pour y découvrir les avancées et les ruptures économiques et organisationnelles dans une démarche prospectiviste. Cette approche est, aussi, une dynamique de groupe qui, à partir d'une dialectique entre « les acteurs et les experts de l'entreprise », va leur permettre d'aboutir à « une vision consensuelle sur les évolutions perçues de l'entreprise et de son environnement ».

On retrouve ici Godet, qui de son côté propose sa vision *De l'anticipation à l'action : Manuel de prospective et de stratégie*. Dans cet ouvrage, il englobe un plus grand nombre de participants dans la conception et la mise en application de la stratégie. Avec l'aide de

---

[69] La méthode Prodin, Prospective dynamique inter-relationnelle, a été lancée en 1988 par Michelle Bergadaà, auteure. Bergadaà et Thietart ont publié ensemble, *Expert s'abstenir*, chez Harvard L'expansion, en juin 1990. Dans un premier temps, elle s'est adressée à un public restreint de dirigeants. Ensuite, elle a voulu démocratiser le sujet et l'ouvrir à un public plus large. Puis, elle a effectué des recherches et publié cet article en 1999 : *Strategic Decisions and Implementation: PRODIN™, a Prospective Dialectic Interpersonal Method*, au sein du Journal of Business Research.

MICMAC, Matrice d'impacts croisés - Multiplication appliquée à un classement, l'auteur présente une démarche qui permet à l'entreprise de prendre conscience des variables-clés qui l'affectent. En appréciant les relations matricielles de chaque variable vis-à-vis de toutes les autres, l'exercice dévoile des relations entre des variables. Leur interaction permet de mettre en relief celles dont l'effet direct ou indirect affecte le plus l'entreprise. Cet exercice met en évidence les liens par variables interposées et qui, malgré leur impact, sont souvent occultés par les dirigeants.

Godet fait aussi intervenir les acteurs, et positionne chacun vis-à-vis des différents objectifs dans le contexte du rapport de forces qui prévaut. La méthode MACTOR qui s'étale sur 6 étapes permet d'identifier les enjeux stratégiques et les objectifs associés de positionner chaque acteur sur chaque objectif, d'où se dressent leurs convergences et leurs divergences. Également, de hiérarchiser les objectifs et de recenser les tactiques possibles et finalement d'évaluer les rapports de forces et de formuler les recommandations stratégiques.

La démarche comprend, également, une analyse morphologique qui permet de balayer le champ des possibles et d'identifier les éléments-clés des scénarios. Godet propose de cerner tout l'espace qui présenterait des choix trop nombreux et souvent rejetés, à un sous espace morphologique utile, autrement appelé « le champ des futurs possibles ».

Les méthodes d'experts vont permettre de probabiliser les hypothèses sur les variables. Les méthodes Delphi ou l'abaque de Régnier ou celles des impacts croisés permettent de faire converger les avis de tous les participants vers les probabilités recherchées. Godet propose la méthode SMIC qui implique la participation de plusieurs experts qui, à travers une procédure convergente, permet de faire l'unanimité autour des probabilités des variables des scénarios pour les hiérarchiser avec la possibilité de les soumettre à des tests de sensibilité.

Avant de procéder à la sélection de la stratégie, il propose de faire le diagnostic stratégique dans ses deux volets interne et externe. L'entreprise se situe vis-à-vis de la concurrence et évalue ses forces et ses faiblesses.

Godet relève l'importance de la flexibilité stratégique dictée par l'environnement, mais, également, il insiste pour dire qu'elle est tributaire d'une harmonie parfaite entre « front extérieur et front intérieur » d'où « le même combat ». Le *management gap* est souvent plus important que le *strategic gap*. Même si, au final, les deux sont liés.

A la fin de cette démarche, l'auteur aboutit à l'identification et à l'évaluation des options stratégiques. Pour identifier les options, Godet propose les arbres de pertinence qui lient les objectifs aux projets d'action. L'auteur passe, alors, en revue les méthodes classiques de choix en avenir incertain et celles de la décision en présence de critères multiples.

Enfin, après avoir exposé la méthode des déclassements comparés, la méthode d'Electre II et leur limites, l'auteur propose la méthode Multipol, pour multicritère et politique. Les options stratégiques seront ainsi évaluées.

La démarche conclut par l'essentiel : **Ce sont les hommes et les organisations qui font la différence**. Une tautologie diront certains. Il est bon de la citer et de ne pas l'oublier !

« L'appropriation est indispensable pour passer de l'anticipation à l'action[70]. » Elle rehaussera de même la qualité de l'anticipation. Cette démarche aurait, donc, cherché à renforcer les probabilités de succès du plan stratégique. Elle vise à prospecter avec des moyens sophistiqués la valeur future des variables qui intéressent l'entreprise.

Une question se pose : Que feraient les dirigeants s'ils étaient confrontés, après le lancement de leurs actions, à des changements imprévus ?

Dans *La vision stratégique en action*, paru en 1990, Kepner et Tregoe[71] cherchent non-seulement à aider l'entreprise à concevoir sa vision stratégique mais aussi son implémentation. L'une ne va pas sans l'autre. D'emblée, ils font face à la confrontation entre la stratégie et les opérations. L'expérience du terrain montre que les responsables, à tous les niveaux de l'entreprise, sont à la recherche d'une vision sur le long terme. Ils sont toutefois soumis à « la pression des opérations qui gênent souvent la définition de la stratégie », d'où naît une source d'opposition. Cependant, toute idée de vision ou de stratégie entraîne « une réflexion philosophique et une longue rhétorique et jouit d'une connotation poétique ».

---

[70] Michel Godet, *Manuel de Prospective stratégique*, Tome 2, L'Art et la méthode, 3è édition parue chez Dunod, 2007.

[71] Chuck Kepner (1922-2016) et Benjamin Tregoe (1927-2005) sont les parents du Conseil moderne. Ensemble, ils ont fondé leur propre cabinet de conseil, travaillé à travers une soixantaine de pays, sur tous les continents.

Les auteurs proposent le concept de la ***Force Matrice Stratégique*** qui va enclencher le processus stratégique et qui va se concrétiser par le plan d'action.

Avec de tels auteurs-entrepreneurs-stratèges, l'entreprise, son dirigeant et toutes les parties prenantes se voient doter d'une boîte à outils considérable.

Le chef d'entreprise peut, également, venir puiser son énergie dans l'ouvrage de Calori et Atamer, *L'action stratégique : Le management transformateur*[72]. Les auteurs relèvent un problème parfois négligé par les stratèges et les décideurs : l'écart entre la décision et l'action, entre l'objectif et la réalisation. « Une inertie maligne freine l'avancement des projets les plus pertinents, retarde les changements nécessaires ». Ces écarts se matérialisent soit dans les résultats, les coûts ou les délais, soit dans une combinaison de ces éléments. Les écarts ne peuvent être imputés « au seul optimisme exagéré des décideurs ».

Ils conviennent, cependant, avec Ansoff de l'importance de **la résistance au changement**. Ces phénomènes politiques et culturels qui s'ajoutent parfois à des problèmes techniques expliquent, en grande partie, l'écart entre la stratégie et l'action et entre l'objectif et le résultat. C'est bien connu la plupart des managers courent après le temps. Ils courent après le temps de l'action et de la réflexion. Décider et exécuter : deux verbes qui n'ont pas la même temporalité.

Calori et Atamer proposent le *management transformateur* en réponse à ce défi. La remise en cause du clivage entre décideurs et exécutants, et la remise en cause du clivage entre réflexion et action sont les fondements d'une action stratégique et d'un management transformateur. La réflexion doit mener à l'action.

« Nous croyons à un processus dans lequel action et réflexion sont intimement mêlées et dans lequel chacun est à la fois auteur et acteur à des degrés divers, les exécutants participent à la réflexion et les décideurs participent à l'action. »

Finalement, le défi ne serait-il pas de concilier, pour les groupes, à la fois, centralisation et décentralisation, planification et adaptation, et de moduler le style de gestion suivant les contextes ?

---

72 Les auteurs : Roland Calori (1951-2002) et Tugrul Atamer (1953-) sont des professeurs experts en management, en organisation et en stratégie. Ils ont travaillé au sein de l'EM Lyon. Tugrul Atamer, maintenant à la retraite, y était doyen de la faculté, directeur général et vice-président. Il a été, également, le président du World Entrepreneurship Forum (2012-2018).

La deuxième caractéristique de l'action stratégique et d'un *management transformateur* est l'effet de système. L'évolution (les actions) se fait en préservant la cohérence entre les forces de l'environnement, la stratégie et les ressources de l'entreprise (système technico- économique), l'organisation et le pouvoir (système politique, de structure), et les normes de comportement (système culturel). N'importe lequel de ces sous-systèmes peut être à l'origine du changement.

Si le dirigeant revêt son costume de transformateur, il passera par ces différentes étapes qui formeront de véritables leviers. Dans un premier temps, il essaiera de changer les comportements, en fonction des freins rencontrés. Il adoptera le système du pouvoir, puis, il négociera avec l'environnement (interne et externe). Il formulera des stratégies réalistes en fonction des ressources et des compétences.

Enfin, il intensifiera les flux de communication stratégique. Ce dernier levier est souvent le parent-pauvre de l'ensemble.

L'intégration de ces leviers permettra aux cadres et aux dirigeants de trouver leur voie de traverse parmi les chemins possibles. « A chaque situation de changement stratégique de chaque entreprise, correspondent des chemins possibles pour conduire la transformation », ajoutent les auteurs.

Parce qu'il a beaucoup de bon sens, la spécificité du choix individuel propre à chaque contexte et à chaque entreprise est prônée par Ansoff. Ce dernier, pourtant fervent adepte du planning, accorde avec McDonnell une attention particulière non seulement à la sélection du plan, mais surtout aux moyens qui peuvent permettre à l'entreprise de composer avec un rythme élevé de turbulence. La Strategic Success Hypothesis fait que chaque entreprise doit mettre en œuvre des capacités organisationnelles propres qui vont lui permettre de répondre aux singularités de la turbulence de l'environnement.

La démarche d'Ansoff se réalise en fonction de la turbulence, de son environnement. En exposant les démarches stratégiques possibles, et vu le rythme accéléré des turbulences, Ansoff aboutit à un système de réponse en temps réel. L'action n'est décentralisée que dans une unité d'action autonome qui se détache du corps hiérarchique pour étudier le changement et pour passer, s'il y a lieu, en une unité autonome qui aurait les moyens d'agir en temps réel. Quoiqu'il fasse ressentir les besoins d'un système en fonction du rythme de turbulence et de la complexité de l'environnement et, même s'il prévoit l'avenir évoluant vers une turbulence plus accentuée, il ne présente pas de mécanismes nouveaux.

Il suggère une orientation vers des mesures qui englobent une plus grande participation, tout en sensibilisant tous les cadres au rythme ou au mode de pensée stratégique. En suggérant de diviser le budget global en opérationnel et stratégique, Ansoff ne présente pas l'intégration des éléments opérationnels aux éléments stratégiques.

Son livre fait la synthèse des idées actuelles. Il prévoit les besoins futurs mais ne suggère que les grandes lignes de leur aboutissement. Bien qu'il relève l'importance de la résistance systématique au changement qui naît précisément du conflit opération-stratégie, il n'offre d'autres recettes que celle d'avoir à s'orienter vers une action en temps réel. La passation à l'action en temps réel est due non seulement à la volonté des dirigeants de réduire le temps de réponse à des impulsions de changement, mais elle reflète aussi l'incapacité de prévoir les changements. Ces démarches de positionnement reposent sur une logique de base qui accepte au départ que l'entreprise puisse prévoir la valeur future des paramètres qui l'intéressent.

Vous l'aurez noté, ces stratégies de positionnement sont complexes. Et, elles le sont d'autant plus en temps de turbulences.

L'entreprise opérant dans un environnement turbulent, peut-elle de nos jours, et malgré les nouveaux moyens de prévision, anticiper ces valeurs ?

2.2 Le temps de la prévision, celui du XXIe siècle

Le livre de Makridakis, *Forecasting, Planning, and Strategy of the 21st century*[73], un auteur dont le nom est synonyme de prévision, est source de grande intelligence.

Pour lui, la vision est la suivante : les produits tels que les ordinateurs de 5è génération[74], les robots sophistiqués, les communications sans fil

---

[73] Son livre est paru en 1990. Il est visionnaire, face à la diffusion des nouvelles technologies de l'information et de la communication dans tous les domaines. Face à l'automatisation à outrance, où le rapport au travail est drastiquement modifié, l'auteur essaye de répondre aux questions suivantes : « Que peuvent faire les entreprises pour se préparer à un avenir aussi volatile et en évolution rapide ? Quelles stratégies devraient-ils suivre pour suivre les avancées technologiques et autres à mesure qu'elles se déroulent ? Quels types de compétences doivent-ils développer au sein de leur organisation ? Quelles mesures et actions les managers devraient-ils prendre dès maintenant pour améliorer leurs chances de survie et leur capacité à réussir à l'avenir ? Comment peuvent-ils rivaliser efficacement dans un village planétaire ? »

[74] Aujourd'hui, nous en sommes, toujours, à la 5è génération, qui a démarré dans les années 1990.

à très grande vitesse et les voitures intelligentes seront très diffusés avant le milieu du XXIe siècle. Et, nous le voyons tous les jours : le phénomène s'accélère à grande échelle. Qui n'est pas équipé ?

Le sujet devient, alors, vite technologique. Finalement, il l'a, toujours, été, depuis que l'homme est homme. L'étude, la recherche et le développement de nouveaux outils, de nouvelles façons de faire, de produire, de travailler avec de nouvelles machines, etc., tout cela nous anime depuis la nuit des temps. Mieux encore (ou pire pour certains) des technologies insoupçonnées feront leur apparition dans les cinq, dix et vingt prochaines années. Des technologies pour ou contre l'homme ?

L'automatisation, par exemple, couvrant tous les aspects du travail et les diverses facettes de la vie quotidienne a, déjà, modifié les pratiques de travail des salariés, que nous avons connues pendant les Trente Glorieuses.

Pire, le nombre d'emplois, en France, en cinquante ans, entre 1970 et 2020, a été divisé par plus de deux en moyenne. Et, dans certains secteurs, par trois[75].

Les usines de demain seront-elles entièrement automatisées, sans effectif, avec des *systèmes experts* qui poseront des défis nouveaux aux managers ? C'est, déjà, le cas en Chine[76].

Que peuvent faire les entreprises pour se préparer à cet environnement en mutation perpétuelle, fondamentale et assez volatile à la fois ? Quelles stratégies suivre pour accompagner les bouleversements qui affectent tant les technologies que les autres domaines ? Quelles compétences cultiver au sein de nos entreprises ? **Quelles graines de changement devons-nous semer dans ce nouveau champ économique où les technologies vont faire des bonds en avant considérables ?** Quelles sont les démarches et les actions que les dirigeants doivent engager, dès maintenant, à l'instant où sont lues ces quelques lignes, afin de favoriser leur survie et leur succès à l'avenir ? Comment peuvent-ils se faire la concurrence dans un monde qui devient de plus en plus unifié par les technologies ?

C'est le moment de parler de *convergence technologique*.

---

[75] Selon certaines sources, l'emploi industriel en France est passé de 8,2 millions de salariés à 3,2 millions en 2020. Il représente, aujourd'hui, un peu plus de 13% du PIB marchand national.

[76] Le fabricant chinois de téléphone cellulaire Xiaomi a ouvert en juillet 2024 sa première usine entièrement automatisée. Son fondateur, Lei Jun expliquait à la presse que « 100% des processus clés de l'usine sont automatisés : nous avons développé l'intégralité de notre logiciel de production et de fabrication pour y parvenir ».

Spyros Makridakis, affronte ces questions fort complexes dans son livre : *Forecasting, Planning, and Strategy of the 21st century*. Riche d'une expérience de 25 ans acquise par ses recherches, d'une vie académique d'enseignant universitaire et d'intervenant auprès de nombreuses sociétés, Makridakis affirme qu'une connaissance approfondie des principes de prévision et de prise de décision, assortie d'une compréhension réelle des erreurs passées (du pourquoi et du comment elles se sont produites), a un impact positif sur les prises de décisions traitant de l'avenir, de la planification et de la stratégie.

C'est cela qu'il faut rechercher à tout prix : **l'impact positif de nos prises de décision**.

Dépassant ses travaux antérieurs et mettant à contribution sa connaissance unique des méthodes de prévision et leur mise en application dans des situations réelles à travers le monde, Makridakis présente une brillante évaluation non technique de la prévision, de la planification et de la stratégie, qui sera fort appréciée de tout dirigeant en butte avec un budget ou un plan à long terme.

Après la présentation des réalités de la prévision et des mythes qui l'entourent, et tout en expliquant ce qui peut et ce qui ne peut pas faire l'objet de planification, Makridakis offre une analyse complète des facteurs qui affectent la planification à court, moyen et long terme. Il arrive même à comparer et à opposer les cycles économiques à long terme aux tendances à court terme, et au développement à moyen terme, tout en mettant en relief la nécessité de la distinction entre les mouvements cycliques temporaires et les tendances qui annoncent plutôt un changement. Il présente aussi divers modèles analytiques de prévision et met en garde contre leur limitation dans le cadre réel et pratique.

Finalement, Makridakis observe la relation entre les stratégies compétitives et celles qui sont non-compétitives. Il évoque les facteurs qui, dans le passé, ont permis de réaliser des succès ou d'éviter des échecs. Il explore, en examinant les tendances et l'histoire humaine, le type d'entreprises et de dirigeants, qui sont les plus susceptibles d'émerger à l'aube du siècle prochain ; et, il montre comment les dirigeants peuvent mettre à contribution la créativité en tant qu'instrument stratégique majeur.

Venant de l'expert dont le nom est synonyme de prévision, le bilan des limitations des pouvoirs d'anticipation fait pressentir le besoin de chercher des alternatives aux modèles rigides de planification.

Les modèles de positionnement initient, donc, l'action de la stratégie et l'orientent vers les opérations. L'intégration de certains éléments opérationnels dans la conception de la stratégie vise, d'une part, à motiver les membres subordonnés à participer à la conception et à mieux exécuter le plan stratégique. D'autre part, certaines démarches font appel à un nombre supérieur de paramètres afin de mieux cadrer le futur et croient ainsi avoir plus de chance de l'anticiper. Il s'agit au mieux, pour les opérationnels, d'être partie prenante du changement que provoque la nouvelle stratégie. On est loin de pouvoir composer avec le nouveau rythme de turbulence où les changements fréquents et surtout les changements imprévisibles sont plutôt la règle du jeu.

En temps de turbulence, les stratégies de positionnement se trouvent en difficulté face aux opérations. Elles portent en elles-mêmes les considérations du long terme préconisées par le plan stratégique. Face à un changement spontané, peuvent-elles être flexibles ? Ne semblent-elles pas favoriser plutôt la stratégie vis-à-vis des opérations ?

2.3 Les stratégies d'action en temps réel et les systèmes d'information

Le rythme de turbulence qui caractérise l'environnement d'un bon nombre d'entreprises, et de pays, exige une action rapide en réponse aux impulsions de changements fréquents, discontinus et de surcroît imprévisibles. La turbulence présente un élément de surprise sur le plan stratégique préétabli et risque de le rendre vite obsolète.

Neubauer dira que l'expérience démontre que le processus de planification a souvent, en pratique, généré, après de longues marches et de longues pages, des plans qui, dès qu'ils étaient prêts pour exécution se trouvaient déjà dépassés.

Qui, d'ailleurs, n'a pas fait l'expérience de ces dépassements ? Ne serait-ce pas le lot de nos entreprises ?

De son côté, Lucien Véran[77], sur le sujet de la prise de décision et de la réactivité face au changement, met en relief le facteur temps. Cela paraît, également, une évidence. Mais, il va plus loin : qui dit temps dit réaction, interaction, interdépendance.

---

[77] Né en 1961, Lucien Véran est passé par l'ENS, l'Ecole Normale Supérieure. Il est docteur et agrégé des Sciences de Gestion. Il enseigne à l'Université Aix-Marseille où il s'occupe de la filière industries culturelles de l'IUP Administration des Institutions Culturelles d'Arles. Il est, également, le fondateur du forum des industries culturelles d'Arles. En 2003, dans la Revue Française de Gestion, il publie *Gouvernement de l'entreprise, l'expérimentation comme facteur de liberté.*

L'objectif de l'auteur est « de nous acheminer vers la formulation de recommandations praticables en matière de création d'une capacité de réaction, de réduction des temps de réaction permis ».

Les relations de détermination réciproque entre la structure d'une organisation et le système d'information qu'elle abrite sont des relations complexes.

Des variables telles que l'activité pratiquée, les modes d'organisation, les échanges avec l'environnement, les jeux de pouvoirs entre les acteurs, constituent *la toile* sur laquelle est tissé le système d'information. Face à la multiplication de l'incertitude qui résulte du mouvement simultané de l'ensemble de ces variables, nos entreprises sont dépendantes du système d'information. Elles recherchent les finalités de l'organisation. Elles doivent les maîtriser.

Il est, donc, inutile de poser une structure formalisée et dessinée sans tenir compte de la carte (mapping) du réseau de communication, de la toile des données et des informations ; et puis, d'opérer la greffe théorique du système d'information le plus congru. L'information alimente la décision. Elle la nourrit et porte ses fruits en fonction des résultats de la décision.

Ayant démontré que les systèmes d'information sont les supports de la réaction organisée, l'auteur propose de distinguer trois domaines privilégiés d'émergence de la problématique technologique : le produit ou l'activité, le processus de production, de distribution ou de prestation, les systèmes d'information ou de prise de décision. Les avances technologiques permettraient, ainsi, une diminution du temps de réaction du fait même que les informations sont disponibles en temps utile.

Véran détermine les limites d'un système d'information, donc, de décisions qui, face à la transformation de l'outil ou le changement d'outil, réintroduisent l'auteur dans le système. Les percées technologiques peuvent aussi amener à des modifications des structures de l'entreprise. Ils peuvent permettre « une transition plus rapide d'un mode d'organisation à un autre ». Cela étant dit, l'auteur favorise une transition vers une organisation par projet. C'est très actuel. Il a eu le nez creux.

Il semble cependant que l'on puisse penser parfois les organisations comme des réseaux dynamiques susceptibles de s'agréger en un ensemble d'entités interdépendantes. La recherche d'une forme structurelle optimale passant définitivement au second plan au profit d'une stratégie de gestion des interdépendances.

Il écrit : « Cette vision des technologies de la communication comme support du changement structurel permanent permet d'imaginer l'alternance ou la coexistence de modes divers de mise en relation des acteurs, des hiérarchies alternatives, des regroupements fonctionnels momentanés... Il conviendrait d'ouvrir la voie à la recherche d'un concept de réactivité qui intégrerait le culturel et le technologique, à la définition d'un temps de réaction que les acteurs puissent reconnaître et entreprendre de contrôler ».

De son côté, dans *How Managers can succeed through Speed*, Dumaine[78] décrit les vertus du « time based strategy ». Cette approche pousse à dépasser la concurrence en termes de temps de distribution.

Sur le sujet, aux Etats-Unis, la moitié des 50 principales entreprises ont été interviewées par Kaiser Associates[79]. Elles considèrent cette approche comme pertinente, faisant partie de leurs priorités d'action.

Une étude de McKinsey relève que, pour l'échantillon analysé, les entreprises étaient mieux servies en payant 50% plus cher pour concrétiser leurs plans à temps, plutôt que d'atteindre le budget en coûts prévus mais en retardant la date de finalisation.

Istvan, vice-président du Boston Consulting Group, affirme que la réduction des temps pousse à une meilleure synchronisation du travail au sein de l'entreprise.

Young, de HP, trouve que cette réduction, en obligeant l'entreprise à offrir un produit sans défaut dès que possible, la pousse à améliorer la qualité.

2.4 L'improvisation versus la planification

On reparle de planification dans « Real Time Strategy : Improvising Team Based Planning for a Fast changing World » de Perry, Stott et Smallwood[80]. Les auteurs, avant-gardistes, suggèrent l'improvisation

---

[78] Brian Dumaine est un journaliste américain de premier plan. Il est le rédacteur en chef du magazine Fortune. En plus de *Bezonomics*, ses travaux incluent *The Plot to Save the Planet* et, avec trois coauteurs, *Go Long: Why Long-Term Thinking Is Your Best Short-Term Strategy*. Son article cité en référence est paru dans le Fortune du 13 Février 1989 (pages 30-35).

[79] Cabinet de conseil en stratégie fondé en 1981 aux Etats-Unis, qui accompagne des sociétés de premier plan sur des sujets de positionnement, de performance et de stratégie.

[80] Lee Tom Perry (1951-), Randall Stott (1950-) et Norman Smallwood (1939-) sont les co-auteurs de cet ouvrage paru en 1993 aux Etats-Unis. Il est une référence. Il met l'accent sur le fait que les stratégies doivent être simultanément formulées et mises en œuvre pour garder toute entreprise en avance sur ses concurrents.

stratégique comme alternative à la planification stratégique. Cette approche répond davantage, selon les auteurs, aux conditions dynamiques des années quatre-vingt-dix. Cette dynamique s'est accélérée dans les années 2000 avec quelques soubresauts liés aux turbulences trop fortes de ces années (comme lors de la crise financière mondiale de 2007-2008).

La planification, étant donné sa lenteur et son inflexibilité, ne peut permettre aux dirigeants de réagir rapidement au changement. Les systèmes traditionnels sont, aussi, trop bureaucratiques pour permettre une participation élargie dans la prise de décision.

L'approche des auteurs vise, ainsi, à transposer le pouvoir stratégique aux mains d'équipes autonomes, au nombre restreint, qui harmonisent leurs actions dans la direction stratégique souhaitée. La décentralisation et la délégation poussée du pouvoir sont à la base de cette stratégie. L'accès à l'information permet à un plus grand public de participer à l'action stratégique.

Voulant que l'entreprise compose avec son environnement, les auteurs utilisent la métaphore d'un groupe de jazz qui, sous l'égide du leader du moment, harmonise le choix proposé aux préférences de l'audience perçues en permanence. S'il ne fait pas de doute que cette technique met à contribution tous les individus et aiguise leur motivation, il n'est pas certain que le décideur garde une finalité stratégique. Ce qui est certain, c'est que l'immédiateté de l'action en réponse aux attentes du marché et du client se profile de plus en plus.

Denton[81], à son tour, mise sur une augmentation de la vitesse de réponse. Pour l'auteur, les organisations plates, qui réduisent les niveaux hiérarchiques au strict minimum, permettent de répondre rapidement aux besoins de la clientèle. C'est ce qui explique, en, partie, la réussite et le rapide développement des start-ups organisées de façon horizontale.

Les structures réduisent les risques de problèmes de transmission et de réception car les canaux de communication sont simples, directs et plus courts dans une structure plate. Comme point de départ de l'implémentation, l'entreprise identifie les transactions de ses principaux clients, repère les sources de problèmes et recherche les solutions. La structure la plus plate autour de cette solution serait la

[81] Kenton Denton, Horizontal Management : *Beyond Total Customer Satisfaction*, chez Lexington Books, New York, 1992.

meilleure possible. Elle permettrait, même, d'intégrer le consommateur au sein de l'entreprise.

Le *time based strategy* pousse l'entreprise à opérer en temps réel. Soutenus par un système d'information qui gère toutes les données de l'entreprise, les collaborateurs peuvent, ainsi, réduire le temps de réponse qu'ils mettent à réagir.

L'impact sur la structure est sans précédent. Un élément vital du pouvoir, en l'occurrence l'information, se trouve entre les mains de tous du fait que l'équipe dirigeante ne peut refuser aux subordonnés l'accès aux informations puisque ces derniers sont eux-mêmes les sources de ces informations.

Si l'action est permise, aussi, en temps direct comme le suggéreraient les adeptes de *l'empowering*, ne risque-t-on pas d'introduire la confusion totale au sein même de l'entreprise ? Dans une réalité holiste où toutes les fonctions sont intimement liées, l'action d'un élément en réponse à une impulsion de changement dans son cadre restreint est-elle nécessairement l'idéal pour l'ensemble ? Comment faire alors pour intégrer tous les éléments de l'action à un temps déterminé et aussi à travers le temps ?

En prônant l'action rapide, deux nuances s'imposent. La première concerne la réduction des temps de réponse ou des cycles de préparation, de conception et de lancement de produits à la base du *time based management*. Cette réduction ne supposant pas nécessairement une décentralisation et une délégation de pouvoirs.

La deuxième nuance est celle de la réduction du temps de réponse qui culmine dans l'action en temps réel. Cette réduction aboutit, par contre, à une action diffuse à tous les niveaux hiérarchiques. Il s'agit alors, pour réussir, de développer les mécanismes de synchronisation qui vont permettre de coordonner l'action pour éviter la confusion. Surtout que l'informatisation permet l'accès de tous à l'information.

Face à ces nuances des questions se posent : N'avons-nous pas besoin d'analyser ces informations ? Comment allons-nous synchroniser les actions nées de ces informations ? Une action en temps réel entreprise par des collaborateurs peut-elle représenter l'optimum pour l'entreprise à court, moyen et long terme ?

Dans son article, *Temps réel, prise de décision et performance de l'organisation*, Véran aborde à nouveau le concept du temps. Il y apporte un éclaircissement sur l'idée de « décision en temps réel ».

L'accélération du temps de réponse, élément essentiel à la réactivité de l'entreprise, ne peut seule assurer de livrer des décisions en temps opportun. C'est en misant sur la « coordination d'un ensemble d'acteurs solidairement responsables de la performance de l'organisation » que l'entreprise peut décider en temps réel. Cette possibilité fait que le concept du temps réel puisse se présenter « comme un choix organisationnel déterminant ».

La réduction du temps de réponse peut, aussi, dépasser la mise en place des outils traditionnels.

2.5 Que doit faire l'entreprise ?

Face aux changements fréquents, discontinus et de surcroît imprévisibles : l'entreprise doit agir tôt et vite. Elle doit anticiper, se configurer en mode solution à la turbulence. Elle doit s'y entraîner. Elle doit réduire le temps de réponse ou la durée de la mise en action de cette réponse. Elle peut, aussi, avoir à agir à partir de signaux faibles ou de graines de changement.

Elle doit, donc, réduire le cycle de l'identification du changement, l'analyse de la réponse adéquate, la mise en place ou la préparation de la réponse qui prend forme par un plan, un produit ou un service. Elle doit mettre en place une veille nécessaire, pour pouvoir agir au plus près.

Beaucoup d'auteurs considèrent qu'une organisation plate, ou moins hiérarchisée et structurée, pourrait alléger ce cycle de réponse et proposent, ainsi, un remaniement structurel. Ils ont raison.

Ces solutions au niveau de la structure prennent plusieurs formes. Cependant, la solution ne dépend pas du comment organiser les hommes, comment structurer les organisations. Elle doit, aussi, tenir compte des sujets de complexité et de temps.

Face à la turbulence, une question importante doit, alors, être posée : Le recours aux systèmes d'information est-il la clef ? Les ERP[82] ont eu leur heure de gloire, mais, également, ils ont été des « usines à gaz », qui ont nourri des armées de consultants, des consommateurs de complexité. N'auraient-ils pas, pour certains d'entre-eux, participé à la débâcle de certaines entreprises ? Car, se croyant mieux informé, le

---

82 Enterprise resource planning, ou logiciel, ou progiciel de gestion intégré, ou système d'information qui enregistre, gère, et planifie dans le détail l'activité de l'entreprise. Qui incrémente ses données, ses informations et ses opérations comptables, financiers, ses achats, ses crédits et ses investissements, ses stocks, ses immobilisations, ses clients (sa relation client) et ses fournisseurs, ses ressources humaines, sa distribution, ses campagnes de marketing, etc.

dirigeant devenu trop confiant, aurait pris des décisions hâtives, qui se seraient avérées erronées.

Et, lorsque nos systèmes d'information sont défaillants, que faire ?

Le manque de synchronisation risque de rendre la réponse partielle quoique rapide, fausse. N'oublions pas qu'une impulsion de changement quelconque pourrait solliciter, non plus un remaniement des moyens pour atteindre le but initial, mais plutôt une révision de ce même but.

S'il fallait plaider, en quelque façon, pour une sorte de décentralisation ne donnerait-on pas le feu vert pour une action à court terme plutôt que pour une action à long terme ?

En décentralisant n'est-on pas en train de prendre le risque de favoriser des actions ponctuelles, disparates et sans convergence ?

N'a-t-on pas, plutôt, besoin d'agir vite et tôt et surtout, aussi, en préservant la vision globale stratégique de nos entreprises ? Les stratégies d'action en temps réel peuvent-elles garder à l'esprit une vision à long terme dans l'action ponctuelle ? Ne favorisent-elles pas les opérations aux dépens de la stratégie ?

Autant de questions sur le temps d'action et sur le rôle des hommes dans l'action rapide.

3. Les *Learning Organizations*

Notons qu'avant même que la turbulence n'ait atteint le rythme frénétique que nous connaissons actuellement, déjà, une école de pensée stratégique s'opposait à la démarche traditionnelle de la planification à long terme. Mintzberg, cité maintes fois, contestait les prescriptions de planification stratégique qui étaient, pour l'entreprise, le fruit d'une rupture des pratiques passées.

En revanche, pour Mintzberg, la stratégie est un processus permanent. La stratégie est, d'abord, émergente. Puis, elle est comme une respiration : celle de l'entreprise qui développe son propre métabolisme. Dans ce sens, l'école de la *Learning Organization* évite d'emblée la dichotomie entre le mode stratégique et le mode opérationnel. Elle évite de les opposer.

Dans *The Fifth Discipline : The Art and Practice of the Learning Organization*, Peter Senge critique au départ la tendance des années 80-90 qui décortiquait le monde de l'entreprise en sous-ensembles, en compartiments. Elle est, hélas, pour certaines organisations, toujours d'actualité. Quoique ayant pour but de mieux comprendre les détails d'une organisation complexe, cette discipline donne une vision d'ensemble et une dynamique aux problèmes. Peter Senge[83] apporte un regard nouveau sur le sujet des organisations, car pour lui le fait de gérer les problèmes complexes en les simplifiant à outrance n'est pas la bonne méthode. Il est intéressant d'ajouter, que, sur le sujet du temps, il privilégie le long terme au court terme.

De même, pour lui, dans les affaires, une organisation ressemble à un petit, moyen ou grand atelier d'apprentissage où collectivement les membres, les collaborateurs et les parties prenantes, apportant plusieurs dimensions tacites et explicites, apprennent à mieux évoluer ensemble pour réaliser leurs aspirations et les objectifs à proprement parler.

Peter Senge présente les cinq idées qui, du fait de leurs convergences, vont apporter une innovation aux *learning organizations*. Celles-ci opèrent dans un système global où chaque élément apprend à connaître les autres, à se connaître, à promouvoir leurs aspirations et à apprendre continuellement à les réaliser.

---

[83] Peter Senge (1947-) est un universitaire américain qui enseigne au MIT. C'est le grand maître de la *Learning Organization*. Il s'est spécialisé sur les questions de management. Son best-seller ? Justement, il s'agit de (en français) : *La cinquième discipline. Levier des organisations apprenantes*. Il s'est vendu à plus d'un million d'exemplaires.

Est évoqué, alors, le *system thinking* ou la réflexion par le système. L'entreprise est présentée comme un système, formé d'éléments. Même si, pris individuellement, ils peuvent apparaître comme indépendants, ils sont, toutefois, intimement liés et influencent les autres.

La réflexion par système est un ensemble conceptuel formé d'une multitude de connaissances et d'instruments permettant de mieux évaluer les modèles, de mieux apprécier les facteurs qui les font changer.

La pensée de l'auteur est simple et de bon sens. Elle se résumerait ainsi :

- L'entreprise doit développer en interne sa capacité et sa culture d'adaptation. Ce qui implique de nouvelles méthodes de réflexion et d'action.
- Elle doit développer ses disciplines autour de la maîtrise de soi, du dialogue constructif en vérité (loin des préjugés), du partage de la vision. Elle doit mettre en place l'apprentissage en équipe, le partage de la pensée systémique et sa mise en œuvre.

Personal Mastery ou la maîtrise de soi révèle un certain niveau de compétence et une maturité de l'organisation.

La maîtrise de soi est une discipline vertueuse, qui appartient à chaque personne et qui la dépasse, car elle nous pousse continuellement à clarifier et à approfondir notre vision personnelle, à canaliser notre énergie, à aiguiser notre patience et à regarder la réalité très objectivement. Elle représente ainsi la base de l'apprentissage continu au niveau global de la *learning organization.* Elle est, par définition, une discipline.

C'est pour cela, et c'est un point fort indéniable, que le triple A de l'apprentissage entre en jeu. Car, il s'agit, véritablement, d'**a**pprendre des autres, d'**a**pprendre de l'organisation, pour, au final, **a**pprendre de soi.

Si l'individu à une tendance naturelle, telle que les enfants, à apprendre et à assimiler, cette facilité n'est pas évidente dans nos organisations plus ou moins complexes. C'est ce lien entre l'apprentissage individuel, ou l'assimilation, et celle du groupe qui intéresse Peter Senge.

Mental Models ou les modèles mentaux sont des images profondément ancrées dans notre pensée, des généralisations et des perceptions qui influencent la façon par laquelle nous regardons le monde extérieur, comment nous nous comportons et comment nous prenons nos décisions. De l'atavisme aux préjugés, il n'y a qu'un pas, fait de bonnes intentions. Et, cela vaut pour l'entreprise.

Dans les entreprises, il devient très important de formuler les bonnes perceptions de l'environnement extérieur afin de pouvoir apporter les décisions correctes ou adéquates surtout en période de transition. De ce fait, l'adaptation permanente et la croissance dans un environnement en mutation dépendent de l'apprentissage institutionnel ou *institutional learning* qui est un processus poussant les gestionnaires à changer les modèles mentaux qu'ils se sont faits de leur entreprise, de leur marché et de leur concurrence. Ainsi la planification devient un apprentissage et le planning d'entreprise n'est rien d'autre qu'un apprentissage institutionnel.

Building a shared Vision ou élaborer une vision commune partagée par toute l'entreprise n'est pas une chose facile. Traditionnellement, cette vision était celle du leader. Et, il n'y avait de vision que de leader. Cette vision avait la forme d'un silo. Elle était dirigée de bas vers le haut, ou a contrario de haut vers le bas. Elle a fini par s'aplatir. Car, la vision commune permet à chacun de mieux évoluer au sein de l'entreprise, de s'identifier, et d'en approprier la culture. Elle réduit la hiérarchisation des décisions.

Pour mieux promouvoir la vision commune dans une entreprise, Senge insiste pour qu'au départ toute vision ait pour origine une conception ou une initiative individuelle. L'organisation gagnerait, alors, à mettre de côté le mythe selon lequel une stratégie s'initie au sommet et infiltre les autres strates. C'est le sens que l'on peut apporter à la stratégie par capillarité. Mais sans une bonne communication interne, sans une communication entre les membres, entre chaque strate, une communication qui fasse émerger cette vision, c'est impossible. Leur participation dynamique ferait que, bien que cette vision soit la même, chacun sentirait qu'il incorpore un peu de lui-même, de sa vision, dans la vision stratégique globale.

Même quand il y a divergence, il vaudrait mieux reconnaître les éléments de désaccord, les annoncer et solliciter à partir de ce moment le soutien des éléments dissidents à la stratégie choisie. Les stratégies qui émanent du sommet ont, parfois (certains diront souvent) été une source de déception. Car cette stratégie source de déception est similaire à une initiative qui ne dure qu'un laps de temps très limité. Elle obère du moyen et du long terme. Elle ne fait pas l'objet de l'acceptation des membres et ne les inspire pas. Et, finalement, elle ne devrait pas être perçue comme une solution à des problèmes ponctuels.

3.1 Il est utile de ne pas confondre acceptation et conviction[84]

Souvent, les collaborateurs donnent du crédit à la stratégie, mais sans conviction, sans engagement, sans passion. Son implémentation nécessite pourtant cette conviction qui est le carburant parfait dont a besoin le moteur de notre entreprise. Autrement dit, il s'agit de l'engagement de chacun. La vision commune englobera aussi, outre ces convictions de base, un sens de la mission et des valeurs qui vont unir tous les membres en une entité solide capable d'apprendre et d'évoluer harmonieusement. C'est ce qu'on appelle la solidarité entrepreneuriale.

Quoique moins répandues que les visions négatives, les visions positives sont de loin les plus efficaces. Elles n'ont pas ancré en elles le sens du défaitisme, du freinage et du pessimisme. Et, parce qu'elles impliquent les parties prenantes, elles font jaillir leur apport dans un sens canalisé qui va pousser tout le monde à réduire l'écart entre la réalité et la vision.

Cette tension créative qui naît de cet écart permet à ceux qui maintiennent leur attachement à la vision, tout en étant aussi engagés, à apprécier la réalité telle qu'elle est, d'évoluer efficacement.

Souvent l'enthousiasme que génère la vision s'estompe rapidement, soit que le groupe n'arrive plus à consolider la vision, soit que les divergences ne soient plus une source d'enrichissement qui naît d'une harmonie de la diversité, soit que les cadres s'en détachent pour vaquer à leurs occupations, tâches et responsabilités de tous les jours.

La vision commune gagnerait aussi à être la plus proche du résultat d'une analyse de systèmes qui engloberait autant de variables qu'il faut pour cerner tous les éléments qui font partie du jeu.

3.2 Le *Team learning* où l'apprentissage en équipe

Tout comme dans les activités sportives ou artistiques, dans les sciences ou les affaires, un comportement d'équipe s'inculque. Dans l'armée, c'est ce qu'on appelle « l'esprit de corps ». Ou tout simplement : la loyauté.

---

[84] Rappel de la définition de la conviction : il s'agit d'une certitude profonde, basée sur des valeurs, un savoir-faire, une histoire, un apprentissage et une expérience de vie, des hommes, des organisations et des entreprises. Elle est équivalente à la vérité d'un propos exprimé, et/ou à une action vécue de façon exceptionnelle ou répétée. Elle vient souvent de l'intérieur, du coeur, de l'intelligence, de la mémoire, de la pensée et de la réflexion. Elle ressemble à un balisage, à ces petites loupiotes qui éclairent le tarmac de nos vies. L'engagement suit souvent une conviction profonde, éprouvée. L'un (l'engagement) ne va pas sans l'autre (la conviction). Les deux sont liés.

Cette loyauté est nécessaire. Mieux, un esprit juste et tangible précèdera le comportement. La difficulté : il faut l'insuffler, l'incarner, le démocratiser. Nous évoquons, là, l'esprit d'équipe. Les ressources du groupe dépassent les ressources individuelles réunies. La discipline débute par un dialogue entre les membres qui vont dépasser leurs avis, leurs opinions, leurs préconceptions et essayer de réfléchir ensemble. Il est utile d'identifier les interactions qui risquent de freiner l'harmonie et de les canaliser afin qu'elles renforcent l'apprentissage collectif.

Ces cinq éléments sont plutôt des disciplines que des émulations de modèles. La convergence des cinq disciplines ne crée pas en elle-même la *learning organization,* mais une dynamique d'expérimentation et d'évolution.

Quoique ces cinq éléments doivent opérer ensemble, la réflexion par système, que l'auteur nomme la cinquième discipline revêt une importance particulière puisqu'elle vise, par définition, à intégrer le tout en une théorie pratique et cohérente. La formulation d'une vision commune favorise un engagement à promouvoir le long terme. Les modèles mentaux élargissent l'angle sous lequel l'entreprise perçoit le monde extérieur. L'apprentissage permet au groupe de dépasser les perspectives personnelles des individus. La maîtrise de soi favorise la motivation personnelle de rechercher continuellement à apprendre comment nos actions affectent le monde. La *learning organization* est une école où les individus vont continuellement découvrir comment ils créent leur propre réalité, et aussi comment ils peuvent la changer, l'améliorer. La *learning organization* va développer ses capacités en permanence afin de créer son futur. Son apprentissage ne cherche pas à survivre ou à s'adapter, mais à générer, poussant plus loin ses capacités de création. De son expérience pratique, Senge considère que la clé de la réussite du *system thinking* réside dans l'apprentissage tant par les individus que par les entreprises. C'est alors qu'elles peuvent réaliser leur potentiel pour créer leur avenir. Garvin[85], adepte du concept de la *learning organization,* voudrait proposer des moyens pratiques qui permettent à l'entreprise d'appliquer ce concept car selon l'auteur les

[85] David Garvin (1952-2017) est un universitaire américain, économiste. A Harvard, il a enseigné la gestion, le leadership, le management et la stratégie. Auteur et journaliste à ses heures, il a écrit et co-écrit une dizaine d'ouvrages et publié une quarantaine d'articles. Pour l'excellence de son esprit, de sa pensée et de ses écrits, il a reçu de nombreux prix, notamment, ceux de McKinsey Award, et, dernièrement, celui du Greenhill Service Award. Ici, nous mentionnons son ouvrage, *Building a Learning Organization.* Harvard Business Review, July - August 1993, page 78 - 91.

prescriptions de Senge, quoique sources d'inspiration et de stimulation, ne permettent toutefois pas aux dirigeants de passer immédiatement à l'action.

3.3 Passez immédiatement à l'action

Garvin propose dans *Building a Learning Organization* le concept des trois M : Meaning, Management et Measurement.

Meaning est la définition pratique et applicable que se fait chaque organisation d'elle-même en tant que *learning organization.* Elle répond à la question : qui suis-je ?

Management est un ensemble de décisions et de directives opérationnelles qui transpose en pratique les aspirations prévues par la *learning organization* telles que la réflexion par les systèmes, la vision commune, la maîtrise de soi, l'apprentissage et les modèles mentaux. A partir de ce contexte, Garvin brosse l'image d'une *learning organization* qui aurait acquis des compétences dans ces cinq domaines :

1. celui de la solution systémique des problèmes,
2. celui de l'expérimentation de nouvelles approches,
3. celui de l'apprentissage des expériences passées,
4. celui de l'apprentissage des pratiques réussies par d'autres,
5. celui du transfert des connaissances rapides et efficaces à travers toute l'organisation.

Measurement, ou l'instauration de moyens de mesure. Comment mettre en place des mesures qui vont permettre de quantifier tant les résultats et les choix que les progrès dans la modification des comportements ? Difficile exercice, pourtant nécessaire.

L'élaboration d'une *learning organization* ne se fait pas du jour au lendemain, mais elle est le fruit d'efforts assidus à cultiver et à modeler. Elle rassemble les attitudes et les engagements de toute l'équipe dans un processus parfois long mais certainement exigeant. Son concept s'inscrit dans le cadre des prescriptions qui permettent à l'entreprise, une fois qu'elle les a assimilées, de faire face continuellement à son futur. L'avantage n'est pas dans l'impact ponctuel mais dans la prédisposition permanente que pourrait acquérir l'entreprise à composer en permanence avec son cadre extérieur et au fur et à mesure qu'elle progresse dans le temps. **C'est ça la clef : être prédisposé.**

Ce concept se rallie aussi au courant de Mintzberg en ce qui concerne l'apprentissage permanent de l'équipe dirigeante. L'entreprise, comme elle, a sa dynamique propre. Elle peut modifier ses perceptions et ses préférences en cours de route.

Cette école propose des mécanismes de gestion qui misent sur l'implantation d'un système de gestion capable de régir l'entreprise nonobstant un choix stratégique précis. De ce fait, elle s'attarde sur la nécessité pour l'entreprise de gérer la complexité, vu qu'elle plaide pour une analyse par systèmes et ensembles et non pas par positionnement de sous-ensembles.

Ce raisonnement est décrit par Mackenzie[86] dans *The Organizational Hologram : The effective management of organizational change*. L'auteur propose une théorie pour gérer les organisations de façon à ce qu'elles soient adaptables à leur environnement avec une grande efficience. Les dirigeants devraient être en mesure d'appliquer cette méthode afin d'améliorer le rendement de leurs entreprises.

La thèse centrale est que pour devenir et continuer à être adaptable au changement avec efficience, l'organisation doit adopter les qualités d'un hologramme organisationnel, c'est-à-dire d'une organisation sous forme de sous-systèmes, dans lesquels les qualités de l'ensemble se retrouvent. Quand une organisation se rapproche de l'hologramme organisationnel, elle affiche les six caractéristiques organisationnelles suivantes qui existent partout dans l'organisation : la clarté des fondements de la direction, la clarté des structures, la clarté des mesures (*measurement*), le succès dans la réalisation des objectifs de l'entreprise, les moyens tangibles de résoudre les problèmes (*results oriented problem solving*). Enfin, la sixième caractéristique concerne les associés, qui sont un capital précieux et des ressources naturelles.

Chacune de ces six caractéristiques organisationnelles se base sur l'opération de quatre processus holistiques. Ces processus sont au nombre de 12 au total. Cela paraît complexe et théorique, mais ça marche !

---

86 Kenneth D. Mackenzie (1937-) est professeur américain d'économie. Il est passé par les universités prestigieuses de Carnegie-Mellon, Wharton, Kansas et Waterloo. Il a publié une vingtaine de livres et une centaine d'articles. Là, nous faisons référence à son livre : *The Organizational Hologram: The Effective Management of Organizational Change*, paru chez Kluzer Academic Publishers, en 1991 (page 19).

Quand ces processus holistiques existent dans l'organisation, il en découle directement les six caractéristiques qui en sont les sous-produits. Chacun des douze processus holistiques comporte un processus qui va permettre à l'organisation de s'adapter au changement. Ils représentent la concrétisation du nouvel ordre organisationnel, qui va produire la réalisation des six caractéristiques organisationnelles.

« They represent the enfolded implicit order which give rise to the major and desired organizational characteristics. »

Les processus holistiques dépendent des principes dont ils découlent. Ces principes, à leur tour, dépendent d'un réseau de conclusions subordonnées, appelées propositions, qui, à leur tour, se basent sur un système de définitions et d'hypothèses de base.

Ainsi, la théorie se bâtit pas à pas à partir d'un ensemble de définitions et d'hypothèses, pour atteindre des niveaux plus élevés de conclusions jusqu'à atteindre l'hologramme organisationnel. Le livre définit tour à tour l'environnement organisationnel, la direction stratégique, la technologie organisationnelle et plaide pour une consistance et une harmonie totale entre ces éléments pour qu'ils soient congruents les uns avec les autres. La théorie incorpore un système de récompense et met en relief le besoin d'assurer la congruence à chaque membre, à l'organisation. Ainsi est scellé chaque position à l'organisation.

La théorie aboutit aux conclusions suivantes : L'organisation atteint sa productivité maximale quand elle a combiné ses congruences. Elle en devient plus efficiente et adaptative. La réalisation des douze processus holistiques va mener à la congruence, à la productivité maximale et à l'adaptabilité efficiente. Ainsi la théorie scelle l'hologramme organisationnel à la productivité et à l'adaptabilité efficiente. Cette théorie repose sur le développement de méthodes tangibles de résolution des problèmes et l'utilisation personnalisée du capital humain.

3.4 L'adaptation des organisations au changement n'est plus facultative

Chacun devra s'adapter pour survivre. On devrait penser moins aux chiffres et penser plus à créer l'environnement favorable. Nous devrions penser à promouvoir les méthodes de gestion qui vont produire les résultats requis. Nous devrions nous exercer à faire jaillir le potentiel de ceux qui travaillent dans cette organisation.

L'auteur continue : « The study of the organizations cries out for a new synthesis. The theory of the organizational hologram provides a comprehensive a more complete theory for how to diagnose the problems, come up with solutions to them, and continually and efficiently adapt and manage organizations undergoing rapid change. Organizations are forced to adapt to changes in their environments and the ones that can do this more effectively have an edge[87]. »

Quelques principes intangibles découlent, par conséquent, de ce qui précède :

1. Les organisations adaptatives ne peuvent être définies en termes d'état statique puisqu'elles sont un processus qui fait qu'une organisation est "en train d'être".
2. Tout changement affecte le tout.
3. Le capital principal d'une organisation adaptive est formé des personnes qui y travaillent.
4. L'organisation adaptative doit atteindre une stabilité dans le processus de gestion du changement.

D'après l'auteur, le secret d'une adaptation efficiente au changement qui va même jusqu'à le gérer d'une façon proactive dépend justement de la stabilisation des processus du changement. Relisons-le : « It has been learned from the author's research and experience, and supported by those of many others, that stabilizing the processes of change makes it easier to proactively manage changes. Thus the key to having stability in the process of change is to arrange the scope of application, focus of rights to making change, and flexibility of change to the levels of the organizational decision process.[88] »

---

[87] Traduction : "L'étude des organisations appelle à une nouvelle synthèse. La théorie de l'hologramme organisationnel offre une théorie plus complète sur la manière de diagnostiquer les problèmes, de trouver des solutions, de s'adapter et de gérer de manière continue et efficace les organisations qui subissent des changements rapides. Les organisations sont obligées de s'adapter aux changements de leur environnement, et celles qui peuvent le faire le plus efficacement ont un avantage."

[88] Traduction : "Les recherches et l'expérience de l'auteur, confirmées par celles de nombreux autres, ont montré que la stabilisation des processus de changement facilite la gestion proactive des changements eux-mêmes. Ainsi, la clef de la stabilité du processus de changement réside dans le fait d'organiser son champ d'application, c'est-à-dire, ses droits au changement, d'en assurer sa flexibilité aux différents niveaux du processus décisionnel organisationnel. Il en résulte un noyau stable, qui est axé sur la valeur. La flexibilité s'accroît à mesure que l'on atteint les superviseurs et les gestionnaires de première ligne."

Le concept de la *learning organization* s'articule d'une part autour d'une vision commune et d'autre part au sein d'un travail d'équipe, le tout soumis aux contraintes d'un système. Certes, les avantages de cette école résident dans le fait que l'entreprise mise sur la valorisation de ses capacités internes et non plus sur des choix ponctuels. Cependant, en relevant à juste titre la nécessité pour l'entreprise de réaliser l'importance de raisonner par systèmes, Senge ne fait-il pas appel à une démarche plus élaborée qui puisse, face à la turbulence, faire converger l'action de toute l'équipe ? Son souhait est de faire réussir un travail d'équipe qui va mettre en œuvre une vision commune et non pas, à l'instar des adeptes de la real-time stratégie, de réduire le temps de réponse quitte à restructurer l'organisation. Cette école se rapproche de celle du positionnement en préconisant la mise en place d'une vision commune. Elle met en évidence le fait que le cadre de l'entreprise est régi plutôt par des systèmes que par de simples relations de cause à effets auxquelles les ouvrages académiques ont souvent tendance à faire appel.

Toutefois une question se pose face à la turbulence : peut-on se fier aux seuls avantages du travail d'équipe ? Naturellement, la réponse dépendra des conditions du travail d'équipe. En se basant sur la notion de la maîtrise de soi, Senge mise sur le fait que « la vision naît bel et bien chez un individu et les modèles mentaux » se chargent de transposer cette vision à toute l'équipe. La notion de *vision partagée* est la plus fondamentale, effectivement. Sans vision partagée, le dirigeant ne peut pas entreprendre. Il ne peut pas prendre des risques. Il ne peut pas être un stratège. Il ne peut pas se structurer. « A quoi bon se structurer ? », pourrait-il se demander intérieurement. Le visionnaire est un meneur. Il aime partager… Dans ce sens, Senge introduit le rôle de leader, et de meneur de jeu. Nonobstant la question du rôle du décideur. Bien entendu, les trois sont liés : un dirigeant doit être un acteur de premier plan, un décideur, un leader et un meneur. Il doit partager sa vision. Une autre question, récurrente, se pose : que fait l'entreprise face à la turbulence, mise-t-elle toujours sur la vision commune d'une façon inflexible, ou bien la remodifie-t-elle ? Même si l'on pense confier à toute l'équipe le soin de composer avec la turbulence, de s'adapter au mieux, ne peut-on pas concevoir des mécanismes qui pourraient justement consolider davantage le travail d'équipe d'une façon objective et qui rendrait en même temps le résultat moins tributaire du risque pour l'entreprise de voir ce travail d'équipe se réduire à de simples alliances politiques ponctuelles ?

4. La stratégie et la structuration en temps de turbulences, les premiers pas…

Entrons un peu plus dans le sujet qui nous tient à cœur.

La démarche stratégique de ces auteurs a abouti en temps de turbulence à des choix différents en apparence. Sur le sujet de la stratégie, certains préconisent un positionnement par anticipation, et d'autres plaident pour une action en temps réel. Il faut rajouter l'impact des décisions prises sur le court, le moyen et le long terme. Comment, justement, les auteurs se positionnent-ils sur ce sujet de la portée temporelle des décisions du dirigeant ? Et, deuxièmement, l'auteur qui n'est, donc, pas un dirigeant, comment peut-il se soucier de la gestion quotidienne non-décorrélée de la stratégie ?

Ce qui est important, c'est justement, cette cohérence de la gestion opérationnelle et de la gestion de la stratégie. Puis, il faut y ajouter le sujet de la turbulence.

Expliquons-nous. En temps de stabilité, la stratégie attribue des actions et des valeurs précises aux éléments qui font partie du cadre décisionnel et opérationnel. Elles sont connues à l'avance et restent inchangées tout au long du déploiement du plan stratégique. Mais que se passe-t-il lorsque la turbulence frappe aux portes de nos entreprises, sans avoir été annoncée ?

Généralement, la stratégie se prépare quelques mois avant la date d'implémentation. Si, par exemple, T0 est la date de lancement du plan, la préparation se fait donc à T0-1 (en trimestre) ou T0-2. Elle serait prévue pour une durée à T0+5 (en année). Par définition, en temps de turbulence, les impulsions de changement, qui touchent aux paramètres pris en compte dans le plan stratégique, se manifestent d'une façon imprévisible quelques mois après. Que fait alors l'entreprise ? Maintient-elle son cap nonobstant ces impulsions ? Chercherait-elle à être flexible et à réagir ? Et, que dire de l'ampleur et de la durée de ces impulsions, par définition aussi imprévisibles que des secousses sismiques ? Il est impossible de le savoir. Il faut, par conséquent, que nos entreprises s'y préparent, soient endurantes et proactives.

D'emblée, les dirigeants sont confrontés à des conflits entre les opérations et la stratégie. Ils marchent à petits pas ou à grands pas vers l'un et vers l'autre. Ils oscillent sans pas cadencé.

Le dirigeant est remis du coup dans les considérations d'ordre temporel. Il reste le maître du temps. Mais, comment va-t-il manœuvrer ?

Il y a plusieurs possibilités :

- En temps T1 (en trimestre), il peut remodeler son action en fonction seulement de T5 (son moyen terme en année) ;
- en temps T1, il peut, également, remodeler son action en fonction des impératifs du moment. C'est bien la préconisation de la « real time strategy » ;
- en temps T2, il peut agir en fonction de T1 ;
- en temps T2, il peut, aussi, nuancer son action en prenant en considération les données de T1 ainsi que celles de T5.

Si les dirigeants agissent, la plupart du temps, selon le dernier point, seraient-ils visionnaires dans le cadre opérationnel ? En même temps, seraient-ils flexibles dans le cadre stratégique ?

Mais, quelle différence entre ces deux modes ? Est-ce qu'il serait possible de marier flexibilité et vision, les opérations et la stratégie ? Ces questions peuvent paraître purement théoriques, ou académiques, mais elles ont un sens dans l'action, dans la confrontation. Elles sont le quotidien du dirigeant d'entreprise.

Là, encore, il y a plusieurs choix. Les stratégies de positionnement favorisent les enjeux stratégiques face aux exigences opérationnelles. Les stratégies d'action en temps réel favorisent les exigences opérationnelles face aux enjeux stratégiques et plaident pour une décentralisation afin de réduire le temps de réponse face à la turbulence environnementale. C'est en ce sens que les *learning organizations* cherchent à valoriser le travail d'équipe pour concrétiser une vision commune.

Cette vision est soumise aux exacerbations du raisonnement par système, ce qui veut dire qu'elles sont davantage assujetties aux impulsions de changements fréquents et imprévisibles.

Rappelons, de nouveau, qu'il existe des conflits entre les opérations et la stratégie tels qu'ils ont été identifiés dans ce tableau par Martinet[89].

---

[89] Alain-Charles Martinet (1949-) est agrégé en sciences de gestion. Il a enseigné dans plusieurs universités de Lyon. Il est professeur émérite à l'université Jean-Moulin de Lyon. Il a été professeur invité aux universités de Genève et de Lugano. Conférencier, il a présidé l'Association Internationale de Management Stratégique et la Société Française de Management. Il a collaboré pendant 40 ans avec la FNEGE, pour laquelle il a imaginé et dirigé le Centre européen de formation approfondie à la gestion (CEFAG). En 2022, il publie *Homo strategicus. Capitalisme liquide, destruction créatrice et mondes habitables*, aux éditions EMS.

CARACTERISTIQUES	Mode stratégique	Mode opérationnel
Finalité	(Re)création du potentiel de l'entreprise	Exploitation du potentiel de l'entreprise
But	Efficacité : atteinte des objectifs sur le long terme	Efficience : améliorer les rendements à court terme
Questionnement	« Fait-on les choses qu'il faut ? »	« Fait-on les choses comme il faut ? »
« Mot d'ordre »	Innover	Optimiser
Démarche	Entrepreneuriale	Progressive en continu (amélioration de la marge)
Attitude	Créer, modifier, peser sur les "règles du jeu" (notamment concurrentielles)	Gérer à l'intérieur des règles du jeu
Concrétisation	Décision d'investissements stratégiques	Actions quotidiennes

Source Godet[90]

L'entreprise gagnerait, ainsi, à faire converger vision et flexibilité face à chaque impulsion de changement. Elle devrait faire converger les exigences opérationnelles ainsi que les enjeux stratégiques à chaque impulsion. Cette convergence est certainement ce qu'il y a de plus difficile à réaliser même une fois à l'occasion de la conception du plan stratégique.

C'est tout l'art de la gestion, du management et de la stratégie. Cet art est un véritable défi en temps de turbulence. L'entreprise le relève d'autant plus qu'elle a à sa tête des dirigeants qui sont les moteurs de la flexibilité et de l'endurance. Ce défi est continuel et change d'apparence. Son impulsion, sa fréquence et son rythme varient.

Il s'agit, en résumé, d'un nouveau défi où à chaque instant tous les éléments de l'espace décisionnel complexe doivent être en harmonie dans l'entreprise, à travers son organisation, sa structuration et ses ressources.

Tous les collaborateurs doivent connaître leurs objectifs, leur rôle, leur apport. Ils doivent le faire non plus à chaque instant, à mesure qu'il y a rupture des données précédentes, mais tout au long de l'évolution du temps.

C'est dans cet esprit que nous avions suggéré qu'un système de gestion gagne à assurer, surtout en temps de turbulence, la congruence des trois dimensions : complexité, hommes et temps.

---

90 Michel Godet, op. cit., extrait de AC Martinet, page 233.

4.1 De la décentralisation, de la déstructuration ou de la délégation de pouvoirs

Parler de l'entreprise, de sa stratégie, et ne pas parler de sa structure est un non-sens. Nous avons, d'ailleurs, déjà commencé à l'évoquer précédemment. La structure de l'entreprise a été, est (et le restera) le thème central du développement organisationnel. Faisant partie des préoccupations des gestionnaires depuis les premiers temps de la création de l'entreprise moderne, ce concept précède celui de la stratégie, qui, lui, date du début des années cinquante et soixante. De nos jours, ces deux notions convergent au sein d'une même problématique. Le développement organisationnel redevient d'actualité, plusieurs ouvrages traitant de la structure de l'entreprise indépendamment de la stratégie. En outre, nous avons, déjà, établi que, face aux défis auxquels étaient confrontées les entreprises, les sciences de gestion avaient marché sur le chemin de la stratégie d'entreprise. Dès le début des années 90, les ouvrages de stratégie ne pouvaient ignorer les notions de changement et de turbulence. Pour plusieurs auteurs, la solution aux problèmes de la stratégie en temps de turbulence résidait dans la structure de l'entreprise.

Nos travaux dans la suite du livre ont approfondi cet aspect de la structure après avoir mis en relief les exigences opérationnelles et les enjeux stratégiques. Les liens entre la stratégie et la structure ont été analysés par Chandler[91] dans *Strategy and Structure* en 1962. Pour cet auteur la structure suit la stratégie. La stratégie conditionne la structure. Ses préconisations ont mis en avant l'importance de la décentralisation d'une grande entreprise. Elles ont marqué plusieurs grands groupes américains dans les années soixante et soixante-dix. Cette décentralisation n'impliquait pas pour autant, pour Chandler, que la gestion stratégique soit, elle aussi, décentralisée. Bien au contraire, « la main visible[92] des managers » a remplacé « la main invisible » des

---

[91] Alfred DuPont Chandler (1918-2007) est un historien américain spécialisé sur l'économie. Il a fait partie des éminents professeurs d'Harvard.

[92] *La main visible des managers* est son ouvrage le plus emblématique. Paru aux éditions Economica en 1988, il est la référence sur le sujet. Il y retrace l'évolution de l'organisation, nous replonge dans la révolution industrielle américaine (celle de la moitié du 19e siècle). Il convoque l'histoire pour expliquer comment se sont créé les premières entreprises modernes. Modernes ? Oui, il s'agit de celles qui s'organisaient, se structurer autour de l'activité économique : des achats des matières premières à leur transformation, en passant par la production, l'assemblage, puis, la vente. Il y expose, également, l'organisation matricielle, ou l'organisation en réseaux dont nous parlerons plus loin.

forces du marché tel que l'entendait Smith[93]. Comme nous l'avons établi dans la première partie, l'évolution historique du cadre de travail des entreprises a marqué d'une façon directe la pensée des sciences de gestion. Le changement qui a tant affecté les entreprises et les hommes, a aussi remis en cause plusieurs préconisations académiques, dont celles de Chandler. A ce sujet, citons (pour la première fois) Strategor[94], où il est écrit ceci :

« En un siècle, au fur et à mesure que notre monde devenait de plus en plus ouvert et interdépendant sur le plan politique, économique et culturel, **l'approche des structures s'est déplacée progressivement du souci de simplification et de schématisation vers la reconnaissance de la complexité**, de la recherche d'une forme idéale vers l'acceptation de la contingence [...] »

Les liens de causalité entre structure et stratégie ne sont plus aussi monodirectionnels comme l'avait suggéré Chandler. La structure affecte à son tour la stratégie. De plus, les relations qui lient stratégie et structure ne se limitent pas en fonction de la taille de l'entreprise.

Il s'agit en fait de revoir ces concepts en tenant compte des nouvelles données : face à la turbulence, toute entreprise doit tenir compte à la fois de ses enjeux stratégiques d'une part et de ses exigences opérationnelles d'autre part. Cette double mission relève pour la PME-PMI d'une tâche bien particulière. La PME-PMI ne dispose pas, comme l'a relevé Marchesnay, de la dichotomie entre l'opérationnel et le stratégique. Au contraire, elle prend en compte les deux aspects de la gestion, assurés par les mêmes personnes.

Il n'est, donc, plus question pour la PME-PMI de confiner l'analyse aux seules limitations du *corporate* ou de la *business strategy* ou à celles du groupe d'entités et à celles d'un seul centre d'activités stratégiques. Bien au contraire, ces deux activités s'imbriquent totalement, et font que l'intégration de l'opérationnel et du stratégique,

---

[93] Adam Smith (1723-1790) n'est plus à présenter. Pour certains, ce philosophe-économiste écossais est le père de l'économie politique, pour d'autres non. Ce qui est certain, c'est que cet orphelin de père est le conciliateur de la philosophie avec l'économie, de la morale avec la politique. On lui doit, notamment, *La Richesse des nations*, dont le titre exact est celui-ci : *Recherches sur la nature et les causes de la richesse des nations*.

[94] Livre de référence incontournable sur la stratégie, *STRATEGOR* en est à sa 9è édition (2024). C'est un livre collectif écrit par Bernard Garrette, Rodolphe Durand, Pierre Dussauge, Laurence Lehmann-Ortega, Frédéric Leroy, auquel ont participé Olivier Sibony, Bertrand Pointeau. La 1ère édition a été publiée en 1988, chez InterEditions. Le passage cité provient de la 3è édition, en sa page 369.

du court terme et du long terme, constituent le défi que la PME-PMI doit relever en permanence. Rappelons-nous les conflits entre les modes opérationnels et les modes stratégiques soulignés par Martinet. A ce propos, si nous ouvrons de nouveau Strategor nous lisons ceci :

« Il faut privilégier le traitement par les responsables des sources d'incertitude dues aux évolutions externes et mettre l'accent sur les objectifs communs à plusieurs responsables, objectifs dont l'atteinte exige des ajustements réciproques plus que des procédures rigides.

[...] Cela implique un accroissement important du nombre de ceux qui, dans l'entreprise ont une véritable culture stratégique. Au fur et à mesure que l'on gravit la voie hiérarchique, les problèmes d'interface sont plus complexes : on passe de l'opérationnel au stratégique et du très court terme au long terme[95]. »

Face à l'intégration des enjeux stratégiques et des exigences opérationnelles, les notions de centralisation et de délégation prennent, alors, des dimensions nouvelles. Elles enrichissent, par de nouvelles considérations, les notions classiques de spécialisation et de coordination, ainsi que celles de différenciation et d'intégration par Lawrence et Lorsch[96] de nouvelles considérations.

Traditionnellement, la division du travail a été reconnue comme permettant d'augmenter la productivité de l'entreprise. Historiquement, l'organisation du travail consistait à formuler les prescriptions qui, en relevant la spécialisation entre les sous-ensembles, cherchaient en même temps à favoriser leur coordination afin qu'ils agissent en acteur économique unique.

Au départ, cet arrangement bureaucratique reposait, aussi, sur des directions de commandes où, à une certaine période, un ordre émanait du sommet en direction des autres composantes de la structure, qui exécutaient hiérarchiquement les consignes. Plus tard, l'entreprise devenait plus sensible à l'apport de la base, qui pouvait enrichir les décisions à l'instar des préconisations de la théorie Y.

---

[95] Strategor dans sa 3è édition, en sa page 346.

[96] Paul Lawrence (1922-2011) et Jay Lorsch (1932-) sont des éminents professeurs. Ils ont eu leur doctorat au sein d'Harvard. C'est peut-être là-bas qu'ils se sont croisés pour la première fois. Ensemble, ils ont écrit un best-seller, sur le sujet. En voici le titre en français : « Adapter les structures de l'entreprise, intégration ou différenciation ». Pour eux, la structure formelle est une variable dépendante de la stratégie choisie par l'organisation, mais aussi de son environnement, de ses technologies et de sa complexité interne.

En retraçant les différentes approches du changement organisationnel, Strategor trouve que celle du développement organisationnel a le mérite de ne pas centrer le changement sur le modèle mais sur le processus. Elle présente un tableau dynamique. Strategor rappelle aussi que : « Le changement n'est pas la gestion du passage d'un état d'équilibre à un état d'équilibre différent, c'est la gestion du déséquilibre qui caractérise toute organisation dynamique…[97] »

Strategor trouve que l'analyse sociologique des organisations lui apporte une vision complémentaire. C'est, d'ailleurs, une avancée majeure. Relisons ce passage :

« L'analyse sociologique des organisations nous apporte ici un élément capital pour construire notre conception de la conduite du changement. Un meilleur contrôle de l'organisation sur son devenir ne passe pas par la limitation des degrés de liberté que les individus se sont procurés, mais par une meilleure capacité à exploiter la dynamique qui en résulte. Une organisation contient un potentiel énergétique (l'ensemble des besoins de réalisation personnelle des individus qui la composent) qui a besoin de s'exprimer.

[…] Il lui faut valoriser l'autonomie des acteurs en faisant la base de sa conquête du monde extérieur et, surtout, offrir un nouveau type de réponse à leur besoin de sécurité[98]. »

L'évolution historique était caractérisée par une accélération du rythme de changement. Il fallait, pour les dirigeants, tenir compte de plus en plus de l'environnement extérieur de l'entreprise. Les académiciens développèrent à cet égard des moyens susceptibles de permettre à l'entreprise de saisir les opportunités et de se prémunir contre les menaces qui se dévoilaient dans ses environnements externes. Pour certains, la solution résidait dans la nouvelle démarche de la planification à long terme développée à Harvard par LCAG[99]. D'autres, à l'instar de Lawrence et Lorsch, prenaient un axe plus précis, celui de l'organisation interne de l'entreprise. A partir, d'une étude empirique ils démontraient que les entreprises qui avaient réussi étaient celles qui avaient mieux reconnu la différenciation entre leurs environnements externes et avaient aussi réussi leur intégration. Pour ces deux auteurs : « Les entreprises performantes arrivent à se rapprocher davantage des

---

[97] Strategor dans sa 3è édition, en sa page 342.

[98] Ibid.

[99] Le modèle *LCAG* de la Harvard Business School en référence à l'ouvrage des professeurs Learned, Christensen, Andrews et Guth.

besoins en étant hautement différenciées et en répondant aux nécessités de la collaboration entre les différentes unités. Arrivé à ce point, il apparaît clairement qu'il existe une étroite relation entre la façon dont les entreprises apportent les exigences de l'environnement par la différenciation et l'intégration, et leurs possibilités de traiter avec cet environnement[100] ».

Ces deux notions continuent de se juxtaposer de nos jours. D'une part la pensée stratégique s'affine, comme nous l'avons relevé dans les pages précédentes, et d'autre part les notions d'organisation sont présentées par certains auteurs comme aidant l'entreprise à répondre à la turbulence de son environnement, dans le seul cadre de sa structure et indépendamment de la notion de stratégie. Nous remarquons aussi que des préconisations en matière d'organisation relatives à la centralisation ou à la délégation de pouvoirs accompagnent à leur tour les diverses démarches stratégiques d'une façon explicite ou implicite.

Le débat propre aux notions de centralisation et de décentralisation revient, ensuite, sur le devant de la scène.

4.2 De la centralisation du pouvoir et du rôle du stratège

Dans la littérature, plusieurs auteurs sont en faveur de la centralisation du pouvoir. Même en temps de turbulence, ils semblent préférer maintenir la décision entre les mains de quelques-uns, d'une poignée, de la direction générale, des cadres supérieurs. Il est vrai que Neubauer et Demb préconisent un rôle central au sommet de la direction organisationnelle.

Dans leur article *Board Participation in Strategy : When and How ?*[101] les auteurs évaluent les possibilités qui assurent la participation des administrateurs et du conseil d'administration à la démarche stratégique. Situant les approches stratégiques entre celles qui sont planifiées et celles qui sont émergentes, les auteurs ne considèrent qu'aucune de ces approches, prises à l'extrême, ne peut convenir aux grandes entreprises opérant dans un environnement turbulent. Le rôle que peuvent jouer les administrateurs dépend en grande partie de l'attitude du directeur général, quand sa position est une position de force. Quand les délibérations prennent le temps qu'il faut, elles contribuent à la qualité des décisions stratégiques.

---

[100] Lawrence et Lorsch : *Adapter les structures de l'entreprise, intégration ou différenciation*, page 63.

[101] Franz Friedrich Neubauer : *Board Participation in Strategy : When and How ?* paru dans l'International Review of Strategic en 1990 (pages 243-265).

Les auteurs invoquent les qualités qui peuvent permettre aux administrateurs de contribuer efficacement à aider l'entreprise à confronter les pressions des marchés, des pôles d'influence et des contraintes sociales : **il s'agit du courage, du jugement et de l'imagination**.

Neubauer et Demb concluent en citant John Harvey Jones qui écrit : « If the board is not taking the company purposefully into the future, WHO IS ? »

Neubauer et Demb[102] écriront la suite dans *The Corporate Board : Confronting the Paradoxes*[103] .

Depuis, les grands cabinets de conseil se sont lancés sur ce sujet majeur : du conseil d'administration et de ses responsabilités. Cet article souligne, ô combien, le besoin de prendre en charge le futur, et d'en faire assumer la responsabilité au conseil d'administration. Il n'indique, toutefois, ni comment, ni, surtout, quand il s'agit d'opérer en temps réel. L'objectif étant de réduire le clivage entre les décideurs et les exécutants, les stratèges et les opérationnels.

De leur côté, Mintzberg et Quinn traitent le rôle de la direction générale dans le processus stratégique. Ces auteurs, qui plaident toujours pour des solutions qui dépendent non de généralités, mais des spécificités de chaque cas, ne limitent pas la responsabilité de la stratégie au directeur général, car ils relèvent plusieurs circonstances où **l'action stratégique peut être une action collective**. Également, ils rendent compte du fait que le directeur général tant par la perspective que par le pouvoir dont il dispose, et les responsabilités qui sont les siennes, est le mieux à même pour trancher en matière de stratégie. Car la stratégie est une affaire d'exposition et de 360°, de verticalité et d'horizontalité. Seul le directeur général et le conseil d'administration ont la vision d'ensemble, connaissent les chiffres clés et sont capables d'avoir ce tour d'horizon circulaire. Cependant, un seul serait capable d'opérer 24h/24 : le directeur général. Il a les mains dans le cambouis !

Ils écrivent : « Anyone in the organization who happens to control key or precedent setting actions can be a strategist; the strategist can be

---

[102] Franz Friedrich Neubauer (1934-2012) et Ada Demb sont des universitaires allemand et américain.

[103] Ce livre est une mine d'or. Paru en 1992, chez Oxford University Press Inc, il relate 71 interviews de dirigeants siégeant dans plus de 500 conseils d'administration, dans huit pays différents. Hélas, le Liban n'est pas concerné. Sont concernés : l'Allemagne, le Canada, la Finlande, la France, la Grande-Bretagne, les Pays-Bas, la Suisse et le Venezuela.

a collection of people as well. Nevertheless, managers - especially senior general managers - are obviously prime candidates for such a role because their perspective is generally broader than any of their subordinates [...]. Hence we focus in this chapter on the general manager as a strategist[104]. »

Si je suis un directeur général, un dirigeant, je me dois de me poser la question : suis-je un stratège ?

Il est intéressant de remarquer que, bien que Mintzberg et Quinn concordent sur le *processus stratégique*, ils ne sont pas eux-mêmes d'accord sur le rôle que devrait jouer l'apex de l'organisation en matière de stratégie.

Ils diront : « We have mentioned the complementarity of the Quinn and Mintzberg views of strategy making. But there is one difference that is worth addressing. [...] Quinn tends to place greater emphasis on the role of the chief executive, and senior management team in general, as central strategist, while Mintzberg tends to place a little more emphasis on others who can feed strategy up the hierarchy, especially in his discussions of a "grass-roots" approach to the process[105]. »

4.3 De la passation de pouvoirs

Si nous poursuivons notre discussion sur le sujet de la passation de pouvoirs, il est bon de rappeler que la direction générale annonce les orientations générales et laisse les détails de leurs exécutions aux collaborateurs (N-1 et N-2) les plus proches, qui peuvent avoir une marge de manœuvre dans l'implémentation.

---

[104] Mintzberg et Quinn op. cit., page 20. Traduction proposée : "Toute personne au sein d'une organisation qui contrôle des actions clefs ou qui créent des précédents peut être un stratège ; le stratège peut être, également, un groupe de personnes. Néanmoins, les managers - en particulier les directeurs généraux seniors - sont évidemment des candidats de choix pour un tel rôle, car leur perspective est généralement beaucoup plus large que celle de leurs subordonnés et parce qu'ils détiennent un pouvoir considérable. C'est pourquoi nous nous concentrons, ici, dans ce chapitre sur le directeur général en tant que stratège."

[105] Mintzberg et Quinn op. cit., p. 109. Traduction proposée : " Nous avons, déjà, parlé de la complémentarité des points de vue de Quinn et de Mintzberg sur l'élaboration de la stratégie. Mais il existe une différence qui mérite d'être soulignée. Bien que tous deux considèrent le processus comme un processus d'évolution et d'apprentissage, Quinn a met davantage l'accent sur le rôle du directeur général et de l'équipe de direction en général en tant que stratège central, tandis que Mintzberg met un peu plus l'accent sur les autres personnes qui peuvent faire avancer la stratégie vers les échelons supérieurs de la hiérarchie, en particulier [...] sur une approche « de base » du processus. "

Prahalad et Hamel considèrent, eux, dans un nouvel ouvrage intitulé *Competing for the Future*[106] et publié en 1994 (donc après les appels à la décentralisation) que l'entreprise gagnerait à garder le même cap, le même sens, à ses décisions. Mettant en évidence certaines limitations à la passation de pouvoirs (empowerment), ils vont, même, beaucoup plus loin.

Ils évoquent l'autonomisation, qui est un vrai pied de nez de taille à la centralisation : « The goal is not simply to reduce organizational levels, or the propensity of corporate staff to second-guess line managers. The goal is to grant individuals the freedom to design their own jobs, fix their own processes, and do whatever it takes to satisfy a customer. Yet are there limits to empowerment ?

[...] The notion of a shared direction, what we call a "strategic intent", reconciles the needs of individual freedom and concerted, coordinated effort. As tempting as it might be, senior management can't abdicate its direction - setting role. Employees want a sense of direction as much as they want the freedom of empowerment[107]. »

Qui ne souhaite pas donner du sens, avoir des objectifs clairement définis, et se référer à une direction qui tienne la route, surtout en cas de turbulence ?

Les nouveaux mots d'ordre, qui ont pu paraître des gros mots, n'en sont pas : décentralisation et délégation de pouvoirs sont, en effet, au programme. A suivre...

---

[106] Ce livre est un véritable best-seller. Publié en 1994, par Harvard Business School Press, il a été réédité à plusieurs reprises, notamment en 2004. Cette année-là, Business Week considère qu'il est l'un des meilleurs livres de l'année et du monde en management. Il est vrai que l'un de ses auteurs, Gary Hamel, est habitué aux best-sellers. *La Conquête du futur* et *La fin du management* en sont deux exemples. De son côté, Coimbatore Krishnao Prahalad (1941-2010) a été désigné par le Times comme la première personnalité mondiale la plus influente dans le monde des affaires.

[107] Prahalad et Hamel op. cit. page 290. Traduction proposée : « L'objectif n'est pas simplement de réduire les niveaux organisationnels ou la propension du personnel de l'entreprise à deviner les lignes décisionnelles des responsables hiérarchiques. L'objectif est d'accorder aux individus la liberté de concevoir leur propre travail, de modifier leurs propres processus et de faire tout ce qui est en leur pouvoir pour satisfaire le client. Mais y a-t-il des limites à l'autonomisation ? [...] La notion d'une direction partagée, ce que nous appelons une « intention stratégique », concilie les besoins de liberté individuelle et d'effort concerté et coordonné. Aussi, tentant que cela puisse paraître, la haute direction ne peut abdiquer son rôle de définition de la direction, du cap. Les salariés veulent connaître le sens de la direction autant qu'ils veulent la liberté provenant de l'autonomie. »

4.4 Quand on reparle de décentralisation et de délégation de pouvoirs

Quand la tendance est à la déstructuration et à la délégation de pouvoirs, il faut se replonger dans la littérature, relire les grands auteurs et rappeler ces nuances :

- Tom Peters, dans *L'entreprise libérée. Liberation Management*[108], préconise pour les grandes entreprises, pour les groupes, de réaliser des types de « spins off ». C'est-à-dire de détacher en unités autonomes toute entité qui aurait atteint une soixantaine de personnes (en France on parlerait d'une cinquantaine de salariés), d'en faire une entreprise à part entière. Cette déstructuration ne s'entend pas nécessairement en tant que décentralisation du pouvoir au sein de ces unités, laquelle peut éventuellement être dirigée par le sommet, dans une structure adhoc (une holding par exemple). Il faut y donner un sens entrepreneurial, où l'essaimage est le maître mot.
- Au niveau d'un centre d'activité stratégique (CAS) ou domaine d'activité stratégique (DAS), il s'agit d'une délégation poussée allant jusqu'à la passation aux opérationnels d'éléments décisionnels relevant, jusque-là, de la sphère stratégique. Par exemple, cela peut concerner de nouvelles activités, des clients cibles, de nouveaux projets de R&D, etc.

La distinction est nécessaire, car le débat actuel doit se situer autour de la décentralisation des pouvoirs au sein d'une entité, et non de la décentralisation d'un groupe.

Dans ce contexte, plusieurs études plaident en faveur de la déstructuration. Par ailleurs, les sciences de gestion occultent pertinemment des hypothèses de base adoptées depuis longtemps en sciences économiques.

---

[108] Tom Peters (1942-) est un économiste américain. Consultant et auteur, il est connu pour son best-seller : *Le Prix de l'excellence*, paru en 1983 chez InterEditions. Il s'est vendu à plusieurs millions d'exemplaires. 10 ans après, avec ce livre, laissons l'éditeur Dunod nous l'évoquer : « Tom Peters nous propose ce nouveau livre révolutionnaire. De quoi veut-il libérer l'entreprise ? Du poids écrasant de la hiérarchie, de l'hypertrophie des services centraux, bref de tout l'héritage de l'entreprise classique qui étouffe la curiosité, l'initiative et l'imagination. Dans ce monde où l'économie tout entière semble avoir perdu la boule, seule l'entreprise qui se déstructure, qui démolit sa propre hiérarchie, qui sait se former et se transformer au gré des besoins du marché et qui donne tout le pouvoir aux unités de terrain a quelques chances de survivre. [...] Hors la désorganisation, point de salut ! »

En l'occurrence, la loi des *diminishing marginal returns*[109] retrace la détérioration de l'efficience à mesure que l'on augmente les volumes, justement à cause des difficultés organisationnelles qui limitent progressivement les avantages de l'économie d'échelle.

Sur le sujet de la décentralisation, il est nécessaire de dresser le bilan des recommandations en fonction des entreprises qui opèrent dans une même structure ; en fonction de l'établissement de nouvelles structures, et, enfin, en fonction de celles qui suggèrent de nouvelles configurations.

4.4.1 Les dirigeants et l'équipe face à la stratégie

Rappelons que Kepner et Tregoe prônent dans la *Vision stratégique en action* une participation élargie dans la formulation de la stratégie. L'organisation s'apercevra alors « qu'il y a une grande poussière de diamants à découvrir partout ». Qui n'aime pas les diamants ? Le dirigeant doit être à l'écoute de tous, car tous ont de la poussière de diamants à découvrir…

L'entrepreneur et tout dirigeant d'entreprise, tout entrepreneur, serait alors comme un chercheur d'or, un découvreur de pépites, un explorateur de talents. Ses efforts doivent amener à la mobilisation générale de toutes les équipes autour de la force motrice stratégique qu'est l'entreprise.

C'est cela : la force motrice stratégique en économie s'appelle **l'entreprise**. Ils diront « la stratégie est un sport d'équipe ». Notre devoir est de former des stratèges !

De leurs côtés, voulant réduire le clivage entre les stratèges et les décideurs, entre la pensée décisionnelle, visionnaire, et l'action, et, entre l'objectif et la réalisation, Calori et Atamer cherchent à amoindrir la résistance au changement. Dans *Le management transformateur*, ils prônent une participation à travers un processus « dans lequel action et réflexion sont intimement mêlées et dans lequel chacun est à la fois auteur et acteur à des degrés divers, les exécutants participant à la réflexion et les décideurs à l'action ». L'ensemble doit former une harmonie, une solidarité à toute épreuve.

Thietart et Godet, eux, proposent, chacun à leur tour, des moyens d'impliquer les collaborateurs, en les faisant participer à des

---

[109] C'est un vieux concept économique qui évoque la *loi des rendements décroissants* : en résumé, le rendement marginal obtenu par l'utilisation d'une ressource supplémentaire baisse ou en tout cas n'augmente pas aussi rapidement et de façon proportionnelle que la ressource supplémentaire utilisée.

mécanismes de dynamique de groupe. Pour cela, ils sont aidés par des logiciels que les auteurs proposent.

Thietart réalise le tableau des structures possibles laissant le choix au lecteur. Godet met en évidence le clivage entre les modes opérationnel et stratégique qu'il emprunte à Martinet. C'est par l'appropriation de la stratégie par les "hommes" de l'entreprise que l'auteur cherche à les impliquer dans sa mise en application après qu'ils aient participé à sa conception (en mode, donc, auteur-acteur).

Lyles et Schwenk relèvent le besoin de disposer de mécanismes qui analysent les interprétations divergentes capables de fondre le tout en une action commune. Leur objectif est de relier les avis des équipes et d'en dégager une vision commune.

Morris et Trotter suggèrent que les cadres dirigeants prennent l'initiative en favorisant l'innovation et la communication. Ils conféreront une certaine autonomie aux cadres moyens.

Hardy propose, lui, la participation de tous les cadres à l'élaboration d'un planning en trois cycles : le corporate plan, le function plan et finalement le budget annuel.

MacKenzie prône une approche holiste qui met en valeur l'apport de tous les collaborateurs. Il suggère une distribution des rôles afin d'intégrer le tout en permanence face à la turbulence.

Shapiro est concerné par l'intégration d'un système global qui regroupe en plus des dirigeants des fonctions, le groupe technique de support, les experts en comptabilité analytique, le responsable des ressources humaines et les autres cadres supérieurs. Ce système favorise, sous l'égide des cadres supérieurs, la coordination fonctionnelle.

Lyles et Schwenk, Hardy, MacKenzie, Tepner Kregoe, Calori et Atamer, Godet, Morris et Trotter, Thietart sont, donc, en faveur d'une participation élargie qui réduirait la résistance au changement que la stratégie peut engendrer, et, ainsi, faciliter son implémentation.

Il est vrai que se trouvant dans un environnement de turbulence modérée (quoiqu'ils parlent de changements majeurs), ils n'ont pas abouti à l'action en temps réel, mais leur approche est celle du *positionnement*. Comment choisir "la bonne stratégie" et mobiliser tous les hommes autour des choix qui en découlent ? Cette démarche est dépassée lorsque la turbulence frappe à la porte de nos entreprises ; puisque les choix initiaux risquent d'être bousculés par le déroulement houleux des événements avant même leur mise en application.

Ces auteurs favorisent en quelque sorte la passation de pouvoirs de l'apex vers les subordonnés. La finalité de la décision demeure entre les mains de l'encadrement.

En tournant notre regard vers l'ouest géographique, si nous regardons du côté du Canada, pour en savoir un peu plus, le Conseil de l'innovation du Québec, lui, préconise **la décentralisation**.

Pourquoi pas !

Exposant un nouveau rythme de turbulence plus accéléré, Denton propose l'organisation horizontale qui réduit la structure hiérarchique. Il suggère la structure la plus plate, que nous avons, déjà, évoqué, qui puisse maximiser la satisfaction du client. L'informatique, de son côté, permettrait la mécanisation du système de prise de décisions.

Nous l'avons vu, précédemment, mais il est bon de se répéter : d'autres auteurs comme Neubauer et Demb se prononcent, cependant, pour un rôle plus important du conseil d'administration.

Kelly brosse le profil du dirigeant existentialiste. C'est le visionnaire et le meneur d'hommes, en quelque sorte l'entrepreneur moderne qui conduit son entreprise vers la réussite.

Nous avons relevé les différentes variantes proposées tout en gardant la même structure. Certaines voudraient impliquer la base, d'autres le sommet, et Denton, lui, voudrait réduire les niveaux au sein de la hiérarchie. Nous passons aux recommandations qui favorisent l'émergence de nouvelles structures.

4.4.2 Vers des nouvelles structures

Tom Peters suggère, comme nous l'avons vu auparavant, de détacher en entités autonomes toute organisation qui aurait atteint une soixantaine de personnes (une cinquantaine en France, en raison des seuils). Kanter annonce, elle, la fin de la hiérarchie et de la bureaucratie, favorisant le travail d'équipe. Senge préconise l'apprentissage en équipe. Nonaka[110], en plaidant pour l'innovation continuelle au sein de

---

[110] Ikujiro Nonaka (1935-) est un grand enseignant. Professeur émérite de la Graduate School of International Corporate Strategy, il a été très prolixe sur les sujets de la connaissance, du savoir dans les entreprises. Il a commencé à être très connu dans les années 1990, notamment avec la sortie de son livre co-écrit avec Hirotaka Takeuchi : *The knowledge creating company : how Japanese companies create the dynamics of innovation*, New York, Oxford University Press, 1995. Il a reçu de nombreuses reconnaissances officielles, dont la célèbre Médaille de l'Ordre du Trésor Sacré (qui ressemble à la Légion d'Honneur, ou à la Médaille de l'Ordre du Mérite en France). Il est professeur honoris causa d'HEC Paris.

l'entreprise, identifie le rôle des cadres moyens, ou « les ingénieurs de connaissances ». Krijnen propose une dualité des structures. Un premier noyau se charge de l'exploitation. Le second s'occupe de développer de nouvelles combinaisons produits-marchés. Un management intégrateur coordonne et synchronise le tout. Ansoff aboutit, face au rythme de turbulence accélérée, aux cellules autonomes qui peuvent agir en temps réel. Ces cellules sont détachées suivant le besoin et se chargent d'une mission précise.

Harris favorise aussi la création d'équipes autonomes. Perry, Stott et Smallwood auteurs de la *Real Time Strategy*, préconisent, eux, l'action en temps réel et proposent de transposer le pouvoir stratégique vers des équipes autonomes en nombre restreint, qui harmonisent leurs actions dans la direction souhaitée. Véran, qui veut réduire le temps pris pour dégager la décision, suggère une organisation par projets. Son but est de gérer les interdépendances et d'agir en temps réel. La définition du temps de réaction est un moyen qui permet aux acteurs de reconnaître le changement et d'entreprendre. Son approche en introduisant la gestion du temps, se situe aussi dans les recommandations qui suggèrent de nouvelles configurations que nous allons exposer ci-dessous.

Voilà des auteurs et experts de haut-vol mis en perspective.

4.4.3 De nouvelles structures pour quelles configurations ?

Denis[111] propose la « démocratie organisationnelle » possible grâce à l'organisation en modules. Feneuille dans Strategor préconise, lui, les réseaux. Il prend l'exemple du groupe industriel Lafarge-Coppée. Il en identifie trois chez ce groupe devenu leader : la recherche, la technologie et la stratégie.

Sadler prône, aussi, l'allégement structurel et relève l'importance des alliances et des participations à l'instar de Kanter. Il en identifie un nombre important chez Ford et General Electric. Kanter voudrait que l'entreprise se focalise sur son domaine d'activité.

---

[111] Hélène Denis est professeure titulaire au Département de mathématiques et de génie industriel de l'École Polytechnique de Montréal et spécialiste en sociologie des organisations. Ses recherches, de même que ses interventions à titre de consultante, portent sur la dynamique organisationnelle dans un contexte technologique, et, depuis plusieurs années, sur la réponse aux catastrophes. Elle se penche maintenant sur la gestion du risque dans l'entreprise, gestion qui peut mener à un désastre ou, au contraire, à la haute fiabilité. Source : Editions de l'Ecole Polytechnique de Montréal.

A un autre niveau, Hammer et Champy contestent la division classique du travail suivant les tâches. Ils suggèrent une réorientation vers les processus (gestion des tâches ou des processus). La délégation, pour eux, peut prendre plusieurs formes. Elle peut, à l'instar de Perry, atteindre la délégation totale de l'action aux subordonnés qui peuvent agir en temps réel. D'autres mesures suggèrent plusieurs alternatives structurelles. D'aucuns, comme Hammer à travers le reengineering, conseillent l'abrogation totale de la division du travail sur la base des tâches, et préconisent l'organisation sur celles des processus. D'autres comme Ansoff et Godet proposent la création d'unités ad hoc ou par projets. A Denis les modulaires, et à Feneuille et Strategor les réseaux. Denton propose, lui, l'organisation horizontale, devenue la panacée des start-ups et des entreprises dites « agiles ».

Zoomons, maintenant, sur la décentralisation du pouvoir de décision en réponse à la turbulence de l'environnement.

Mettons en exergue cinq points, au sujet de cette décentralisation :

- Elle doit répondre aux besoins de son environnement interne comme externe en temps réel.
- Son activité se déroule dans un cadre opérationnel, mais qui risquerait, par une trop grande flexibilité, de perdre de vue le long terme ou le volet stratégique.
- L'action n'est pas monopolisée par un individu ou par la hiérarchie, seule, mais c'est toute l'équipe qui devrait passer à l'action pour éviter toute distorsion.
- Souvent la réponse face au changement doit s'élaborer à partir de graines. Celles-ci sont identifiées par tout service de l'entreprise qui, le plus souvent, est organisé en plusieurs fonctions.
- Le changement peut être d'une telle ampleur qu'il nécessite un remaniement des buts initiaux.

Passons, maintenant, en revue quelques enquêtes qui analysent le problème de la décentralisation.

4.4.4 La décentralisation au creuset de quelques études

Dans *The Structural and Environmental Correlates of Business Strategy*, Miller[112] cherche à étudier, à partir d'une recherche et d'une

---

[112] Danny Miller (1947-) est un professeur canadien en stratégie. Docteur en politique de gestion et de management, sa thèse a été supervisée par Henry Mintzberg. Il a publié une demi-douzaine d'ouvrages et des dizaines d'articles, dont celui cité en

enquête, si le contenu ou les choix stratégiques peuvent être liés à des structures organisationnelles données ou à des processus ou à des environnements particuliers.

Il serait improbable de voir une entreprise opter pour une stratégie d'innovation et de créativité tout en maintenant une structure organisationnelle bureaucratique.

De plus, ce choix de stratégie semble à priori émaner d'entreprises qui opèrent dans une industrie dynamique. Plutôt que d'associer des états déterminés et de rechercher les liens entre des conditions statiques, l'auteur fonde son analyse sur le changement qui affecte un état donné et ses répercussions sur les autres éléments. L'étude porte sur deux échantillons, l'un, pour l'analyse statique, comprend 161 entreprises, et l'autre, pour l'analyse dynamique, étudie 110 entreprises observées quant au changement constaté à cinq ans d'intervalle.

L'auteur conclut qu'on ne peut identifier des liens de causalité, ni dans un sens ni dans l'autre, entre les choix stratégiques, les structures organisationnelles et les conditions de l'environnement. Cela étant dit, certaines stratégies vont de pair avec certaines configurations structurelles et sont plus fréquentes dans certains environnements. Il rajoute qu'il serait utile d'explorer, lors de nouvelles recherches, la dynamique et les interrelations pour chacun des choix stratégiques, vu qu'ils semblent loin d'être uniformes.

Dans leur publication *Developing more encompassing Theories about organizations : The Centralization-Effectiveness relationship as an example*[113], Huber, Miller et Glick traitent la relation entre l'efficacité et la centralisation. Ils aboutissent aux six constats et critères qui décrivent cette relation en fonction de :

- La taille moyenne des organisations considérées ;
- la définition retenue comme mesure de l'efficacité ;
- l'étendue du professionnalisme au sein de l'organisation ;
- le type d'activité tel que celui de producteur de biens ou de services ;

---

référence : *The Structural and Environmental Correlates of Business Strategy* . Strategic Management Journal 1987. Vol 8, page 55-76.

[113] Cette publication de George Huber, Chet Miller et William Glick, *Developing more encompassing theories about organizations: The Centralization-Effectiveness relationship as an example*, est parue en 1987 (page 11-40).

- la décentralisation n'est pas positivement reliée à l'efficacité dans l'environnement turbulent dans le sens qu'elle n'est pas plus favorable dans le cas de forte turbulence environnementale ;
- et, ils mettent à part la décentralisation. Celle-ci n'étant pas fonction de la taille de l'entreprise.

Ces deux derniers constats sont en contradiction avec les théories largement acceptées par la littérature de gestion, tel que nous l'écrivons après.

Dans *The limits of autonomy : devolution, line managers and industrial relations in privatized companies*[114], Colling et Ferner analysent les effets des **privatisations** sur les relations structurelles des entreprises privatisées. Il ressort qu'après la décentralisation qui a suivi les privatisations, deux problèmes ont eu raison des cadres moyens. En premier, ces cadres devaient se défaire des inhibitions de leur expérience passée qui freinaient la prise d'initiative et l'action. En second lieu, ils ont trouvé de nouvelles limites à leur liberté présumée. A la base, ces industries, par le fait qu'elles sont intégrées et à produit unique, laissent peu de liberté d'action, surtout quand il s'agit de promouvoir une certaine image de qualité à travers toute l'entreprise, poussant ainsi à plus de centralisation et de contrôle.

L'article relève le conflit entre la direction centrale et la direction des unités autonomes. Ce conflit est d'autant plus accentué lorsque les dirigeants des unités, poussés par l'optimisation de leur exploitation, risquent d'adopter des choix qui pourraient se répercuter négativement dans d'autres unités appartenant au même groupe. Des dysfonctionnements financiers et organisationnels, dans la politique de synergie et de mutualisation des ressources. Des dysfonctionnements bien connus pointés du doigt par les cabinets d'audit.

Jetons un œil du côté des Anglais, de leur belle et puissante industrie. L'expérience de toutes les firmes anglaises n'a pas été la même. Si British Gas a préféré une décentralisation, British Telecom (BT) a dû opter pour une plus grande centralisation de ses opérations. D'une part, BT devait être décentralisée pour mieux répondre à la clientèle, pour être plus flexible et plus innovatrice ; et, d'autre part, elle subissait des pressions politiques au sujet de la privatisation[115], qui impliquait des

---

[114] Trevor Colling et Anthony Ferner: *The limits of autonomy: devolution, line managers and industrial relations in privatized companies*. Journal of Management Studies de 1992 (page 209-225).

[115] La privatisation de BT a eu lieu en 1984, suivant de près l'ouverture du marché à la concurrence.

attentions particulières à tout problème dans la qualité des services proposés en externe. Et en interne, cela a eu pour conséquence une remise à plat de la politique des ressources humaines, ce qui est logique. Le choix entre la déstructuration résultant de sa stratégie d'innovation et la promotion de la qualité, était aussi affecté par les grands clients de BT, le tout ayant fait basculer le choix final vers une recentralisation des structures.

Les auteurs distinguent, aussi, les différentes déstructurations mettant en évidence le rôle des informations financières, qui peuvent être un élément de contrôle très puissant dans les mains de la maison-mère.

Colling et Ferner concluent en rappelant que Prahalad et Hamer mettaient en garde contre la grande autonomie des unités qui réduit la possibilité pour le groupe de développer et de contrôler l'évolution des *core competences*, qui sont les éléments-clés de l'assurance de la compétitivité à long terme. Finalement, ils appellent les directions centrales à trouver de nouveaux moyens pour reprendre un peu plus d'autorité.

Cet article relate l'effet de la décentralisation dans plusieurs entreprises anglaises qui ont été privatisées.

Il s'est avéré que, la reprise en main de certains aspects de l'autorité managériale par la direction centrale a été bénéfique pour atteindre les objectifs globaux de l'entreprise. L'autonomie au niveau des unités ne représente pas nécessairement la panacée magique, souvent à la mode, et si chère à certains consultants.

Dans *Adding Value From Corporate Headquarters*, Campbell et Goold[116] étudient les liens entre les filiales et les maisons-mères de 16 entreprises anglaises.

Cette étude est très intéressante. L'échantillon est réparti en trois catégories suivant les styles de gestion utilisés par la direction du groupe :

- la planification stratégique (comme chez BP et UB),

[116] Andrew Campbell et Michael Goold: *Adding value from corporate headquarters*, paru en 1990 dans International Review of Strategic Management, n°. 12, pages 219 - 240. Les travaux de ces auteurs-chercheurs font le focus sur la direction générale, son fonctionnement, son rôle et ses missions. Ils sont tous les deux passés par la direction de Ashridge Strategic Management Centre, à Londres. Créé en 1959, ce centre de formation des cadres est considéré comme l'un des meilleurs au monde.

- le contrôle stratégique (Courtaulds[117] et ICI), et, enfin,
- le contrôle financier (Hanson et BTR).

Les résultats obtenus varient suivant chacun des styles utilisés mais aucun ne s'est imposé comme étant le plus adéquat ; quoique chacun ait abouti à des avantages, des inconvénients, et des coûts différents.

A chaque entreprise de trouver le choix qui lui est propre tout en essayant de promouvoir une atmosphère de respect et de confiance mutuels.

4.5 Quand les turbulences entrent en jeu

Il est bon de rappeler que les études et les recherches, les écrits, les parutions d'articles et d'ouvrages sur le sujet de l'entreprise et de la turbulence ne sont pas légion. Ils pointent le bout de leur petit nez dans les années 2000 et 2010. Les auteurs y mettent en avant les nuances mêmes des turbulences (au pluriel), puis, proposent des solutions. Bien qu'ils aient décrit l'environnement comme turbulent, plusieurs auteurs ne proposent que des mesures qui traitent plutôt d'un seul changement majeur bien qu'important.

L'ampleur de la turbulence n'est pas perçue de la même façon par tous les auteurs. Il est nécessaire de s'y plonger.

Plusieurs ouvrages décrivent l'environnement comme turbulent, ou soumis à une forte dose de changement. Cependant les mesures qui sont préconisées pour permettre à l'entreprise de faire face à ces conditions n'indiquent pas qu'il s'agit d'un nouveau rythme de turbulence où les paramètres changent souvent et surtout d'une façon imprévisible. Ce serait, alors, une sorte de spirale infernale, de va-et-vient incessant.

Considérons quelques exemples qui expliquent la situation. Déjà en 1988, Strategor affirmait dans sa première édition :

« Reconnaître l'environnement décisionnel comme une perception permet de comprendre le bouleversement des attitudes des décideurs depuis le milieu des années soixante-dix. Il est devenu banal de dire que, depuis cette période, l'environnement des entreprises est plus complexe.

---

[117] Courtaulds est une vieille entreprise anglaise, fondée il y a 231 ans, en 1794. Elle est spécialisée dans les tissus synthétiques, dans la fibre artificielle. Implantée en France en 1925, à Calais, elle a été l'une des grandes usines de la région, employant plus de 2500 personnes. Elle fabriquait, aussi, de la soie artificielle.

Il est surtout turbulent, c'est à dire que son instabilité est le résultat de mouvements contradictoires sans résultante prévisible[118]. »

Cependant, les préconisations qu'apporte Strategor dans sa nouvelle édition de 1997 (troisième édition) témoignent que les auteurs ont bien modifié leurs propos de l'époque pour mieux les faire concorder avec les conditions réelles de turbulence auxquelles les entreprises sont confrontées. Tout un nouveau chapitre traite du « changement organisationnel et des nouvelles approches structurelles ».

A son tour et en établissant un diagnostic stratégique, Godet décrit l'environnement externe (en 1997) : « La période actuelle n'est pas une période de turbulence passagère particulièrement forte qu'il suffirait de traverser aussi bien que possible en attendant des jours meilleurs. Il ne s'agit plus d'une période de transition, qui une fois passée, permettrait de se trouver dans la situation précédente avec des pratiques de travail antérieures. **Nous sommes bel et bien entrés dans une nouvelle ère, caractérisée par de multiples incertitudes où il est cependant possible de relever quelques tendances probables.**

On peut citer :

- L'exacerbation de la concurrence internationale,
- l'internationalisation des circuits de recherche, de production, de distribution et de commercialisation,
- la globalisation des marchés financiers,
- l'incertitude globale des marchés,
- l'exigence croissante de la qualité des produits et services,
- l'introduction de nouvelles techniques de production,
- les nouvelles attitudes et aspirations[119]. »

Godet est clair. Sa description nous permet d'appréhender les conditions de changements importants. D'ailleurs quelques pages plus tôt, Godet avait écrit :

« A quoi bon se fixer, de façon volontariste, des objectifs stratégiques et engager les moyens correspondants si, de plus en plus souvent, les objectifs doivent être modifiés en raison des turbulences de l'environnement et des marchés[120] ? »

Pourtant, dans sa solution, il préconise toujours une approche de positionnement stratégique qui se base sur la prospective, l'anticipation

---

[118] Strategor, 1ère édition parue en 1988, page 378.

[119] Godet page 284.

[120] Godet page 204.

et l'appropriation de la stratégie par l'équipe. C'est sa marque de fabrique, son message, son leitmotiv. Son raisonnement semble se baser sur un diagnostic où la fréquence et la prévisibilité des éléments qu'il énumère ne sont pas compromises. Son approche de la turbulence (qu'il définit comme « de multiplies incertitudes », au pluriel donc) est plus qu'originale, dans le sens où elle veut prévoir l'avenir à partir d'une logique d'anticipation des facteurs (concurrentiels, etc.).

Godet est, toujours, dans l'anticipation alors que l'environnement est imprévisible. Sa solution est dans la prospective stratégique. Sa méthode reste appréciable à un niveau de turbulence très bas.

De plus, il est un facteur aggravant, qui favorise les turbulences : celui de la disparité de description de l'environnement qui met en opposition des auteurs appartenant à une même université. Moss Kanter écrira : « Rapid change in the business environment makes the Olympic contest sometimes resemble the croquet game in Alice in the Wonderland as I pointed out in chapter one. In that kind of game, every element is in motion, technology, suppliers, customers, employers, corporate structure, industry structure, government regulation and none can be counted on to remain stable for very long[121]. »

Ce tableau se démarque de celui de Levitt, lui aussi de Harvard. Celui-ci conteste l'ampleur du changement qui affecte le monde des affaires et aborde cette notion de changement avec beaucoup de prudence. Il voudrait éviter aux dirigeants le sentiment d'être bombardés et accablés par le changement. Ils risqueraient alors de seulement réagir au lieu de réfléchir et de mûrir leur action. Pour Levitt, le changement peut se présenter avec beaucoup de tapage mais il s'estompe rapidement.

Les notions de changement et de turbulence ont, donc, des appréciations subjectives et sont relatives. Leurs conséquences sont diverses. Aujourd'hui, ces notions convergent en raison des changements et de la multiplicité des crises. Quasiment sous toutes les latitudes, les turbulences sont devenues communes. Concentrons-nous sur elles. Et rappelons à cet effet l'échelle suggérée par Ansoff et McDonnell en 1990, pour mettre en évidence les divers degrés de

---

[121] Moss Kanter page 344. Traduction proposée : "L'évolution rapide de l'environnement des affaires fait que la compétition olympique ressemble parfois au jeu de croquet d'Alice au Pays des Merveilles. Dans ce genre de jeu, chaque élément est à considérer : la technologie, les fournisseurs, les clients, les employeurs, la structure de l'entreprise, la structure de l'industrie, la réglementation gouvernementale, et on ne peut compter sur aucun d'entre eux pour rester stable très longtemps."

turbulence. Ces auteurs proposent en 1990 un tableau, une illustration à la fois simple et pertinente qui permet de positionner les entreprises sur une échelle de turbulence variant de 1 à 5, suivant les deux critères de rapidité et de prévisibilité du changement. Cette figure a été présentée dans le chap. II, paragraphe 10.4 *La turbulence de l'environnement*[122]. Ce tableau permet de mieux faire converger les nuances qui caractérisent les conditions particulières du contexte environnemental des entreprises.

Oui, redisons-le : historiquement, les sciences de gestion ont évolué vers la stratégie d'entreprise. Les systèmes de fonctionnement de la stratégie d'entreprise ont évolué, d'une simple approche de positionnement qui passait de la notion de planification stratégique à celle de gestion stratégique, vers une approche d'action en temps réel ayant culminé avec une participation élevée de tout l'effectif à l'action. D'aucuns iront jusqu'à proposer le fameux « empowering strategic ». Cependant, d'autres auteurs favorisent une centralisation dans l'organisation quand d'autres plaident pour une décentralisation.

On l'a vu, la délégation de pouvoirs transfère des décisions stratégiques autrefois aux mains des dirigeants à celles des opérationnels. La réduction du temps de réponse est reconnue à présent comme un avantage concurrentiel digne de ce nom. Aussi, les entreprises doivent-elles identifier les graines de changement et engager la réponse en temps adéquat, avant même que la finalité du signal ne se précise.

L'intégration fonctionnelle, comme le préconise Shapiro, est aussi pressante. Dans un premier temps, elle est nécessaire, par définition, au bon acheminement de l'action. Dans un second temps, la manipulation des éléments fonctionnels peut aboutir à de nouveaux choix stratégiques heureux, à l'instar des exemples d'IKEA et des pharmacies danoises de la Lyonnaise des Eaux que cite Norman[123]. Là, les changements sont des transformations majeures qui anticipent sur les nouvelles tendances à venir. Le parcours client y est modifié, et il devient vite l'enjeu d'une turbulence.

De surcroît, l'apprentissage organisationnel pourrait, de par sa propre dynamique, modifier les objectifs préétablis de l'entreprise.

Parmi les orientations possibles, une préférence à l'innovation et à la créativité fait l'unanimité. Ces stratégies englobent des risques et des

---

[122] Page 69.

[123] Normann et Ramirez op. Cit.

défis qui ne peuvent se dissocier d'un esprit d'entreprise (entrepreneurship) qui accentue les ambitions de l'équipe plutôt que de réaliser un simple équilibre entre les ressources et les opportunités.

D'ailleurs, ces préconisations provoquent des changements. Elles compliquent l'intégration du commercial et du technologique.

4.5.1 Des armes efficaces

Aussi, il ne fait aucun doute que le client soit roi et qu'il doit le rester. Et, si dans le passé, l'entreprise pouvait anticiper ses préférences, il lui est dorénavant conseillé de travailler avec lui dans un partenariat qui dégage ses besoins futurs ; lesquels peuvent bénéficier des ressources technologiques offertes par l'entreprise.

Ces grandes orientations n'empêchent pas une focalisation sur les compétences propres ou clés (*core competences*). D'ailleurs, les possibilités et les prédispositions aux alliances stratégiques permettent de combler des limites des marchés et des produits et autorisent le développement de nouvelles opportunités.

Il aurait été concevable d'intégrer toutes ces recommandations dans un monde où stabilité et ordre permettent à l'entreprise d'adopter un système de gestion qui rallie complexité, hommes et temps. Malheureusement, au rythme de turbulence actuel, le changement est fréquent, discontinu et imprévisible. L'anticipation est souvent la solution, tel un bouclier qui protégerait de ces turbulences. La flexibilité est une arme sans égale et l'action en temps réel s'avère être une nécessité. Toutefois, l'action ponctuelle ne peut aboutir sans vision à long terme. La planification est d'autant plus nécessaire qu'elle est difficile à mettre en œuvre. L'intégration de l'action en temps réel ayant pour objectif la prise en compte des facteurs à long terme, n'est pas des plus faciles à décider.

Cette décision repose sur des paramètres qui font partie d'un système global d'où sa complexité. Comme chaque décision affecte plusieurs fonctions dans l'entreprise, donc des collaborateurs différents, et vu que certains auteurs cherchent de plus en plus à mettre en avant la décentralisation des pouvoirs ; et, à doter les opérationnels d'éléments stratégiques dans le but de réduire le temps de réponse, l'importance de la dimension "homme" s'impose sans équivoque. De surcroît, comme la turbulence peut pousser l'entreprise à remanier n'importe lequel des choix arrêtés, il devient primordial d'intégrer en permanence le triptyque *complexité, hommes et temps*.

La motivation de l'équipe est d'une importance primordiale.

Une question se pose, de nouveau : La décentralisation et la délégation peuvent-elles à elles seules permettre à une entreprise d'identifier les germes de changement et d'agir en équipe collective dont les réponses dans leur ensemble seraient en harmonie, entre elles, et au regard des exigences de court et de long terme ?

Prenons le cas d'une PME-PMI qui aurait admis, pour la première fois, l'importance d'élaborer une vision stratégique, aura-t-elle les ressources suffisantes pour mobiliser des équipes à cette fin ? Si elle croit à l'instar d'Ansoff, de Godet et de Denis qu'il est nécessaire de créer face à la turbulence des cellules ou des modules ou des "projets", n'est-il pas plus enrichissant et surtout possible pour une PME-PMI de mobiliser toute ses équipes et d'en faire "Le" projet ? C'est-à-dire, pour être plus clair, d'avoir pour seul et unique projet de créer l'équipe, les équipes de son entreprise qui seront endurantes, intrapreneuriales et solidaires ? Le « project force » en quelque sorte, par analogie à la « task force ».

Que devrait regarder en premier tout investisseur : l'équipe ou le projet ? L'équipe ! Cette perspective n'est-elle pas l'atout qui nous permettrait « d'instaurer l'entrepreneur à l'intérieur même de l'entreprise » comme le souhaitent Kanter, Ansoff et Hamel ? C'est alors que l'on pourrait affirmer avec Godet que « *small* n'est pas seulement beautiful mais surtout que *small* is profitable ». Finalement, la création de valeur est, à la fois, le fait générateur et la vision de tout entrepreneur, de tout intrapreneur.

4.5.2 Vers la complexité, les hommes et le temps

Face au nouveau rythme de turbulence, et afin de mettre en pratique les recommandations préconisées, il pourrait être utile de décentraliser un grand groupe vers des centres d'activités autonomes. Mais est-il salutaire de décentraliser le pouvoir au sein même de ces centres d'activités ?

Nous avions constaté, déjà, les orientations actuelles des sciences de gestion qui favorisent une intégration des enjeux stratégiques aux exigences opérationnelles. Nous avions suggéré de reconsidérer les notions de complexité, d'hommes et de temps afin de constater que, bien que les présomptions académiques divergent en apparence, elles prennent en réalité en considération des hypothèses différentes qui peuvent faire diverger leurs conclusions ou suggestions.

Nous avons mis l'accent sur le rôle des hommes et leur mode d'organisation. Notre suggestion de considérer ce rôle et son mode d'organisation d'une façon simultanée et conjointement avec les deux autres notions de temps et de complexité permet d'ajouter aux suggestions de Lawrence et Lorsch des moyens concrets qui peuvent aider une équipe à mieux décider ensemble et à réussir tant sa différentiation que son intégration. Bien qu'ils aient mis en valeur la nécessité de la confrontation des divers arguments et aient suggéré que les entreprises les plus réussies ont fait confronter les diverses nuances dans les prises de décision, Lawrence et Lorsch ne proposent pas de mécanismes concrets pour le faire.

Les dimensions complexité, hommes et temps peuvent aider les entreprises à trouver la solution permanente et probablement unique comme le suggèrent Lawrence et Lorsch à leurs conditions uniques. Le modèle que proposent ces auteurs aurait dû apporter une solution convergente dans tous les ouvrages. Nous remarquons, ainsi, que les préconisations sont parfois convergentes, souvent nuancées et divergentes et quelquefois même en opposition. Nous voudrions, par conséquent, analyser cette situation. Les auteurs parviennent-ils à des conclusions différentes parce qu'ils proposent des arguments différents ou parce qu'ils prennent en considération, au départ, des éléments différents dans leur hypothèse de base ?

Après avoir accentué l'importance de la notion de turbulence et mis l'accent sur l'ampleur et l'envergure que l'on attache à ce terme, il est aussi utile d'approfondir certaines autres nuances qui permettraient d'éclaircir le débat. Les concepts de spécialisation - coordination ou de différenciation - intégration sont des concepts relatifs.

Il pourrait s'agir d'un ensemble de plusieurs centres d'activités stratégiques regroupés autour d'une holding ou bien des composantes autonomes de celle-ci. Notons que plusieurs ouvrages qui ne précisent pas clairement le niveau auquel ils placent leurs comparaisons risquent d'accentuer la confusion entre les notions de décentralisation d'un groupe vers ses centres d'activités ou bien d'une délégation de pouvoirs au sein même d'un seul CAS (centre d'activités stratégiques).

4.5.3 Le défi structurel : mode d'emploi

Dans ses chapitre 14 et 15, Strategor évoque les trois structures qui sont fondamentales : la fonctionnelle, la divisionnelle, et la matricielle[124].

[124] Strategor, dans sa 4è édition (2004).

Ces structures présentées comme comparables ne sont pas, par conséquent, une variance de la formule « ceteris paribus » (toutes choses étant égales par ailleurs) où l'on ne change qu'un seul élément pour le différencier. Pour la structure fonctionnelle prise en considération, l'entreprise est en mono-produit ou en mono-activité. Concernant la structure divisionnelle, elle englobe par définition plusieurs activités ou produits ou zones qui constituent les divisions. Les notions de spécialisation-coordination ou bien celles de différenciation-intégration étant des notions relatives, il faudrait, quand il s'agit d'apporter des comparaisons, garder le même niveau d'analyse. En faisant la comparaison des structures de base entre la fonctionnelle et la divisionnelle, on alimente un facteur de confusion, puisqu'une division peut être structurée à son tour selon la configuration fonctionnelle.

Il en résulte que la comparaison de la notion de centralisation et de décentralisation entre ces deux formes se fait à des niveaux d'analyse tout à fait différents. Mais, là, nous entrons dans une complexité de réflexion qu'il nous faut, nécessairement, limiter, au risque de paraître trop dans l'entre-soi des académiciens, des sachants et des théoriciens.

Allons, cependant, un peu plus loin, en étayant la pathologie des structures fonctionnelles. Strategor cite des problèmes de centralisation et d'immobilisme : « Les limites de la structure fonctionnelle sont celles des mécanismes de coordination des flux de travail. Quand taille, incertitude, diversité, interdépendance croissent considérablement, la

---

Dans son chapitre 14, Les structures mono-dimensionnelles : « La structure fonctionnelle est la structure où l'organisation des responsabilités est réalisée en fonction des compétences et du savoir-faire spécifique des collaborateurs. La structure divisionnelle, elle, se comprend en raison des produits et des technologies diverses qu'elles développent. Elle met en place plusieurs stratégies segmentées qui diffèrent de celle développée par l'entreprise mono-produit, dont la structure est fonctionnelle. La structure divisionnelle permet, par conséquent, aux divisions de répondre aux différents segments stratégiques. » Puis, dans son chapitre 15, Les structures multi-dimensionnelles : Strategor présente la structure matricielle, qui est un doux mélange, une excellente synthèse des structures fonctionnelle et divisionnelle convergentes. Elle voit le jour dans la vie de l'entreprise, lorsque celle-ci envisage de diversifier ses activités, tout en gardant un core-business, un cœur d'activité commun. Face à cette complexité de la diversification et de l'unicité de décision, et parce que la structure fonctionnelle et la structure divisionnelle ne correspondent plus aux besoins, les axes de structuration sont établis autour des fonctions de base (achats, ventes, etc.) et des produits organisés par division. L'objectif recherché est de réaliser des économies d'échelle par la mutualisation des services (ou des fonctions).

planification, le contrôle de gestion, l'informatique deviennent des monstres impuissants à gérer la coordination[125]. »

En d'autres termes, il faut éviter que l'entreprise qui passe de la taille d'une PME-PMI, à la taille d'une ETI ou d'un groupe, ne soit consommatrice que de contraintes, en multipliant des procédures et en étant soumis à de nouvelles normes contraignantes, qu'elles soient économiques, fiscales ou sociales. Il faut éviter qu'elles ne deviennent un mille-feuille administratif, bureaucratique et technocratique. « Une usine à gaz de process », diront certains.

Strategor reconnaît deux palliatifs : les marges de sécurité au niveau de chaque fonction, et « la mise en place de moyens qui permettent de recueillir et de traiter une quantité plus importante d'informations ».

Puis, les auteurs ajoutent au sujet de la structure fonctionnelle : « [Elle] est adaptée à un milieu stable dans lequel l'acquisition d'expérience est un des éléments clés de la complexité. Sa capacité d'adaptation aux changements est limitée, mais elle est efficiente grâce aux économies d'échelle en frais généraux et personnel qualifié. [...] Par ailleurs, la concentration des décisions majeures au sommet de la priorité entre l'opérationnel et le stratégique, entre les activités routinières et les activités d'innovation, entre le court terme et le long terme et entre les produits eux-mêmes, en particulier quand la pression de la concurrence oblige à développer les produits nouveaux[126] ».

4.5.4 La structure fonctionnelle est-elle pertinente ?

D'emblée les auteurs de Strategor mettent le doigt sur la prédisposition des structures fonctionnelles à gérer un flux de travail qui, en augmentant, se verrait souffrir à cause de la centralisation qui paralyserait les décisions. Les auteurs suggèrent alors que l'entreprise affine sa segmentation stratégique suivant des critères plus subtils qui permettent à chacune de ces nouvelles divisions d'être plus flexibles.

Ils limitent la pertinence de la structure fonctionnelle à cause de sa taille et suggèrent que l'on passe à des organisations par division : « Organiser par division (ou encore par unités stratégiques), c'est donc reconnaître que la différenciation des activités de l'entreprise est telle que, non seulement on ne peut guère obtenir d'économies d'échelle en regroupant par grandes fonctions les spécialités, mais encore qu'une telle organisation peut être nuisible au bon développement de chaque

[125] Strategor, 3è édition,1997, page 286.
[126] Strategor, 3è édition,1997, page 288.

activité, en ne reconnaissant pas suffisamment ses caractéristiques propres[127]. »

Mais ceci est-il dû à la taille de l'entreprise ou plutôt à l'instabilité de son environnement ? Comment le passage vers des divisions est-il nécessairement salutaire ? Comment résout-on le conflit entre le court terme et le long terme ? Entre l'opérationnel et le stratégique ? N'y a-t-il pas d'autres ouvrages sur la PME-PMI plaidant justement pour la flexibilité de ses prises de décisions. La PME-PMI n'aurait-elle pas de considérations opérationnelles et stratégiques ?

Pourquoi imputer ces problèmes à la taille plutôt qu'à l'instabilité de l'environnement ? La question se pose car « la corrélation entre l'accroissement de la taille et la bureaucratisation est évidente. Toutefois, rien n'indique que la structure d'une grande entreprise soit nécessairement moins efficace que celle d'une plus petite[128] ». Nous pourrions rappeler que nous avions suggéré que l'entreprise, nonobstant sa taille, devait assurer l'intégration de la complexité, du temps et des hommes, afin de répondre à la fois aux enjeux stratégiques et aux exigences opérationnelles, surtout en contexte environnemental turbulent.

N'est-il donc pas dommageable de rejeter d'emblée la possibilité de la structure fonctionnelle, qui serait souvent la structure propre à la PME-PMI mono-produit, la seule à répondre à la turbulence ? Est-on sûr que le simple passage à la division permet pour une entreprise de répondre aux problèmes d'intégration et de l'alignement stratégique ? Quelles seraient alors les recommandations de Strategor pour une PME-PMI en mono-activité ?

Car c'est cela le sujet : **Comment aligner sa structure en fonction de sa stratégie ?**

Il semblerait, ainsi, que l'analyse doit discerner clairement entre les problèmes liés à la taille de l'entreprise et ceux qui touchent à l'instabilité de son environnement. Mais, là encore, il s'agit d'une question nouvelle : Comment la turbulence affecte-t-elle la structure ?

La turbulence affecte les entreprises grandes ou petites. S'il est possible d'accepter que les grandes entreprises, qui se découpent en petites entreprises, puissent mieux s'adapter aux problèmes du changement de l'environnement, l'on ne peut confondre les deux

---

[127] Strategor, 3è édition,1997, page 289.
[128] Strategor, 3è édition,1997, page 260.

notions de décentralisation vers ces entités et de délégation de pouvoirs au sein même de ces entités.

A leurs notions de différenciation et d'intégration, on pourrait proposer de répondre à la fois aux dimensions complexité, hommes et temps. De cette façon, divisions ou PME-PMI pourraient avoir des moyens concrets pour réussir chacune à son niveau, et mettre en œuvre une dynamique de groupe qui atteigne son but dans sa mission tant opérationnelle que stratégique, à court, moyen et long terme.

Qui dit turbulence dit changement fréquent et intempestif, et par conséquent la complexité y prend son volet dynamique. (Il faudrait aussi penser au fait que le changement peut naître de sous-ensembles différents.) Notons, à cet effet, que les nouveaux moyens en informatique ne font en fait qu'accentuer les besoins d'intégration ou de convergence. La diffusion de l'information et sa disponibilité en temps réel permet de disposer de données qui exigent d'être expertisées et fiables, par plusieurs personnes à la fois. En rendant les membres d'une équipe mieux informés et le plus souvent, on les invite à l'action, à l'optimisation. Cette invitation à la prise de décision la plus optimale, in fine, nécessite une solidarité, une synchronisation plus étroite entre les acteurs, pour éviter que chacun ne réponde aux impulsions de changement à sa façon, et ne s'égare dans de vaines aventures personnelles, qui édulcoreraient l'équipe, le service ou la division. Cette synchronisation-solidaire est plus que nécessaire justement en raison du développement des moyens en informatique.

Nous rappelons, aussi, que Jobard et Gregory soulignent que la prise en compte des objectifs peut être différente pour les individus et pour leur entreprise. Dans la mesure où les individus n'ont pas d'objectifs personnels différents de ceux de l'entreprise, il est évident que chacun, du fait de son point de vue, de sa fonction, de sa position et de sa considération personnelle, aura des perceptions différentes de la même réalité selon les éléments qu'il prendra en considération pour son analyse individuelle.

D'autre part, la question du temps est le plus souvent obérée. Pour quelle période future agissons-nous ? En, effet, il est bon de prendre en considération cette question, car toute action a des retombées ponctuelles, à court, moyen et long terme. Comment peut-on, ainsi, parvenir à réconcilier les retombées de certaines actions prises par des personnes différentes ? Le facteur temps augmente les risques de divergences dans le remaniement des décisions de l'entreprise face à une impulsion de changement. Ce risque est réel. Il avait été signalé par

Lawrence et Lorsch qui avaient à leur tour relevé que les conditions temporelles différentes considérées par des dirigeants décidant indépendamment de l'autre aurait pu aggraver la divergence de l'action. Pour eux, « les interviews des dirigeants des entreprises de moyennes et de faibles importances ont fait ressortir que les divergences des points de vue entre les coordinateurs et les départements fonctionnels réduisaient leur capacité à prendre des décisions coordonnées. Les remarques concernaient surtout le manque de communauté de vue sur les objectifs et les orientations temporelles[129] ». Comme ils le suggèrent, la coordination et l'intégration ne peuvent être que primordiales. Notre proposition de mettre en relief les trois dimensions de complexité, d'homme et de temps présente des moyens concrets qui permettaient à l'entreprise d'agir en permanence comme agent économique unique bien qu'elle regroupe en fait plusieurs hommes qui se sont répartis les tâches.

4.5.5 De la délégation à la... solidarité

Face au changement, l'entreprise a besoin d'une réponse globale. On pourrait argumenter au niveau d'une cohérence logique, que tout changement, qui met à l'épreuve une entente préalable entre plusieurs éléments d'un ensemble, doit faire appel à un seul coordinateur qui lui seul permettrait une dérogation à cette entente préalable. Le mot clef, ici, est dans ce qui précède : **coordinateur**.

Cette logique de la coordination concerne toutes les organisations. Parce que toute dynamique de groupe cherche à réaliser une synergie entre ses membres. Cette synergie se base sur les concepts de spécialisation-coordination ou bien de différenciation-intégration. La prise en compte des dimensions complexité, hommes et temps ne peut que faciliter la tâche d'une équipe de travail dans la gestion de l'organisation à travers le temps. C'est dans ce sens que doivent être considérées les notions de délégation de pouvoirs et de décentralisation. Il est donc possible de rejeter par un simple raisonnement logique certaines présomptions académiques qui, face à la turbulence, proposent la délégation de pouvoirs, ou bien à la restreindre à un cadre précis qui favoriserait non seulement la différenciation mais aussi l'intégration. Ainsi, la gestion d'une entreprise en temps de turbulence nécessite qu'elle assure l'intégration des dimensions complexité, hommes, temps. La décentralisation d'un grand groupe vers des entités

[129] Lawrence et Lorsch page 69.

autonomes ou des centres d'activités stratégiques pourrait rendre plus facile cette intégration.

Toutefois, au niveau d'une entité, l'intégration de ces dimensions nécessite, effectivement, qu'un coordinateur synchronise la réponse de cette entité face à un changement qui nécessite une nouvelle réponse. Il nous semble logique que, face à un changement imprévisible, une entité doive réagir en apportant une réponse globale intégrant toutes les données. Cette intégration ne peut être faite que par une centralisation de la décision pour permettre à l'entreprise d'arbitrer entre plusieurs impulsions de changement. Également, pour synchroniser l'espace temporel des décisions et surtout pour permettre à l'entreprise de changer d'objectif et pas seulement de moyens pour atteindre le même objectif antérieur au changement. Ce besoin de coordination est évoqué dans Strategor. Dans la 3è édition, il met en cause à juste titre une certaine conception du chef d'entreprise « détenteur du savoir, donneur d'ordres qui doivent être exécutés sans discuter… Ce chef s'efface au profit du coordinateur chargé de traiter les problèmes de relation et d'arbitrage que les ajustements transversaux entre individus n'ont pu résoudre[130]. » C'est dans cet esprit que nous passons de la délégation à la **solidarité** : « Le concept de délégation s'efface au profit du concept de solidarité. La performance commune l'emporte sur la performance individuelle. Un nouveau paradigme de l'action organisée émerge, incarné par les structures dites en réseau[131] ». Il est à noter, que la notion proposée par Strategor selon laquelle le coordinateur peut varier est vraie dans le cas où l'on se limite aux seules exigences opérationnelles. Il est davantage concevable qu'une convergence moins tributaire des seules possibilités externes puisse canaliser les réponses aux enjeux stratégiques. Il en va de même pour les « marginaux sécants » de Crozier et les coordinateurs de Lawrence et Lorsch.

Nous pensons que l'entreprise ne peut se contenter de gérer la turbulence dans le sens proposé par ces auteurs en favorisant seulement l'adaptabilité. Bien que la voulant plus flexible, nous voudrions aussi que l'entreprise soit plus visionnaire. Elle devrait répondre à la fois aux exigences opérationnelles et aux enjeux stratégiques.

Ainsi, la délégation de pouvoirs ne devrait pas permettre à une PME-PMI, opérant dans un contexte environnemental turbulent, de répondre à la fois aux exigences opérationnelles et aux exigences stratégiques.

---

[130] Strategor, 3è édition,1997, page 351.

[131] Strategor, 3è édition,1997, page 352.

IV. DES HOMMES ET DES SOLUTIONS : LE CHT

Ce nouveau chapitre nous fait entrer dans un nouveau monde, dans une nouvelle démarche de gestion, de management et de stratégie, qui va graviter autour des notions de **complexité, hommes et temps**, que nous avons précédemment commencé à évoquer. C'est le cœur du livre. C'est une démarche concrète, originale et pratique pour toute entreprise. Nous proposons, effectivement, face aux turbulences qui viennent frapper et démonter les plans stratégiques de nos entreprises : le **CHT integrated management**. Il y a, donc, ici, l'âme et l'esprit du CHT, puis le concept, la lettre et la méthode de management.

Nous l'avons vu, la plupart des ouvrages et des auteurs ont cherché à proposer des modèles de mise en application « d'une bonne stratégie ». Du fait que cette stratégie soit conçue aujourd'hui pour être appliquée durant les années futures, tout changement en cours de route remettrait en cause son bon aboutissement.

Les diverses approches se nuancent tant par l'affinement des mécanismes de prévision que par l'assimilation d'un plus grand nombre de paramètres, et dans le rôle et l'implication d'un plus grand nombre de collaborateurs. Et ceci, aussi bien dans la conception que dans l'implémentation de cette stratégie.

Ici, nous dépassons cette aspiration, qui est fort acceptable à un niveau déterminé de turbulence, pour pouvoir permettre à l'entreprise de maintenir sa vision stratégique et l'adapter suivant les besoins qu'imposent des impulsions fréquentes et imprévisibles. C'est vrai, la turbulence de l'environnement s'annonce de plus en plus rythmée, avec une variation tant dans l'amplitude que dans le nombre des paramètres concernés. De plus, le manque total de prévisibilité remet en question la fiabilité de cette conception de la stratégie.

Face à la turbulence, l'action doit être non seulement rapide mais surtout complète et globale.

Comme l'ont montré nos chapitres précédents, les sciences de gestion ont chronologiquement évolué vers la stratégie d'entreprise, devenant une *nouvelle science*. La vie de cette dernière s'est complexifiée au rythme des exigences et de la multiplicité des besoins du client, alors que le marché entrait dans un environnement instable. Et, que cet environnement instable dépassait toutes les frontières. Finalement, l'environnement était devenu global.

Gérer dans un environnement relativement stable exige des estimations et des informations authentiques, exactes et fiables. Le calcul des paramètres qui intéressent nos entreprises, ainsi que l'élaboration des plans d'action sont affectés, à n'en plus douter, par des changements, par des turbulences. Doivent alors être repérées et analysées les variations, afin d'atteindre les objectifs fixés en début de période. Nous, les dirigeants, nous devons être en capacité de modifier ces objectifs suivant ces nouvelles contraintes, qui peuvent être, également, des opportunités. Pas simple.

Dans nos organisations, la force de la turbulence crée des écarts perturbant les objectifs (ou les buts) préétablis. Cette perturbation se transforme en stress fonctionnel, organisationnel et structurel (qui deviendrait culturel). Nos organisations doivent, alors, savoir s'entourer de spécialistes internes et externes qui sont capables de déceler les écarts, de répondre à la turbulence, et de proposer des solutions à court, moyen et long terme.

Pas simple, non plus. Mais, c'est tout l'enjeu.

Mieux encore, et c'est encourageant, cette force crée non seulement des contraintes, mais, aussi, des opportunités qui poussent l'entreprise à joindre l'opération à la stratégie. L'enjeu consiste, ainsi, à consolider sa position dans le cadre de ses activités immédiates à court et moyen terme ; et, à saisir dans un environnement plus large et plus complexe les nouvelles opportunités, qui vont construire son futur.

Ici, nous allons tracer les contours de ces nouveaux mécanismes de gestion qui présentent des solutions face aux turbulences. Leur mise en œuvre par une *équipe intraprenante* qui intercepte les impulsions et les canalise en tant que groupe homogène réagissant face au changement continuel. Une équipe capable de saisir les nouvelles opportunités. Une équipe qui fait partie des facteurs clés de succès.

Ces nouveaux mécanismes tournent autour de trois cœurs (ou trois dimensions) : celui des hommes, celui du temps et celui de la complexité.

Les rouages de ces nouveaux mécanismes vont s'actionner grâce à une huile : celle d'un groupe entrepreneur, autrement dit, celle de la culture solidaire intrapreneuriale diffusée dans l'entreprise. Elle est première, car elle peut tout. Elle, aussi, est une force !

De nouveaux mécanismes, de nouveaux paradigmes, de nouvelles solutions pour faire quoi ? Tout simplement, pour répondre à ces trois défis auxquels sont confrontés nos entreprises :

- Le défi de la croissance, de la gestion, de la bonne gouvernance, du management et de la bonne définition stratégique **dans un environnement élevé de turbulence**, où turbulence s'écrit au pluriel : turbulences.

- Le défi de la croissance, de la gestion, de la bonne gouvernance, du management et de la bonne définition stratégique **dans un environnement des plus imprévisibles**.
- Le même défi que précédemment, mais en tenant compte, en plus, **des graines de changement**.

Ainsi, nous espérons que ces mécanismes, ce nouveau moteur, cette nouvelle huile permettront à nos entreprises de joindre la flexibilité opérationnelle à la vision stratégique ; le premier devant soutenir l'autre, le second devant aiguiller les opérations. A leur tour, les graines de changement peuvent impulser de nouvelles stratégies.

L'action en temps réel d'un groupe intrapreneur flexible répondrait à la finalité de son développement. Cette méthode ne peut que doter nos entreprises d'atouts opérationnels et organisationnels qui constituent en eux-mêmes une arme stratégique de taille.

Rappelons-nous - car il ne faudrait pas les oublier sous prétexte de la mise en place de ces nouveaux mécanismes de gestion - qu'un grand nombre d'auteurs à l'instar de Mintzberg et de Senge attachent une grande importance à ce que l'entreprise puisse constituer une équipe en apprentissage continu, plutôt qu'une équipe limitée à faire des choix ponctuels importants. Ce second point pourrait assurer le succès à un moment déterminé, par contre, l'équipe en apprentissage tend à assurer un succès permanent capable d'être maintenu tout au long de l'évolution du temps.

Telle est notre conviction profonde. Il ne suffit, donc, plus de parler de structures, ni de choix stratégiques pertinents, mais de nouveaux mécanismes de gestion qui vont aider la PME-PMI tant à maîtriser son activité actuelle qu'à développer sa croissance future. Dit autrement : à avoir une longue activité économique.

Nous avons établi, au niveau conceptuel, que la gestion de l'entreprise devait assurer la congruence des trois dimensions complexité, hommes et temps. Il reste à proposer les moyens pratiques pour la mise en œuvre de cette congruence, alignement parfait de ce triptyque dimensionnel stratégique.

A l'aune de l'Intelligence Artificielle on pourrait même proposer que cette percée puisse assurer cette convergence en permanence. Oui, mais nous avons établi que les objectifs pourraient changer eux-mêmes face au changement. Seul l'homme peut en décider !

Nous l'avons, déjà, dit : Ce n'est pas en étudiant seulement le passé que l'on peut projeter l'avenir.

En outre, comment tenir compte des ambitions, des changements imprévisibles des espérances prometteuses basées sur l'innovation ? L'IA, dont on parle beaucoup, peut aider à prospecter un plus grand nombre d'alternatives, offrant une palette plus large de solutions. Elles seraient basées, toutefois, sur une plus grande lecture du passé, un outil de taille mais pas suffisant pour tracer l'avenir. Encore faudrait-il que l'entreprise ait scrupuleusement recueilli tout au long de son histoire tous les paramètres décisionnels directs et indirects dans sa base de données. C'est bien le cœur même du fonctionnement de l'Intelligence Artificielle qui s'expose. Elle est donc utile, voire nécessaire, mais certainement pas suffisante. Nous en reparlerons plus longuement.

La démarche qui suit cherche à décrire tout un ensemble cohérent. D'aucuns auraient préféré un autre déroulement dans les descriptions. En tout cas, comme il s'agit d'un système global, le tout fonctionne ensemble nonobstant l'angle sous lequel on aborde l'analyse.

Le système proposé CHT integrated management se déroule en plusieurs étapes décrites plus bas. Le rôle des hommes, certainement le plus important, est revu en détail.

Le but du système est de gérer une PME-PMI opérant dans un environnement turbulent dépassant le niveau quatre suivant l'échelle d'Ansoff. Le CHT integrated management a pour arrière-plan la littérature et les recommandations préconisées par certains auteurs.

En ce sens, l'expérience personnelle de Fady J. Gemayel, avec son groupe familial présent au Liban et en France, est le cas d'école exprimé ici. Il ne laissera pas indifférent. Il est au service du CHT.

1. La détermination des buts

Une question simple se pose : Qu'est-ce qui vient avant les buts, les objectifs ou les actions, les opérations ? Les théoriciens s'empresseront de remarquer qu'il n'y a point d'action valable sans but prédéfini. Et, peut-on prévoir bien à l'avance et avec précision ses buts pour le futur ? Il est certain qu'il est quasiment impossible de prévoir la valeur future des facteurs économiques, des flux, qui vont être la conséquence de nos prises de décision.

Prenons des exemples et questionnons-nous de nouveau.

Peut-on affirmer que Sony, Cardin, Benetton, et tant d'autres, avaient des buts, des objectifs bien précis à l'origine de leur création ? Jusqu'où avaient-ils poussé leurs projections ? Pensons qu'au début, ils n'avaient aucune idée sur ce qu'ils allaient devenir et sur leur situation actuelle. Leur évolution et leur croissance incroyable sont dues à plusieurs causes : l'excellence de l'équipe, la pertinence de leurs offres, de leurs produits et de leurs services, l'excellente symbiose avec leurs clients. Il faut parler, aussi, de leurs technologies toujours poussées, leur actionnariat toujours fidèle, leur finance toujours au rendez-vous des besoins en fonds de roulement et des besoins d'investissement. Ne pas oublier la concurrence, qui tel un aiguillon, nous pousse toujours à aller plus fort, plus haut, plus loin.

Pour la plupart d'entre-nous, si l'on ne peut cerner avec précision nos plans pour le futur, il reste qu'il y a un minimum de cohésion à mettre autour de nos grandes orientations stratégiques, afin d'assurer la bonne continuité et le développement de nos activités. Ainsi, avec toutes nos parties prenantes, nos actionnaires, nos bailleurs de fonds, nos dirigeants, nos cadres et nos collaborateurs, nous maintenons un dénominateur commun autour duquel s'articule les opérations ponctuelles de nos entreprises et leur évolution à travers le temps. Au départ, lors de sa création, notre entreprise peut se choisir certains objectifs limités, liés à ses moyens limités, ou se développer dans certains choix comme, par exemple, se constituer, dès le départ, en groupe, qu'il soit financier, patrimonial ou industriel. Mais, c'est rare ; sauf, à considérer les croissances externes.

En fait, il s'agit-là d'orientation stratégique et structurelle.

Voudrait-on, ainsi, s'orienter vers une PME-PMI focalisée sur son mono-produit, son mono-service, son savoir-faire unique, ou avons-nous la vision de se développer et de grandir pour devenir un conglomérat, un groupe diversifié ?

Sans l'homme et le temps, les buts ne peuvent être atteints. C'est plus qu'une évidence, c'est intrinsèque à notre condition. Mais, derrière le pan de cette évidence, se dévoile l'homme, tout l'homme ; puis, le temps, tout le temps. Ce qu'il était, ce qu'il est, et ce qu'il en reste. Se dévoile, également, la complexité intrinsèque qui pourrait être considérée comme un frein, une complication qui viendrait impacter les buts.

Puisque la communication des buts dans l'entreprise mobilise les hommes pour aujourd'hui en les motivant pour demain, le cap, les objectifs déclinés par activité, par entité, par produits et/ou par services, auxquels il faut ajouter l'identité et la culture d'entreprise sont des moyens qui, à court, moyen et long terme, tentent d'assurer la cohésion de tous et la bonne continuité de l'entreprise.

Citons un autre exemple qui nous touche de près.

Au Liban, dans notre petit groupe familial, qui n'était au début qu'une PMI (à l'échelle Européenne ou bien malgré tout un groupe a l'échelle du Liban), il aurait été utile que nos partenaires actuels (nos actionnaires, nos banquiers, nos collaborateurs, etc.) et nous-mêmes, nous convenions des grandes lignes de notre évolution future ; surtout en ce qui concerne la consolidation à long terme de l'activité de l'entreprise. Il en est de même de sa croissance future qui pourrait se faire dans d'autres activités. C'est l'idéal. Et, au regard du temps et de l'histoire, c'est ce qu'il s'est passé.

Nous connaissions nos buts, nous avions nos caps, notre vision était la bonne, mais ce que nous ne connaissions pas c'étaient les hommes, la complexité et le temps qui étaient devant nous. Notre chance : ne pas avoir limité notre champ d'action.

A ce sujet, reparlons de Levitt. Car, il nous met en garde dans *Marketing Myopia*[132] de l'erreur fatale de plusieurs groupes, des géants, qui, ayant limité leur champ d'activité et de recherche, se sont retrouvés tôt ou tard coincés avec des produits ou des services obsolètes. En revanche, en élargissant son angle de vision, l'entreprise peut suivre l'évolution des préférences de sa clientèle et leur présenter en permanence les produits et les services qui lui assurent sa pérennité.

D'ailleurs, nous, au sein de Gemayel Frères, nous sommes au stade du *market oriented* de Regis McKenna, qui veut que l'on travaille avec

---

[132] *Marketing Myopia*, publication de Theodore Levitt, parue dans le magazine Harvard Business Review, en 2004.

le client pour formuler ses nouvelles préférences et concevoir ensemble de nouveaux produits, les produits de demain.

Concevoir les produits et les services de demain, n'est-ce pas finalement ce que nous recherchons tous ?

De son côté, dans son article publié par la Harvard Business Review, Seely propose aux chercheurs de *sortir de leurs laboratoires*. Rappelons, aussi, que Prahalad et Hamel invitaient, eux, à dépasser la simple combinaison produits-marchés. Ils conseillaient de se focaliser, en revanche, sur le développement des compétences-clés (*key competences*). La consolidation à long terme de ces compétences constitue le *strategic intent* qui aurait permis, par exemple, aux entreprises japonaises (à l'instar de Komatsu et de Canon) de supplanter des géants américains (comme Caterpillar et Xerox).

En étant à l'affût des nouveautés dans plusieurs domaines, nos entreprises doivent intégrer plusieurs facteurs pour en assurer leurs succès dans les marchés actuels et leurs croissances futures.

L'environnement turbulent présente en permanence à l'entreprise des opportunités et des menaces, par conséquent ses buts peuvent donc changer tout au long de son évolution. S'ils sont clairs et bien intégrés, les collaborateurs pourraient agir ensemble en tant que groupe entrepreneur. Cependant, il faut être précis dans l'expression même de ses buts. Souvent, l'on prend pour but des choix de politique déterminée : par exemple des objectifs financiers pour l'exercice à venir.

Cependant, rarement - si ce n'est dans les start-ups, il est vrai - on définit son but comme étant celui de la réalisation d'un projet interne, initié par un groupe intrapreneurial.

De plus, il est nécessaire que l'entreprise choisisse sa locomotive stratégique, laquelle va permettre sa croissance future. Cette locomotive peut être sa maîtrise des marchés ou des produits ou des métiers-clés, à l'instar des *core compétences* de Prahalad et Hamel.

Quand l'équipe se rallie autour de la maîtrise de ses atouts, seuls ou combinés, elle peut définir le cadre général de son orientation future. Certains grands groupes ont bâti leur croissance sur des concepts pareils. Ainsi, Sony focalisera sur la miniaturisation de ses produits. Sarah Lee s'appuiera sur le concept, par exemple, du réseau de distribution des supermarchés américains, et se lancera dans les collants ! De même que les grands couturiers prennent avantage de la notoriété de leurs marques pour se lancer dans des activités aussi diversifiées que la céramique et les cigarettes ! Ces délimitations préparent l'entreprise en général, à saisir les opportunités qui vont se présenter de plusieurs sources et assurer la pérennité de l'entreprise.

Il nous faut prendre, maintenant, le temps de définir les buts, en nous inspirant de Drucker qui suggère huit composantes des buts. Ces huit éléments sont les suivants :

1. La position sur le marché,
2. l'innovation,
3. la productivité,
4. les ressources financières et logistiques,
5. la rentabilité,
6. le développement et la performance de l'encadrement,
7. l'attitude et la performance des salariés,
8. la responsabilité publique et sociétale.

En l'occurrence, l'assimilation des buts par chaque membre est importante. Pour des mêmes buts globaux au niveau de l'entreprise, les buts des fonctions peuvent être en contradiction. Ils doivent être en harmonie pour un instant déterminé et doivent être remaniés à la suite du changement qui affecte l'une des composantes.

Certaines de ces composantes des buts ne sont pas directement quantifiables.

Il est, alors, nécessaire de trouver des indicateurs mesurables qui peuvent suggérer les composantes des buts. Par exemple, on peut admettre qu'un certain niveau d'endettement peut indiquer un niveau maximal de risque que l'entreprise voudrait assumer. Ce ne sont pas Altice et ses dirigeants qui diront le contraire[133]. Ou bien que vendre à un certain niveau de prix indique une image de marque relative et conséquente à ce niveau, ou aussi qu'une certaine part de marché puisse refléter une attitude vis-à-vis de la concurrence que l'entreprise veut prendre dans cette industrie.

L'entreprise peut couvrir beaucoup de domaines et faire des choix en conséquence. Les buts deviendraient, de fait, multiples. Chaque combinaison peut varier suivant des nuances en ce qui concerne les composantes des buts. Ainsi, deux combinaisons peuvent avoir le même résultat financier mais des volumes de production et d'autres paramètres qualitatifs différents. Dans ce cas, les combinaisons peuvent être classées selon la méthode de la célèbre *grille O'Meara*[134].

---

[133] Altice est un groupe diversifié mondial dans les télécommunications, les médias et la publicité. Fondé par Patrick Drahi en 2001, son chiffre d'affaires en 2023 a reculé pour atteindre les 11 milliards d'euros, avec un surendettement net à faire pâlir les sociétés de défaisance de 24 milliards d'euros.

[134] La grille O'Meara est un outil d'évaluation de vos idées, de vos projets.

La quantification des choix peut être poussée.

A chacune des composantes des buts, nous pourrions ajouter un facteur de pondération afin de dégager un but unique qui facilite le classement des possibilités et le choix final, surtout lorsqu'on pourrait avoir plusieurs possibilités qui affecteraient l'une ou l'autre des composantes d'une façon différente. Par exemple, certaines options peuvent être plus rentables mais avoir une part de marché plus petite ou bien aussi un niveau d'endettement plus élevé.

Ainsi, on le comprend, les buts sont un moyen de communication important à l'intérieur et à l'extérieur de l'entreprise. Ils englobent plusieurs volets tant fonctionnels que hiérarchiques (dans le sens où chaque individu a des buts pour sa fonction, ses responsabilités, son département, son équipe et l'entreprise) pour chacun des collaborateurs. Leur validité est temporelle, limitée à un calendrier, un échéancier. Ce dernier n'est pas figé et peut changer souvent suivant l'évolution de l'entreprise.

2. Le système de base d'aide à la décision

Les buts peuvent être détaillés et précis, et il vaut mieux qu'ils le soient. Mais sans prise de décision, sans décideur, ils sont comme une bouteille jetée dans la mer des marchés concurrentiels, un coup d'épée dans l'eau, un cri déchirant la nuit de nos insomnies passées à chercher la femme, l'homme, les femmes et les hommes qui sauront prendre la bonne décision et la mettre en pratique contre vents et marées.

La bonne décision n'est pas une simple affaire de réflexion et de volonté. Il lui faut tout un processus, tout un système pour y parvenir. Pour cela, il est nécessaire de s'appuyer sur ces trois points clefs :

- Le balayage exhaustif du champ des possibles pour l'entreprise et son capital humain ;
- la segmentation des marchés stratégiques et l'encadrement de l'environnement de l'entreprise ;
- un équilibre général qui va permettre d'analyser les divers choix possibles d'action et de vision de l'entreprise. Pour cela, des antennes sont nécessaires. Elles vont pouvoir guider et rectifier le parcours d'une décision de façon permanente. De plus, il ne faut pas oublier de tenir compte de la relation entre chacun de ces choix et de son impact sur la grille de buts.

2.1 La segmentation stratégique et le choix du CAS (centre d'activité stratégique)

C'est la première étape à laquelle doit s'atteler nos entreprises : procéder à la segmentation stratégique de son (ses) activité(s). Puis, nous devons faire l'étude des segments et les positionner en fonction du secteur d'activité et des produits (et des services) de substitution. Cette étude est complétée par une analyse de l'industrie et de la concurrence, ainsi que par celle des opportunités et des contraintes.

Les grandes orientations stratégiques peuvent être plus précises à cette étape.

Si l'on se plonge de nouveau dans la littérature, plusieurs approches sont proposées afin de bien mener cet exercice dont la finalité est l'action stratégique. Nous ne nous attarderons pas plus sur ces concepts. Mais nous proposons de cadrer l'entreprise dans son environnement ayant en vue de pouvoir surveiller en permanence les conditions de cet environnement afin de détecter, plus tard, les graines de changement qui vont affecter les choix de l'entreprise.

Finalement, nos PME-PMI, nos groupes et nos grands groupes, nos entreprises doivent être en capacité de définir leurs domaines d'activités stratégiques (ou CAS).

Car, il faut donner du sens à sa stratégie, ce sens débouchant sur la décision d'allouer des ressources ciblées. La difficulté n'est pas davantage d'exprimer ses besoins que d'avoir les ressources nécessaires pour les exprimer. Donner du sens, c'est, aussi, connaître les groupes de clients, les technologies, les applications, etc. En effet, quelles sont-elles ces applications et ces technologies ? Voilà les questions qui donnent du sens à la démarche.

Il faut, également, distinguer la démarche stratégique de la démarche marketing : la dernière s'adresse à un marché, à des consommateurs plus ou moins homogènes, alors que la première, non seulement, l'englobe, mais va au-delà. La démarche stratégique entraîne nos entreprises vers une acquisition, une croissance externe, l'ouverture de marchés à l'export, de nouveaux investissements significatifs, une cession, une fusion, etc. Par exemple, dans certains grands groupes de luxe, comme Cartier, le lancement d'une nouvelle gamme, de nouveaux produits sont de véritables centres d'activités stratégiques où les ressources habituelles du groupe vont progressivement du tiers temps passés sur les nouvelles activités dites « stratégiques », au temps plein.

Dans les années 1980, pour continuer l'exemple sur Cartier, l'ouverture d'un nouveau marché, celui de la parfumerie, a été très stratégique. 10 ans plus tard, ce nouveau marché représentait plus de 5% du chiffre d'affaires monde, soit 65 millions d'euros. Il est resté stable jusqu'à ce jour. Dans les années 2000-2010, tous font le grand virage vers le « bio ». Avant d'en recruter de nouvelles, une partie des ressources est orientée vers ces nouvelles activités qui sont devenues stratégiques.

2.2 L'entreprise et son environnement

Ne pas tenir compte de son environnement externe, de sa structure juridique, de l'économie générale, est une erreur. De son environnement, chaque entreprise développe une perception qui met en évidence les opportunités et les contraintes, sans oublier les menaces, en lui permettant de modeler les décisions appropriées. Pour bien décider, il faut être bien formé, bien expérimenté, connaître ses hommes et ses produits par cœur, connaître son environnement et connaître les cadres juridiques et structurels dans lesquels elle pourrait évoluer. Ces cadres vont l'affecter et être affectés eux-mêmes par ses actions et décisions. L'idée, ici, est de mettre en place un tableau de bord qui permettrait à l'entreprise de cadrer dans un premier temps les variables qui l'intéressent, et puis, d'avoir les mécanismes qui vont souder leurs variations d'une façon continue. De plus, ces paramètres vont être rattachés aux buts soit d'une façon directe ou bien par indicateur interposé.

2.2.1 Le cadre d'activité primaire

Dans ce cadre, nous nous limitons à l'activité actuelle de l'entreprise, qui se trouve en compétition avec ses concurrents dans un domaine où le client en est au coeur. Selon que l'entreprise suit une *production oriented* ou *marketing oriented strategy* l'importance des préférences du client varie entre le curseur marginal et celui plus primordial. Les entreprises ont appris que le client est roi. C'est leur raison d'être : servir le client. Plus l'entreprise arrive à déceler ses préférences et à lui donner satisfaction, plus elle progresse. C'est évident, c'est primaire. Mais, ce n'est pas anodin. Car des géants se sont effondrés[135] quand, ayant maîtrisé leur produit, ils ont voulu l'imposer au client sans avoir pris en considération toutes ses aspirations.

Prenons un exemple dans le secteur automobile, celui de la marque emblématique Chrysler. Avant l'arrivée de Lee Iacocca[136], Chrysler perdait une part substantielle de marché, même si ces voitures étaient mécaniquement supérieures à celles de la concurrence. La raison ? Chrysler n'avait pas fait le choix du confort. Ce que fera Lee Iacocca. Il avait compris qu'il fallait ajuster son offre, et caler ses produits et ses services aux besoins du client, considérant les segments choisis du marché.

---

[135] Citons ces exemples : Carillion, un géant du BTP anglais qui pesait 5,9 milliards d'euros en 2016 avec ses 42 000 salariés et qui a disparu en 2018. Le célèbre Kodak, ce géant américain qui avait 80 000 salariés et qui a déposé le bilan en 2012. Depuis, le groupe s'est restructuré, en divisant par 4 ses effectifs, en revendant ses brevets, et en se décentralisant encore plus; pivotant vers les activités de recherche et de développement. Il s'est structurellement transformé et a multiplié le nombre de ses entités (divisions) les rendant autonomes, plus indépendantes. Citons, également, pour la France, le cas de Moulinex qui a finalement en 2001 été racheté par le groupe SEB après sa liquidation judiciaire.

[136] Lee Iacocca (1924-2019) est un ingénieur américain devenu entrepreneur. Après avoir démarré sa carrière chez Ford, à la sortie de la Seconde Guerre mondiale, en 1946, il en devient le président entre 1970 et 1978. Evincé, cette année-là, il rebondit en intégrant Chrysler qui est au bord de la faillite. Il la redresse et en devient le président jusqu'en 1992. Il a fait de Chrysler un géant américain. Quel exemple !

Nous pourrions multiplier d'autres exemples, avec des entreprises majeures comme Sony, déjà citée, Benetton, Swatch. Elles ont toutes emprunté le même chemin, avec leurs spécificités et leurs marchés propres. Elles ont décidé de répondre aux besoins et aux préférences de la clientèle. C'est basique, mais, c'est la meilleure décision stratégique qu'elles aient eu à prendre.

D'ailleurs, l'évolution vers le *market-strategy* préconisé par McKenna a dépassé le *marketing strategy* dans le sens où elle implique la clientèle, en amont, dans la recherche des nouveaux produits ; et, consacre la collaboration très étroite entre l'entreprise et ses clients.

Dans le cadre primaire, le client est entouré de fournisseurs qui sollicitent ses décisions. Il est le décideur, le roi.

2.2.2 L'industrie primaire et le cas de l'emballage

Ajoutons au cadre précédent, les produits et les services de substitution qui peuvent éventuellement concurrencer l'entreprise dans les choix du client, surtout quand celui-ci procède, consciemment ou inconsciemment, à l'étude de la valeur absolue du produit.

A titre d'exemple considérons l'industrie du carton ondulé (une de nos activités) où une entreprise cobaye existe avec plusieurs fournisseurs, au service de la clientèle dans le cadre de son activité primaire. Le cadre de l'industrie primaire serait celui de l'emballage en général face aux produits de substitution tels que l'emballage en plastique rétractable, les caisses en plastique, les caisses en bois, les sacs en jute, etc. Plusieurs leaders dans leur activité ont été écartés du marché, quand ils se sont limités à une conception restreinte de leurs produits et n'ont pas suivi les préférences des clients motivés. Leurs motivations ? Il s'agissait soit d'une modification des goûts, soit de la réduction des coûts ; ces leaders ayant omis d'offrir des produits substituts.

Dans cet exemple, qui nous touche de près, citons les fabricants de caisses en bois pour l'emballage agricole. Ils perdent des parts de marché importants confrontés aux prix concurrentiels des caisses en carton. Là encore, ils sont confrontés à un virage stratégique. Et, à une question : faut-il le prendre ou pas ce virage ?

Les raisons sont nombreuses et elles ont un sens. Il s'agit de considérer les changements écologiques et leur impact. Il s'agit, également, d'étudier la possibilité de promotion qu'offre la caisse en carton en tant que support d'une impression personnalisée de haute qualité.

A leur tour, les caisses en carton pour l'emballage des eaux minérales, par exemple, se voient remplacées par le *shrink film* (le film plastique) qui, suivant les variations du prix du plastique, arrive à concurrencer occasionnellement le carton. Les variations peuvent être irréversibles comme dans le cas du bois.

La maîtrise des paramètres qui relèvent de ce cadre permettrait à l'entreprise de répondre aux exigences de sa clientèle dans le sens souhaité par Levitt. Nos entreprises seraient, ainsi, en mesure d'analyser les exigences de la clientèle, les conditions et les manœuvres de la concurrence mettant sur le marché de nouveaux produits de substitution.

Le suivi permanent permet de déceler les genres de changement qui émaneraient de cet ensemble.

2.2.3 Les contextes, l'économie et la géographie

Il faut ajouter aux cadres précédents, celui de l'économie (de la réglementation) et celui de la géographie. Les paramètres macro-économiques (paramètres de l'environnement externe) influent sur nos entreprises de façon directe et indirecte. Nous le constatons tous les jours. Qui a oublié les crises financières mondiales, celles des sub-primes, la crise du Covid et maintenant les conflits armés, et leurs corollaires d'embargos qui nous affectent directement, emportent ou grignotent nos parts de marché ?

Au Liban, les crises se sont succédé : celles des guerres de 1975 à 1990, celles des années 2000, 2010, celles de 2016, celles de 2019 et de 2020 (le 4 août explosion du port de Beyrouth). Enfin, celles que nous avons tous à l'esprit : celles de 2023-2024.

L'afflux des déplacés de Syrie (plus de deux millions de personnes) représente à lui seul un défi titanesque, un enjeu de taille, d'autant plus que la population autochtone représente un peu moins de 4 millions de Libanais. Pour la plupart, au Liban, la turbulence est plurielle et elle est quotidienne. Dans un tel environnement, pour les entrepreneurs où se trouverait le salut ? Dans les marchés de l'export.

Aujourd'hui, de nouveau, les évènements tragiques au Liban, au Moyen-Orient, à Gaza et en Ukraine, etc., démontrent que ce cadre extérieur (dépendant de plus en plus de la géopolitique des conflits) peut occulter tous les autres et provoquer à lui seul la paralysie d'une entreprise, d'une économie, de tout un pays. Mais, il faudrait rajouter d'autres aléas : les aléas climatique et géographique. Là encore, ils apportent leur lot de turbulences.

Ces-dernières peuvent se transformer en opportunités. Car, elles obligent les entreprises à se diversifier et à exporter.

Ces contextes affectent nos entreprises. Qu'ils soient légaux, sociaux, technologiques, écologiques, politiques, fiscaux, ils influencent l'entreprise dans ses décisions présentes et futures. Telle une brise légère qui vient souffler sur les voiles d'un vieux grément, ou tel un ouragan qui vient déchirer tout un pays.

De nouvelles réglementations écologiques peuvent affecter les produits de l'entreprise ou ses produits substituts. De nouvelles contraintes sont nées. Cependant, les nouvelles prises de conscience des consommateurs quant aux produits "naturels" ont créé de nouveaux marchés. Par exemple, les tendances "manger léger" ont fait apparaître de nouveaux produits dans des rayons importants aux supermarchés : le 0% était né. Avec un marketing à la hauteur des ambitions de cette tendance. Il y va de même dans l'habillement où le look sport et outdoor, les jeans, le sport chic, les baskets remplaçant les chaussures classiques ont modifié cette industrie. Les règlements gouvernementaux tels que les privatisations, les (dé)régulations (par exemple, de l'industrie des transports aériens aux USA et des marchés financiers à Londres), les accords de libre-échange entre l'Europe et l'Amérique, tout cela a révolutionné l'activité au niveau de l'économie mondiale.

Les contextes changent souvent et l'entreprise moderne doit percevoir leur impact sur ses activités. Elle doit surveiller celles de ses concurrents, de ses marchés, de ses zones géographiques, des nouveaux entrants, des produits substituts, des nouveaux produits, des nouveaux besoins, des nouveaux réseaux de distributions, des nouveaux moyens financiers, etc. L'entrepreneur est un stratège et un veilleur…

Nos entreprises doivent anticiper, encaisser et traquer ces impacts dans le moindre détail ; avec une loupe, si besoin. Il en va de notre survie. La segmentation de l'environnement est propre à chaque entreprise, qui délimitera ses cadres et ses contextes en fonction de son organisation, de celles de ses concurrents face à chaque impulsion, dans un ou plusieurs cadres ou contextes. Le but étant de cadrer l'entreprise et de schématiser les paramètres qui l'affectent en vue de repérer plus tard d'une façon permanente et le plus tôt possible les graines de changement qui en émanent. L'entreprise, ses clients, ainsi que ses concurrents, sont affectés par toute impulsion émanant d'un cadre ou d'un contexte quelconque. Plus les cadres et contextes seront nombreux et dynamiques, plus il y aura de signaux à déchiffrer et de choix à prendre. L'entrepreneur est un stratège et un veilleur... au milieu de la complexité.

Il reste à la direction de présenter avec précision les zones d'intérêts qui vont être suivies en permanence par tous les collaborateurs. Ces zones d'intérêt feront l'objet de fichiers individuels qui seront alimentés régulièrement par les collaborateurs et surtout les vendeurs et les acheteurs qui, ayant accès à un réseau d'information de premier ordre à l'extérieur de l'entreprise sur la réalité du marché, jouent par conséquent le rôle d'antennes. Ce réseau d'information a souvent présenté en réalité une source unique d'information tant sur la clientèle et ses besoins, que sur les concurrents et leurs manœuvres. Ainsi, l'entreprise est mieux disposée à repérer en permanence les graines de changement. Les fichiers communs facilitent l'accès de la direction générale à ce flot d'informations, dont il faut maîtriser l'essentiel. Ce flot va éclairer et participer à la prise de décision des dirigeants. Ce processus peut aussi bien éclairer la stratégie en cours d'implémentation que signaler toute impulsion de changement.

Ainsi, par exemple, nos rapports de ventes contiennent des zones relatives à chacun des concurrents et aux produits de substitution. L'information repérée par le vendeur est vite traitée sur ordinateur et facilite l'accès tant au directeur des ventes qu'au directeur général. Il revient à chaque entreprise de concevoir le flot qu'elle juge opportun. Il se peut que, à la suite de tous les rapports, le directeur des ventes fasse une synthèse qui alimente les fichiers en question.

Le directeur général gagnerait à "ouvrir les oreilles" autant que possible et à écouter en permanence ses collaborateurs en contact direct avec le marché.

3. Le face-à-face avec la complexité

Ayant évoqué l'environnement de l'entreprise qui permet, ou pas, la prise de décision du dirigeant, il faut à présent entrer dans la complexité de la création du mécanisme. Celui-ci analyse toutes les options possibles de développement de mise en place d'une stratégie digne de ce nom. Il propose des combinaisons qui reflètent la multitude des choix dans la globalité de leurs paramètres.

Cette partie vise la complexité. En fait, il s'agit d'intégrer, à un moment déterminé, tous les éléments du système de gestion, qui en réalité font partie **d'un système d'équilibre général à l'instar du modèle de Leontief**[137] proposé en sciences économiques.

Cela étant dit, il nous faudrait intégrer, aussi, les buts, les variables endogènes, les paramètres exogènes et les résultats ou choix.

Le modèle interactif (de Leontief), en résumé, est un système capable de canaliser toutes les informations et le champ des possibles, dans tous les cadres externes de l'entreprise, afin que celle-ci puisse progresser vers ses buts et localiser de nouvelles opportunités. Chaque impulsion affecte l'équilibre général et nécessite une nouvelle adaptation de la part de l'entreprise.

L'entreprise communique avec son environnement externe à travers plusieurs éléments tels que le prix de vente de ses produits et de ses services, de leur quantité, des achats de matières premières et de fournitures, etc. Puis, il nous faut ajouter les acquisitions de biens et les investissements, les facilités bancaires et financières, l'embauche et la gestion de la main-d'œuvre, sa formation, l'adaptation aux lois et aux réglementations en vigueur, les politiques sociales etc. Tous ces éléments présentent soit des possibilités, soit des contraintes à l'entreprise. Celle-ci peut examiner tout son environnement externe en

[137] Wassily Leontief (1906-1999) : Né en Allemagne, ses racines sont russes. Il a fait une partie de ses études d'économie à Leningrad, il y a un siècle. Il a obtenu son doctorat à Berlin en 1928. Il part aux Etats-Unis en 1931 où il enseigne. Il va devenir un expert en analyse industrielle, sous l'angle de l'inter-dépendance. Il va développer son fameux tableau TES : Tableau des entrée-sorties. Il a modélisé mathématiquement et économiquement l'influence des changements dans un secteur d'activité et celui des modes de consommation (input-output analysis). Pour tous ses travaux, il reçoit en 1973 le prix Nobel d'Economie. Son modèle est utilisé encore de nos jours dans le cadre de la planification économique et dans le cadre de l'analyse des effets d'un changement important de la consommation ou de la production d'un bien. Les études sur les conséquences économiques de l'épuisement d'une matière première sont souvent basées sur son modèle input-output.

l'occurrence ses marchés, ses ressources, son appareil productif, ses fournisseurs, ses technologies, ses concurrents etc.

Nous cherchons dans cette partie à établir les liens entre les composantes de cet équilibre général sans tenir compte des décalages de temps, et des durées. Nous visons à créer un système d'analyse global afin de pouvoir quantifier les divers choix et, donc, de répondre à la complexité.

L'action d'un groupe de personnes formant nos entreprises est d'autant plus convergente que les choix sont clairs et indicatifs ; et que, tous les facteurs qui pourraient intéresser certains acteurs en particulier soient clairement pris en considération dans l'analyse par toute l'équipe.

4. La complexité et les marchés

La complexité est présente dans les marchés. Ce qui veut dire que là encore, le sujet réclame de l'analyse fondamentale, de l'expertise et de la veille. Au départ, l'analyse paraît simple. Pour chacun de ses produits, le chef d'entreprise regarde, comme le lait sur le feu, la demande tributaire entre autres du niveau des prix. A chaque niveau de prix correspond une quantité que l'entreprise pourrait vendre. Elle peut, donc, avoir un ensemble de combinaisons de prix et de quantité qui sont possibles. Chacune de ces possibilités reflète une certaine "qualité" du produit. Un prix fort peut être dû à une qualité supérieure. Ainsi chaque combinaison représente une qualité déterminée, ou un palier. Notons ici qu'un lien certain existe entre les niveaux de qualité et l'image de marque qui en découle. Cela fait partie, d'ailleurs, des objectifs de l'entreprise.

Voulons-nous pourvoir à tous les besoins du marché ou répondre, seulement, à une partie ? Voulons-nous, nous limiter au haut de gamme ou aux grands volumes ? A chacune de ces questions, les sujets de segments et de prix, de volumes, se posent dans leur complexité.

Mais, le sujet ne s'arrête pas là. Ce serait trop simple.

Car de plus, ces combinaisons de prix et de quantité sont aussi fonction du crédit accordé à la clientèle. Pour un même niveau de prix et de qualité les volumes de ventes peuvent aussi varier avec les possibilités de crédit offertes à la clientèle. Il faut financer la croissance, il faut financer l'acte d'achat. Il faut investir dans la recherche.

(Ouvrons cette parenthèse et refermons-la vite : au sujet des possibilités de crédit et de financement, l'entreprise doit pouvoir en assumer le risque.)

L'important pour nous, chef d'entreprise, est non seulement d'identifier les combinaisons pertinentes, mais aussi de relier ces variables aux différentes composantes des buts. Ainsi chaque combinaison de prix et de qualité représente une part du marché que nos entreprises ont ciblé. C'est une des composantes des buts. De plus à chaque combinaison correspond un positionnement vis-à-vis de nos concurrents directs. C'est pour cela que le sujet devient complexe.

Comme nous avions suggéré de placer le client au centre de l'entreprise, il faudrait alors établir un réseau d'information plus poussé qui puisse anticiper ses besoins. Ainsi, sa demande pour les produits de l'entreprise va dépendre des conditions du marché du client même, tant de ses besoins quantitatifs réels que de son pouvoir d'achat.

Pour nous, par exemple, pour un fabriquant de carton ondulé dont une partie significative de sa clientèle provient du monde agricole, la demande du secteur agricole en termes d'emballage va dépendre du volume de la récolte, des conditions financières des exportateurs et, aussi, des conditions des marchés d'exportation. Un fabricant d'emballage en carton ondulé est d'autant mieux placé qu'il peut dresser le bilan de ces paramètres et anticiper, également, leur condition future. Mais, ce n'est pas si simple. En d'autres termes, il doit connaître l'environnement de son client.

N'oublions pas, une fois encore, l'impact des produits de substitution, dont nous avons, déjà, parlé.

Chaque combinaison reflète, ainsi, un positionnement vis-à-vis de ces produits.

Aussi, chaque politique de marketing nécessite un comportement déterminé, donc un palier de prix et de quantité vis-à-vis des produits de substitution.

Par exemple, si nous reprenons notre exemple sur le plastique, il est impératif au producteur de carton ondulé d'être proactif vis-à-vis du plastique qui, au Liban, a conquis le marché des agrumes nous faisant perdre ainsi un marché substantiel de plus de cinq millions de caisses par an.

De plus, l'emballage plastique cherche à pénétrer d'autres marchés. Bien que le « plastic bashing », couronné plus tard par la PPWR, la Paper Packaging Waste Regulation[138], ait mis un frein en partie à l'invasion du plastique comme solution d'emballage, encore faut-il que cette directive s'applique aussi au Liban. Pour l'entreprise de carton, son action relative à ce qui pourrait être une graine de changement est déterminante : cherchera-t-elle à saisir elle-même cette opportunité en se développant sur ce secteur ou cherchera-t-elle à combattre cette menace en réduisant, peut-être, les prix, en modifiant la qualité ou en

---

[138] La PPWR est une proposition de loi européenne visant à réviser les règles actuelles relatives aux emballages et aux déchets d'emballages applicables dans l'Union européenne. Auparavant, le principal cadre réglementaire était la directive relative aux emballages et aux déchets d'emballages (PPWD), adoptée dans les années 1990. En 2022, la Commission européenne a proposé de réviser cette directive constatant qu'elle n'avait pas eu l'effet escompté. En 2024, l'adoption définitive du règlement européen sur les emballages et les déchets d'emballages (PPWR) est considérée comme "une avancée majeure pour l'économie circulaire au sein de l'Union européenne". Il s'agit d'harmoniser les obligations relatives aux emballages des Etats, des fabricants et des distributeurs. Parmi les objectifs : celui de recycler tous les emballages d'ici 2030.

augmentant les crédits ? La question se pose d'autant plus si le tout est mis en place afin de réduire l'offre concurrente des produits de substitution, en gênant les nouveaux concurrents et en les combattant à leur propre phase de développement.

Que fera l'entreprise qui après avoir lancé un plan d'action se voit confrontée plus tard à une percée imprévue de la part d'un concurrent ou d'un produit de substitution ?

Il est certainement très difficile à l'entreprise de cerner cette réalité fort complexe, mais lui est-il plus salutaire de l'ignorer ?

C'est ainsi que l'équipe de vente entre en jeu. Son rôle est d'identifier les possibilités pertinentes, ainsi que leurs répercussions, soit sur les buts si la relation est directe, soit sur des paramètres même qualitatifs qui font partie des composantes des buts de l'entreprise.

L'équipe de vente va, alors, sonder en permanence les conditions du client, des concurrents et des produits de substitution. Elle va en informer le dirigeant qui sera à l'écoute. Elle va lui proposer des manœuvres qui vont dépendre d'un remaniement du produit, des prix, des crédits et des promotions. Son apport ne se limite pas à simplement vendre la quantité prévue dans le plan d'action comme l'entendait la démarche traditionnelle…

4.1 La complexité et la fonction vente

La fonction vente ne peut pas optimiser toute seule les objectifs de l'entreprise. Mais, elle est un relais d'action, d'information et de réflexion pour l'aide à la prise de décision du dirigeant. Elle remonte du terrain un paquet d'informations qui pourrait être rejeté par les autres services, si, par exemple, le niveau de ventes exige un financement supérieur aux facilités actuelles, ou un niveau de stock plus élevé que les matières premières disponibles. Ou même que le niveau de vente soit le plus bas possible pour permettre une rentabilité, après déduction des prix fixes, relativement élevée à ce niveau. La fonction vente peut réaliser un arbre de décisions qui retrace, face aux contraintes, les choix possibles et les résultats équivalents.

Après avoir bien étudié les contraintes et les opportunités, la fonction vente sélectionne les possibilités d'après les besoins du marché, le pouvoir d'achat du consommateur, la concurrence, le comportement de l'entreprise dans ce marché, les possibilités des prix dans chaque cas, les crédits accordés à la clientèle, etc. La fonction vente doit-être à même de présenter des offres de prix et de quantités différentes, après les avoir étudiées en corrélation directe avec le client et le marché. Elles sont, aussi, évaluées en lien avec la politique de crédit de l'entreprise. Chaque choix implique un positionnement qui se refléterait sur une ou plusieurs composantes des buts de l'entreprise.

Ainsi, un prix de vente très bas pourrait indiquer une image de marque identique. Une quantité réduite, elle, impliquerait une part de marché aussi réduite. Si l'entreprise accorde beaucoup de crédit à sa clientèle, elle pourrait être obligée d'assurer des facilités bancaires qui dépasseraient les préférences de ses actionnaires en termes de risque.

4.2 Du côté de la production

Le choix de l'outil de production n'est certainement pas fortuit. Il est clef et dépendra de la qualité et de la quantité du produit que l'on veut proposer à la vente, de la technologie en cours et de son automatisation. La solution manuelle devant être privilégiée pour l'artisanat d'art, par exemple, en raison de la forte valeur ajoutée exigée, du luxe recherché. Il faut, bien entendu, calculer le coût unitaire, l'investissement nécessaire tout au long de la création de la chaîne de valeur. Au final, le grand patron regardera le seuil de rentabilité et le résultat net après impôt.

Ainsi, l'investissement dans l'outil de production étant clef, il en va, également, de ses capacités futures. Diverses combinaisons stratégiques au niveau du choix de l'équipement lui-même s'offrent déjà à l'entreprise, sans mentionner les autres possibilités de la sous-traitance et des partenariats.

Il faudrait indiquer que le choix optimal de la manière d'organiser l'appareil productif ne peut se limiter aux seules considérations de cette fonction. Cet optimum dépend des paramètres qui se présentent dans d'autres fonctions, ainsi que de leur impact sur les objectifs globaux de l'entreprise.

La configuration de la production est aussi cruciale surtout pour une entreprise qui se lance. Le choix de la technologie n'est pas simple face aux diverses configurations possibles. Tout commence par l'anticipation des volumes actuels et leur évolution future. Une fois ces volumes connus, l'entreprise choisit la technologie appropriée. Elle passe, ainsi, à la petite série configurative qui déterminera la grande série en mode industriel.

Dans l'industrie du carton ondulé, elle pourrait, ainsi, décider d'avoir un équipement à volume déterminé, qu'elle ferait tourner en 3 shifts (tranches horaires). Ou bien, un autre équipement qui produirait ces quantités en 1 seul shift. Bien sûr, les investissements, le nombre des opérateurs, et par conséquent le coût de production est différent. Aussi le potentiel de chacun de ces équipements à accompagner la croissance est aussi différent. Ces différents choix de technologie varient beaucoup en termes d'investissement. Un parc machine peut varier du simple au double, voire au triple. Il est important de considérer ce choix en fonction de sa transversalité totale et des possibilités de son évolution dans le temps.

Le CHT permet, aussi, de calibrer toute l'équipe de production, en fonction de l'évolution de la production. Cette dernière n'est, jamais, figée dans le temps.

4.3 Du côté des approvisionnements

Les stocks sont, parfois, les parents pauvres de nos entreprises, alors qu'ils devraient être nos trésors. Leur gestion demande un soin des plus attentionnés. Les approvisionnements présentent l'état des stocks actuels et les possibilités d'acquisitions futures ainsi que les détails nécessaires à leur réception et à leur reconstitution.

La qualité du produit exige, aussi, des spécifications précises quant à la matière première. En réalité plusieurs sources et variétés sont possibles. Ainsi, le *strategic sourcing* en est la clef. Généralement, les fournitures de matières premières dépendent du volume considéré. Les approvisionnements devraient présenter ces options qui varieraient d'une politique de juste-à-temps, à celle d'achat par volume substantiel mais moins fréquent.

L'acquisition des besoins de la production en un seul lot peut conduire à des économies importantes, sur l'année. De plus, généralement, l'entreprise peut avoir des conditions de fret bien différentes, dépendamment de la fréquence et du volume des lots. Ces éléments s'ajoutent au coût unitaire de base et affectent le prix de la matière première d'une manière sensible. De plus, nous pouvons considérer le volume de chaque lot, car le prix du transport peut être influencé par le volume transporté. La fonction soumet les possibilités d'achat et de réception qui se présentent.

4.4 Du côté des fonctions supports

Rappelons que les finances interviennent sur un double plan. En premier lieu, chaque niveau d'opération implique des facilités financières propres avec des charges financières correspondantes. En second lieu, les finances présentent une limitation aux choix possibles, quand les besoins financiers dépassent les facilités accessibles. Dans un cadre à long terme la fonction financière présente tous les champs des possibles telle qu'une augmentation de capital, des emprunts bancaires à long terme, l'émission d'obligations à terme ou le recours au leasing.

Les ressources humaines, autre fonction support, sont le capital humain de nos entreprises. Elles sont le capital le plus précieux. Elles sont, également, un trésor dont il faut prendre le plus grand soin. Ce sont elles qui opèrent la continuité, la croissance et la pérennité de nos activités. Elles collaborent, également, avec le dirigeant au plan, à la stratégie et à la vision. Avec elles, il ne s'agit pas seulement de former, de gérer, de prendre soin, de recruter et de rémunérer. Il s'agit, aussi, de leur donner la culture qui simplifiera leurs tâches quotidiennes. Simplifier face à la complexité, c'est tout l'enjeu du dirigeant, qui souhaite insuffler les valeurs de bienveillance et de bien-être, afin de les accroître et de les transmettre.

Quant aux services administratifs, ils procèdent à la bonne administration et gestion de notre activité. Ils font partie des frais fixes et généraux de l'entreprise.

Quand les niveaux d'opération nécessitent des structures différentes et, donc, des coûts fixes différents, ces paliers seront distingués avec leurs frais correspondants. Ces frais sont fixes pour chaque niveau mais varient avec les niveaux. Les divers choix reflètent directement les buts de l'entreprise : si elle voulait se développer vers une croissance, elle pourrait envisager la préparation de ses futurs cadres et se structurer en fonction des nouveaux besoins qu'elle pourrait anticiper.

5. La vision stratégique et la démarche opérationnelle

Cette partie du *CHT integrated management* se base sur les concepts de planification richement couverts par la littérature. Nous avions décrit plusieurs approches qui permettaient l'implication d'un plus grand nombre de participants afin de les rallier autour de la nouvelle stratégie. Cette stratégie représente le plan d'action de l'entreprise en temps T0, pour la période couvrant la durée de ce plan.

Le modèle interactif de base permet, toutefois, une meilleure quantification des choix envisagés, ainsi que l'incidence des diverses possibilités sur chacune des composantes des buts de l'entreprise. Le système d'aide à la décision permet, ensuite, de réduire davantage le jeu de pouvoir entre les différents acteurs, les aidant à se ré-aligner et à faire converger leurs options. Les deux dimensions, hommes et complexité, seraient ainsi en meilleure harmonie. La nuance qu'apporte le CHT provient surtout du facteur temps.

La démarche traditionnelle consiste à établir un plan d'action pour une période déterminée et à dépendre implicitement des notions de culture et d'identité pour couvrir le très long terme : le CHT propose que l'entreprise planifie en temps T0 aussi loin que possible dans le futur (5, 7 ou 10 ans). Si elle le peut à ce stade, l'entreprise se fiera à une combinaison d'approches, afin d'établir son plan stratégique pour la prochaine période et planifiera à l'avance aussi loin que possible dans le temps.

Il s'agit de mettre en place le premier alignement stratégique.

Si l'entreprise peut établir son scénario déterminé, ce plan serait le LTSC (Long Term Strategic Cycle) qui pourrait s'étaler sur cinq ans et plus. Il pourrait, ainsi, correspondre au « strategic intent » de Prahalad et Hamel, ou bien à la « locomotive stratégique » de Kepner et Tregoe. Ce plan est, ensuite, segmenté en plusieurs plans à court et moyen-terme : le STSC (Short Term Strategic Cycle), qui seraient établis en fonction du premier facteur contraignant (par exemple, la hausse de l'énergie, l'arrivée d'un outsider, ou une annulation de commande) correspondant à cette période.

La durée de ce plan pourrait être similaire à celle qui limite l'action de l'entreprise dans un délai juridique. Par exemple, il pourrait être question dans le cas d'un mandat du conseil d'administration, de celui d'un PDG, de la durée de construction d'une usine ou de la validité de la demande d'autorisation d'exploitation dans un nouveau secteur d'activité.

L'objectif est de choisir le délai d'une façon non-arbitraire, mais dépendamment d'une contrainte réelle importante qui, de ce fait, sera connue de tous. Elle fixe ainsi son premier STSC (Short Term Strategic Cycle), le STSC1. Cette échéance peut, aussi, devenir un moyen de communication avec les actionnaires et la communauté financière. A défaut de grands changements qui feront l'objet d'une analyse et d'un remaniement de ce plan, donc, des buts, rien ne change pour les personnes concernées. Notre approche vise à ce que nous soyons en train d'appliquer un plan, le STSC1, et de préparer le second, le STSC2, le tout sous l'ombre générale du LTSC.

Le feed-back permanent permet d'évaluer la phase d'implantation. Dépendant en cas de changement et de l'ampleur du changement, il pourrait soit être pris en considération pour le prochain plan qui est en gestation, soit nécessiter un remaniement du plan en cours et faire l'objet de la procédure qui permet de remettre en cause le plan actuel dans les plus brefs délais.

On le comprend, dans cette démarche l'entreprise a segmenté son plan d'action à très long terme, en plans stratégiques de plus courte durée dépendants du premier facteur contraignant. De plus, elle a fixé tous les éléments du premier plan. Au cours de ce processus, le feed-back lui permettra, comme nous le verrons plus loin, de modifier ses plans.

A partir de ce moment-là, l'entreprise prend en charge son avenir aussi éloigné que possible dans le temps et non pour une période arbitraire. L'enjeu consiste à avoir des plans toujours acceptables suivant l'évolution des conditions extérieures de l'entreprise.

De cette façon, l'entreprise opère d'une façon proactive, ce qui dépasse la simple application d'un plan stratégique déterminé pour une période spécifique.

Ainsi, la portée de la prochaine échéance évolue au fur et à mesure que l'entreprise avance dans le temps, ses plans sont, alors, glissants, et avancent aussi au fur et à mesure que le temps progresse. Une fois ce choix stratégique fait, l'entreprise passe à son implémentation. Ils sont mis à jour des lors qu'il y a des raisons de les modifier, et reconduits ou réalignés pour la prochaine période.

6. Comment intégrer la stratégie aux opérations ?

Dans ces conditions, le système d'aide à la décision et les plans, tant stratégiques qu'opérationnels, permettent à tous les collaborateurs, de converger leurs actions. Et ceci, à la diligence du *synchroniseur* ou du coordinateur, qui est, tout simplement, la plupart du temps, le directeur général.

Tous les collaborateurs doivent participer à faciliter la prise de décision du dirigeant. Il est bon de le rappeler. Mais seul le directeur général, en tant que synchroniseur du comité de direction, peut trancher parmi les choix possibles. Car, il est le seul à pouvoir faire l'arbitrage entre plusieurs choix possibles. C'est en tout cas son mandat et sa responsabilité.

Le modèle CHT permet d'évaluer, parmi plusieurs options, le plan d'action que l'équipe dirigeante et les collaborateurs choisissent de mettre en œuvre. Dans un environnement stable, au début de chaque période où les variables peuvent être estimées avec des calculs de probabilité, l'entreprise peut opter parmi tous les choix possibles, pour ajuster le plan d'action couvrant la période en question. Dans ce cas, chaque fonction agit suivant le plan qui en découle et en fonction des données. L'entreprise espère que les probabilités affectées en début d'exercice se matérialisent tout au long de la période et que les résultats prévus soient atteints. C'est le cas, ce devrait être le cas, de toutes nos entreprises.

Le modèle peut, aussi, être utilisé pour dégager plusieurs scénarii. Et, il vaut mieux qu'il en soit ainsi. A travers ces exercices, l'entreprise évolue en se réadaptant aux nouvelles situations prévues suivant ces divers scénarii. C'est dans ce cadre, dans cet esprit, nourrit de cette culture, que l'entreprise pourra faire face à des situations imprévues. Ces dernières résultant de l'environnement externe et/ou interne.

On l'a vu, dans un environnement stable, l'entreprise établit des budgets commerciaux, des budgets de production, des budgets d'investissements qui découlent du STOC (*short term operating cycles*) et de LTOC (*long term operating cycles*) clairs et immobiles. Elle peut dégager des seuils de rentabilité relatifs à chaque version. Elle peut, aussi, calculer sa rentabilité, prévoir ses disponibilités financières et projeter ses bilans. Elle peut, surtout, préétablir les buts que chaque fonction devra atteindre. Dans le cas où la stabilité de l'environnement subit quelques rares secousses ou des changements limités, le modèle permet à l'entreprise de continuer à progresser harmonieusement vers ses buts. Chaque responsable connaît parfaitement ses buts et établit sa ligne d'action. Dans ce cas le LTSC et le LTOC sont aussi prédéterminés et très rigides.

Au Liban, il existe une réalité que nos entreprises connaissent bien : la stabilité s'éclipse vite pour laisser l'entreprise se débattre dans une turbulence qui fait que les actions préétablies (telles que les objectifs de rentabilité dans un budget) ne seraient pas atteints si le moindre des paramètres utilisés changeait durant l'exercice, comme c'est souvent le cas en réalité. En général si la ligne d'action n'est pas changée au cours de l'exercice, la Direction justifiera en fin d'exercice toute variation des valeurs préétablies comme résultant de variations imprévisibles des conditions du marché.

6.1 Une nouvelle démarche stratégique

Le système CHT repose sur une nouvelle démarche qui met le curseur de la gestion du temps au départ sur le quotidien, puis, de la semaine, du mois, du trimestre, du semestre, de l'année, et aussi loin que possible dans le temps. En effet, la vie de nos entreprises est rythmée par un agencement de cycles opérationnels et stratégique à la fois holistes et spécifiques, qui s'intègrent à chaque instant. Ces cycles sont établis en fonction du premier facteur contraignant.

Redonnons un exemple de ce qu'est un premier *facteur contraignant*. Il peut s'agir du temps qui s'avère nécessaire, incompressible, pour reconstituer le stock de sécurité des matières premières disponibles. Au niveau stratégique, il pourrait s'agir, par exemple, du mandat du conseil d'administration, donné au directeur général et qui prendrait fin. Ou bien, de la durée nécessaire pour la mise en service d'une nouvelle machine industrielle qui remplacerait celle devenue obsolète.

Le cycle de production est majeur dans la plupart de nos industries. Nos entreprises y sont soumises en fonction de la saisonnalité des ventes. Elles savent qu'elles ne doivent pas produire plus de volume en fonction de certaine période. Elles doivent gérer le temps de production, comme si des changements, des imprévus ou des turbulences allaient frapper à sa porte de façon plus ou moins fracassante. Elle ne doit pas faire la fine oreille. En cas d'imprévu majeur, elle est amenée à réduire, réellement, sa production. Une fois son cycle de production établi, seul le directeur général peut modifier la donne.

Dans cet esprit, tous les collaborateurs s'activent, sont à l'affût, et veillent pour observer les premières graines de changement qui viendront perturber le cycle de production. Leurs observations seront nécessaires dans le cadre du nouveau cycle de production qui suivra le premier. Si, par contre, ce changement nécessite une vraie rupture, un arrêt de la production, par exemple, de nouveau, seul le directeur général prendra la décision au niveau opérationnel. Cette décision entraînera des conséquences au niveau stratégique. Ce qui implique que le conseil d'administration en soit informé.

Ce mode de fonctionnement permet de tenir compte de toutes les données, de leurs changements et de leurs conséquences. Il permet surtout à toute l'équipe d'être en phase au fur et à mesure que le temps avance, en tenant compte de ces cycles qui sont glissants.

Rappelons que les conséquences du changement pourraient même être une source d'opportunités. De cette façon, toute l'entreprise agit en groupe entrepreneur avec l'objectif de répondre en même temps aux défis opérationnels tout en s'intégrant dans une vision stratégique remise à jour.

Cette vision stratégique est elle-même réajustée. Tels sont les principes du CHT.

6.2 Un modèle pour optimiser

Rappelons que, face aux changements et aux turbulences, les entreprises ont des réactions différentes. Elles se voient confrontées à :

- Une réaction plate ou très lente de ses équipes, qui se répercutera sur les résultats finaux en d'importants écarts. Là, on parle de l'absence de synchronisation, de responsabilité et de solidarité.
- Une adaptation très dynamique, mais délicate, car elle demande une forte synchronisation au sein de l'entreprise au niveau de toutes ses fonctions. Chaque directeur, manager, pourrait s'adapter seul au changement qu'il perçoit chez lui uniquement. Il pourrait, à défaut de l'intégration globale de l'action, ne pas tenir compte de sa propre interaction sur les autres fonctions. Ce manque de synchronisation fera que chacun sera désorganisé face à la turbulence externe, un changement interne s'invitant dans l'entreprise.
- Une adaptation propre à l'entreprise, qui perçoit les changements externes et conjugue les efforts afin de redéfinir les nouveaux buts, s'il y a lieu de les changer. Elle synchronise l'action au sein de toute l'entreprise afin d'agir collectivement en développant un nouveau plan d'action. Là, on parle de forte solidarité.

L'optimum de l'entreprise n'est pas nécessairement l'optimum réalisé par chacune de ses fonctions, de ses branches d'activités, qui agissent indépendamment les unes des autres. Cette constatation a été confirmée par notre enquête (à lire dans notre prochain chapitre). Dans un monde dynamique, les conditions changent souvent et vite sans qu'elles soient pour autant prévisibles.

La turbulence affecte le fonctionnement interne de l'entreprise apportant beaucoup de stress à toute l'organisation, d'où certains besoins se font sentir : (1) La synchronisation interne, qui valorise le rôle du modérateur, et (2) le besoin de définir l'unité de temps d'action.

L'utilisation du modèle permet à l'entreprise de s'approprier le changement, de le gérer, de suivre les paramètres externes, de synchroniser les actions. Il permet les interactions parmi les composants du système. Il permet d'intégrer cette culture du changement et de la turbulence dans l'entreprise.

Le nouveau modèle optimisera les performances de l'entreprise et lui permettra de s'adapter aux nouveaux changements de l'environnement externe. Le changement est, ainsi, intercepté, analysé, assimilé et fait l'objet de réactions suivant les niveaux nécessaires.

A chaque instant, les choix à court, moyen et long termes doivent être bien définis pour toutes les équipes. Il permet, par exemple, de faire varier les paramètres décisionnels entre plusieurs mois. Il permet l'évolution harmonieuse de l'entreprise à travers le temps (surtout que l'année fiscale n'est pas nécessairement de douze mois). L'environnement turbulent produit le stress en créant des écarts au sein des buts préétablis ; mais, aussi, crée de nouvelles opportunités, qui, si elles sont saisies, permettent, non seulement, la réalisation de la rentabilité souhaitée, mais, également, de dépasser les buts préétablis et de mettre l'entreprise en position d'atteindre ses buts stratégiques et d'en établir de nouveaux.

L'entreprise assure, de cette manière, la pertinence de sa stratégie tout au long de l'évolution du temps, et en dépit du changement possible après le lancement de son plan stratégique de départ.

6.3 Une nouvelle méthode pour retrouver du sens stratégique

Toutes nos entreprises cherchent à procurer à ses actionnaires, ses fondateurs, ses dirigeants, ses salariés et ses autres parties prenantes, le maximum de rentabilité possible sur le long terme, tout en procurant à ses clients le maximum de satisfaction. Ainsi défini l'idéal, généralement le but de l'entreprise se trouve dans son activité propre d'origine (son core business). Il est incarné dans ses cadres, ses collaborateurs, ses équipes. Ces femmes et ces hommes sont le premier élément qui permet de répondre aux besoins immédiats des clients. C'est pour cela qu'il lui est possible de déceler les opportunités futures, sourcées par ses équipes sur le terrain. Et, de façon générale, il revient au dirigeant de maintenir et d'améliorer son exploitation dans son cadre actuel à moyen et long terme. Ces deux volets constituent pour l'entreprise son enjeu stratégique.

Sur le terrain, les opportunités existent et se développent. La question est de savoir comment les appréhender, comment les saisir ? L'existence de l'opportunité n'est qu'une condition préalable. Elle n'est certainement pas suffisante pour réussir à la capter.

L'entreprise qui arrive à détecter et à saisir l'opportunité avant son concurrent réussira, c'est certain. « La capter », tel est l'enjeu. Un entrepreneur seul, aguerri, véritable chasseur solitaire, pourrait saisir l'opportunité plus facilement qu'un groupe de personnes agissant en agent économique unique. Mais, seul qu'en ferait-il ? Pourra-t-il la commercialiser, la développer ? C'est pour cela que nous proposons ce système de gestion, où la femme et l'homme sont au cœur. Ne pouvant toutefois agir et réagir seule, même au niveau du directeur fonctionnel, l'entreprise moderne doit trouver les moyens susceptibles d'amasser ces opportunités, et d'agir au niveau de toute l'organisation.

Le modèle *stable* permettait à l'entreprise d'étudier toutes les possibilités offertes par le marché, en s'organisant en fonction des contraintes externes et internes. Le modèle *dynamique* n'altérera pas cette logique de base de la captation, mais le mécanisme de fonctionnement doit être réadapté.

6.4 Une nouvelle méthode qui impacte… la finance

A ce sujet, une entreprise peut, si ses moyens financiers le lui permettent, se développer dans les nouveaux secteurs repérés, et bénéficier de nouvelles opportunités de développement. Elle le fera, soit par le biais d'investissements directs, soit par celui de participations financières dans ces secteurs. C'est ce qu'a su faire avec brio, pendant plusieurs générations, le groupe Bolloré, qui fêtait ses 200 ans en 2022.

Ainsi, dans le secteur financier, l'activité accrue des LBOs (Leveraged Buy-Outs) a prouvé que vis-à-vis de la contrainte financière, l'identification du secteur ciblé, et celle du groupe de travail chargé de diriger le projet, est plus importante que la cible elle-même. Car, il faut répondre à la question du cycle de vie du produit dans son marché. Et, à celui du marché lui-même.

L'esprit d'entrepreneur, la bonne organisation et l'identification d'un bon projet ont permis à plusieurs financiers, des gestionnaires et des cadres tels que Arnault, Bolloré, Maxwell et Holmes, Musk, Smurfit, Stone, Turner, etc., de croître de façon très significative, avec des ratios que leurs moyens financiers initiaux ne pouvaient leur prodiguer.

La richesse, ou les actifs de l'entreprise, ne se limite pas, ainsi, aux biens corporels et incorporels qui sont en sa possession. Mais, elle est faite de ces valeurs sûres que sont sa notoriété sur les marchés et surtout ses compétences et ses engagements. Enfin, le rôle de l'équipe dirigeante reste clef. Le cycle de vie la concerne également.

6.5 Le rôle de la flexibilité et du temps

Plus l'environnement est dynamique, plus le besoin d'information devient primordial et leur synchronisation impérative. Le dynamisme entrepreneurial exige de nouvelles actions, ce qui implique une grande flexibilité au sein de nos entreprises. Trop de flexibilité demande une grande synchronisation afin de développer des actions communes et collectives de la part de l'organisation.

La flexibilité est nécessaire mais non suffisante. La synchronisation au sein de l'équipe dirigeante permet à cette flexibilité d'être efficiente et d'offrir, face à la turbulence externe, une cohésion interne et des actions communes.

Le remaniement des cycles ainsi que l'analyse des répercussions globales de toute impulsion ponctuelle permettent à l'entreprise de conjuguer temps et complexité. Cette congruence ne fait que faciliter le rôle des hommes que nous développons dans la partie qui suit.

L'entreprise, par exemple, prend des décisions à temps T0 pour finaliser et obtenir des résultats à temps T10 (en mois), nécessitant un agenda précis sur cette période. Or, tout changement lors de ces deux dates, fera que le résultat obtenu sera différent du résultat prévu.

Ainsi, si l'on veut vulgariser l'idée et la simplifier, écoutons cette « parabole » purement libanaise, et malheureusement d'actualité. Dans le domaine militaire, un missile de première génération tiré vers sa cible ne pourra l'atteindre que si tous les éléments, comme la vitesse du vent, ne varient pas des données calculées lors du lancement. S'il y a changement au cours de la trajectoire, le missile n'atteindra pas son but. En revanche, si ce missile est doté d'applications de contrôle et de capteurs de dernière génération, le centre de lancement n'est plus qu'un simple centre. Il devient un centre d'analyse et de commandement qui peut orienter la trajectoire afin de tenir compte de tout changement en cours de route, et rediriger le missile vers sa cible. Si la cible est, de plus, mobile, le missile pourrait, si le centre reçoit en temps réel de nouvelles informations quant aux nouvelles coordonnées, toujours atteindre la cible.

Il en va de même pour les hypothèses économiques, les options et les paramètres de gestion qui varient en cours de route dans nos plans. Si l'entrepreneur agit avec toute l'équipe comme un agent unique, mais si l'entreprise ne synchronise pas l'ensemble des informations, une action individuelle pourrait, sans doute, être efficace, mais c'est peu probable. Quoiqu'il en soit, faute de synchronisation, de grands écarts seront à constatés vis-à-vis de la cible. Si elle est touchée, c'est vraiment que le facteur chance a été déterminant, in fine.

Plus le changement est rapide et plus il devient difficile à l'entreprise de s'adapter. La flexibilité requise, tout en étant primordiale, crée des stress au sein de l'entreprise qui doit agir en agent économique unique. Mais, il ne faut pas confondre unicité d'action et de décision et rigidité. Les changements, les variations peuvent être perçues par plusieurs services de l'entreprise, tels que le service commercial et le service de la production, ou celui des achats. Mais, ils ne peuvent agir seuls, séparément.

Car dans le cas formulé précédemment une fonction ne peut maximiser seule les objectifs de l'entreprise. La décision finale doit faire l'objet d'une maximisation en fonction de toutes les contraintes agissant ensemble. Ainsi, le service commercial ne peut réduire le prix et augmenter la quantité de lui-même. Il a besoin que la production soit à même de lui fournir les données, les informations et les renseignements dont il a besoin. Il a besoin de savoir si les matières premières sont en stock suffisants, si les produits sont prêts à la vente, s'ils sont disponibles pour la livraison.

La fonction approvisionnement pourrait, de son côté, sans en informer les ventes, augmenter les stocks et produire une quantité de produits imprévue dans le budget. Financièrement acceptables, ces opportunités pourraient vite devenir une distorsion pour l'entreprise. Distorsion dont se saisiraient les concurrents entraînant d'autres pressions sur l'entreprise et ses services.

Dans le monde dynamique, le changement de chaque élément apporte de nouvelles opportunités ou présente de nouvelles contraintes.

Ainsi, le modèle suggéré permet de répondre aux trois questions suivantes :

- Comment percevoir les changements ?
- Comment agir à chaque changement ?
- Comment synchroniser et qui synchronise l'action de l'entreprise ?

On l'a vu, les mécanismes de synchronisation proposés portent sur la définition des périodes de temps dévolues à chaque action, la division des responsabilités et la répartition des tâches, afin que des décisions soient prises et exécutées suivant l'évolution des marchés en toute flexibilité et efficience.

C'est pour cela que nous distinguons, le court, le moyen et le long terme, seulement pour intégrer l'action et assurer en permanence la congruence des hommes, de la complexité et du temps dans une logique holiste. A chaque instant le flot continuel d'informations est primordial.

Notre modèle voudrait prévoir toutes les variations dans les cadres et les contextes et situer l'entreprise continuellement à travers le temps. N'oublions pas que le temps passe et que les variations sont continuelles et non pas occasionnelles. Au départ de chacune d'elles, l'entreprise a son propre rythme, son propre métabolisme. Elle fait des pauses et évalue la situation, décide et agit. Elle accélère, ralentit, et temporise. Face à ces variations continuelles, l'entreprise peut, constamment, lire les mouvements en direct, prévoir les mouvements futurs, agir et réagir sans retard.

L'entreprise, à travers chacun de ses collaborateurs et surtout ceux qui sont en contact avec l'extérieur comme les vendeurs et les acheteurs, analyse continuellement tous les environnements. Chaque impulsion l'affecte directement, ou bien affecte ses concurrents, ou les produits substituts.

Ainsi, ce modèle permet de s'assurer en permanence de la cohésion des choix opérationnels vis-à-vis de la stratégie choisie. Il permet, surtout, de revoir aussi la pertinence du choix stratégique ponctuel pris par l'entreprise. En pouvant lire et analyser en permanence son environnement, l'entreprise se dote de cette manière de moyens concrets et d'outils indispensables à toute une équipe pour agir d'une façon proactive. L'entreprise mobilise de la sorte toutes ses ressources et peut avoir l'ambition de ne plus simplement gérer les ressources mais de créer de la valeur. Créer de la valeur : tel est notre leitmotiv.

7. Après le temps de la complexité, le temps des hommes

Evoquons le rôle central des hommes. Nous en parlons sous l'angle de la répartition des tâches et sous l'angle de la motivation.

Au départ de sa création, l'entreprise forme son équipe fondatrice. Puis, elle détermine globalement les marchés qui vont lui permettre d'atteindre ses objectifs de croissance. Son conseil d'administration, de son côté, balise les voyants lumineux de ses activités, de ses cycles, de ses missions, et lui dresse le tableau de ses moyens et de ses affectations pour atteindre ses objectifs.

Aujourd'hui, si nous regardons ces vingt dernières années, il est rare de trouver des sociétés prospères qui avaient, au départ, des plans très précis, voire qui avaient programmé leur évolution.

Il est certain que les sociétés qui ont composé avec leur marché, ou répondu aux besoins de la clientèle dans des secteurs définis, ont progressé, même si elles ont dû *dévier* de leur activité initiale ou de leur zone géographique d'activité établie, et se réinventer. Parfois, l'activité initiale a disparu au profit d'une nouvelle activité : l'entreprise a pivoté[139]. L'enjeu stratégique de chaque entreprise consiste à déceler les nouvelles opportunités dans les cadres externes, et à assurer la compétitivité de l'entreprise dans son cadre primaire (ou pas) d'activité à long terme.

7.1 Le rôle des dirigeants

Le but de l'entreprise à très long terme est difficilement exposable. Le métabolisme de l'entreprise, de nos entreprises, rejoint celui des hommes, de nos dirigeants et des membres du conseil d'administration. Leur programme ? Gérer leur société selon le *short term strategic cycle* ou STSC. En général, au début de l'histoire entrepreneuriale, les activités et les agendas sont travaillés de la façon la plus précise, selon la demande des associés et des financiers. Nos entreprises définissent, exactement, leur STSC. Par exemple, il peut s'agir de la création de la première usine qui permettra de lancer la production afin de répondre

[139] Citons l'exemple d'Airbnb qui au départ, en 2008, se dénommait : Airbed and breakfast (location de matelas gonflable et vente de petit-déjeuner). Fondé par Nathan Blecharczyk, Brian Chesky et Joe Gebbia, le groupe, qui pèse aujourd'hui plus de 8 milliards d'euros, a pivoté dès 2009, vers la location d'appartements, de maisons et de chambres privées, non partagées.

aux besoins des clients. Ces derniers augmentant chaque année, jusqu'à une certaine limite, leurs demandes peuvent saturer le marché. Pour les semaines, les mois et les années qui vont suivre, le président et son conseil d'administration déterminent le STSC. Puis, les autres directeurs et les managers entrent en scène.

Ainsi à travers le temps, le STSC qui, à l'origine prévoyait une durée déterminée de, peut-être, plusieurs années, change, évolue et se transforme. Il devient un paramètre révisable pour la prochaine période. Cette révision est réalisée en fonction des impulsions et les nouvelles informations que le conseil recevra. Elle peut être continuelle.

C'est à ce moment-là qu'entre en jeu les *short term operating cycles*, ou STOC. Le directeur général est le chef d'orchestre de cette nouvelle partition du temps opérationnel. L'adage est bien connu « le président décide et le directeur général exécute et fait exécuter… ».

Le management du temps est, certainement, l'une des clefs de la réussite de nos entreprises. La gestion des cadences, des délais de livraison et des délais de règlement, permet aux dirigeants d'ajuster l'exécution des tâches. L'information nécessaire, qui peut changer le budget, le plan, la mise en place de nouveaux process, est clef.

Ainsi, le STOC pourrait être réévalué en fonction de nouveaux programmes d'investissements tels qu'ils pourraient être suggérés par le directeur de la fonction production en lien avec les directeurs des autres fonctions, ou bien aussi par les changements au niveau des marchés. Ce processus de direction se veut direct, au jour le jour. Participatif, il laisse à chacun le soin de faire passer les informations, afin que toutes les opportunités et les possibilités soient analysées.

Le temps ne s'arrête jamais. Et, l'homme, le dirigeant doit bien le comprendre. Une décision est prise suivant le premier facteur contraignant pour être exécutée durant le STSC. Cela permet à l'entreprise de recueillir toutes les informations nécessaires au prochain cycle, au niveau de l'activité ou au niveau plus stratégique de l'Operating cycle ou bien du STSC.

A travers le temps, les actions de l'entreprise, des concurrents et des marchés, n'évoluent pas par saccades, par cycles, à la fin de chaque unité de temps, entre les périodes de lancement et de bouclage. A la fin de chaque période intercalaire le tout est revu. Il est même sûr que le but ne change pas nécessairement à la fin de la période, mais le tout change continuellement. L'entreprise trouvera, en revanche, des laps de temps dictés par la contrainte minimum pour atteindre des sousobjectifs qu'elle ne peut pas constamment réévaluer et changer toutes ses options et toutes ses actions dans tous les domaines.

Nous avons établi précédemment que chaque fonction, seule, ne pouvait pas maximiser les résultats de l'entreprise. C'est pour cela que le dirigeant se transforme en chef d'orchestre qui distribue sa partition à chaque musicien, à chaque instrument. La répartition des tâches, la gestion des ressources humaines et leur adéquation à l'objet même de l'entreprise, à ses objectifs, sont clefs. La clef de voute devient le premier facteur contraignant tant au niveau opérationnel qu'au niveau stratégique.

7.2 La gestion des talents face aux opportunités futures

L'entreprise doit, également, outre la gestion des talents, suivre les entrées et les sorties de ses ressources, ses mouvements internes et externes qui la poussent à se réadapter en permanence. Parmi ses talents, il y a des pépites qui lui permettront de découvrir de nouvelles opportunités, de nouveaux managers à la fibre intrapreneuriale où la solidarité prime.

Dans les buts à long terme, la gestion du capital humain est importante, primordiale, même s'il ne s'agit pas d'avoir pour objectif la création de super PME-PMI, de super géants qui ne font qu'investir pour investir, recruter pour recruter, grossir pour grossir. Il va de soi que l'entreprise doit tenir compte des préférences de ses actionnaires. S'il est vrai qu'elle parvient peut-être à déceler les opportunités futures, elle devrait elle-même choisir de croître dans ces secteurs soit par le biais d'investissements directs soit par celui d'investissements financiers à travers la participation dans des entreprises déjà établies dans ces secteurs d'intérêt.

Le sujet de la participation versus les talents, versus les opportunités futures, serait pour certaines de nos entreprises prioritaires. Il en va de son équilibre, de sa prise de décision sur le fait, par exemple, de décider si l'entreprise doit distribuer ou non des dividendes aux actionnaires, de la participation aux salariés. Est-ce qu'il y a lieu, également, d'investir dans de nouveaux secteurs d'activité, dans une nouvelle technologie ?

7.3 Opportunité d'acquisition et rôle du dirigeant

Pour répondre à ce point, étudions le cas d'une entreprise qui peut déceler une opportunité d'acquisition parce que la cible possède plusieurs atouts dont celui d'apporter une activité complémentaire, son point faible étant la mauvaise gestion. Cette mauvaise gestion s'avère, en réalité, être un atout supplémentaire pour son acquéreur qui a fait de l'excellence de gestion l'un de ses objectifs. En l'espèce, même mal gérée, l'amélioration de la gestion de la cible représente un potentiel de création de valeur pour l'acquéreur.

Sur le terrain, guidée par l'*operating cycle* et à la vue de son acquisition à très court terme, la maison-mère va recueillir toutes les informations internes de son fonctionnement et de sa gestion à cette fin d'amélioration et de performance. Les dirigeants de la fille (la cible) remettront systématiquement à la direction générale de l'acquéreur un rapport détaillé sur les possibilités et les contraintes de gestion couvrant une période de temps convenue, qui dépendra des conditions de l'acquéreur. Cette période pourrait être d'un mois, d'un trimestre, d'un semestre ou d'un an. Il est fixé entre les parties.

Le directeur général, ou le conseil exécutif préparera les différentes hypothèses combinées telles que prévues dans le modèle interactif. Il en résultera plusieurs options, certaines idéales et réalisables, d'autres non-réalisables. Le choix opté devra être en fonction de la contrainte minimum qui varie suivant les circonstances. Mais, c'est le bon sens du dirigeant qui doit l'emporter. Son bon sens étant modelé par l'expérience opérationnelle et sa vision entrepreneuriale.

Durant ce cycle de temps de l'intégration de la nouvelle acquisition, chacun agira d'une façon fixée et préparera les éléments du prochain cycle qu'il soumettra continuellement au directeur général afin de déterminer le nouveau cycle qui pourrait être régi par d'autres facteurs et avoir une autre durée.

En cas de turbulence, ce maillage managérial transversal des opérations permet à l'entreprise de progresser en fixant des délais minimums d'action tout en permettant à l'ensemble de l'équipe de déceler collectivement les mouvements futurs de la prochaine étape. Suivant cette évolution le directeur général en collaboration avec le conseil exécutif prépare et lance le nouveau cycle. Si les données changent de façon à devoir changer d'action, le directeur général lancera un nouveau cycle en fonction de la nouvelle contrainte minimum. L'idée maîtresse est de trouver le synchroniseur entre toutes les fonctions et de déterminer un temps ou une durée d'action, une sorte de sous objectif qui, même en pleine dynamique, est fixe pour chaque fonction puisqu'il est l'optimum pour toute l'entreprise qui l'aurait choisi parmi toutes les possibilités et les contraintes de toutes les fonctions réunies.

Le directeur général aura pour tâche d'exécuter ou de contrôler l'exécution durant le *short term cycle*, le lancement du nouveau cycle, la préparation du prochain, et la présentation du nouveau en fonction du flux d'information aux niveaux supérieurs, du conseil d'administration. Il devra optimiser les affectations des plages horaires aux différents centres de profits et de coûts.

7.4 Quand la compétitivité et la concurrence bousculent les hommes et les investissements

Dans un milieu compétitif, il est évident que l'entreprise doit observer les mouvements de la concurrence, car il serait dangereux de voir les compétiteurs opter pour de nouvelles installations qui pourraient leur donner une meilleure part de marché, au regard du prix unitaire réduit qu'ils pourraient en attendre. La gestion de l'entreprise et ses décisions doivent toujours être balancées, étudiées et pesées en fonction des décisions des concurrents.

Faut-il encore les connaître ! C'est tout un art : celui de bien connaître sa concurrence. Il est important d'avoir un flot continu d'informations sur leurs activités. Il est évident que l'entreprise, dans une situation compétitive, gagnerait à segmenter davantage son marché et à trouver elle-même des niches qui l'éloigneraient de la concurrence et en feraient un leader. Une telle politique, une telle stratégie pourrait avoir pour conséquence de limiter le volume de ventes et donc le niveau des opérations. Le recto de la médaille serait un meilleur positionnement, une meilleure marge, et une meilleure qualité.

Que du bon !

Ces choix représentent une politique cohérente et stricte que toutes nos entreprises recherchent. Par exemple, elles le font par le biais d'une spécialisation dans une partie du marché segmenté, suivant la qualité produite (celle de la production de masse ou le haut de gamme) ou suivant les volumes des ventes, ou suivant d'autres critères.

Lors de son évolution, une telle segmentation pourrait conduire l'entreprise à des intégrations verticales ou horizontales différentes.

Prenons un exemple. Une entreprise de confection, qui définit son marché appartenant au secteur du luxe, se diversifierait en offrant de nouvelles prestations à sa clientèle, telles que de nouveaux produits d'un autre secteur d'activité : celui de la maroquinerie ou des accessoires (des stylos, des montres et des briquets). Une autre entreprise, dans le même secteur qui segmente son marché par produit tels que la chemiserie, les pulls, offrirait des chemises et des pulls répondant aux différentes strates du segment.

De plus, la notoriété recherchée des marques entre en jeu. Cette entrée en scène représente un coût, si l'on veut « devenir une star[140] ». Les coûts de promotion, nécessaires à cette starisation, favorisent les effets de levier qui permettent, par exemple, à de grands couturiers d'atteindre de nouveaux marchés tels que la parfumerie, les produits cosmétiques et les accessoires, etc.

Il en est de même dans d'autres secteurs d'activité comme l'ameublement, les objets d'architecture d'intérieur, la céramique, etc.

Sous l'étiquette de produits de luxe, le groupe LVMH[141] ajoute le champagne au cognac, à la maroquinerie et à l'horlogerie. Il se lance, également, dans la restauration et l'hôtellerie.

Ainsi, face à ces enjeux de croissance, l'équipe dirigeante équilibre ses priorités suivant l'utilité marginale de l'effort et des ressources, parmi tous les choix possibles.

Si son effort est payant dans l'amélioration de l'exploitation de son activité principale, elle devrait placer la part la plus importante de ses ressources dans ce domaine plutôt que dans la recherche de l'évolution future des activités adjacentes. Ces choix se feront suivant le positionnement du produit dans son cycle de vie.

Les efforts et les ressources nécessaires pour repositionner un produit ancien, lancer un nouveau produit ou service, d'une phase à une autre, serait peut-être plus rémunérateur dans d'autres secteurs. L'entreprise choisit entre ces nouvelles possibilités et la possibilité de vendre cette activité ou de la pivoter. Notre modèle permet l'étude de toutes les possibilités et présente des choix qui seront triés par des facteurs de pondération ou par la contrainte saillante du marché, des hommes et du temps.

Tout un mouvement stratégique peut être initié par une simple impulsion captée par un collaborateur qui excelle dans son cadre

---

[140] Propos de Jacques Séguéla (1934-), publicitaire, homme de communication, co-fondateur de l'agence de communication RSCG; puis, vice-président d'Havas. Il a pour habitude de *stariser* toute nouvelle idée, tout nouveau produit, tout nouveau service. Il est, aussi, l'auteur d'une vingtaine d'ouvrages sur la communication, la politique et la publicité.

[141] LVMH : groupe familial dans le secteur du luxe, fondé par Bernard Arnault en 1987. Il est né de la fusion de Moët Hennessy et de Louis Vuitton. Leader mondial, il regroupe, aujourd'hui, près de 80 marques, distribuées dans plus de 6 000 boutiques à travers le monde. Avec plus de 200 000 collaborateurs, il réalise un chiffre d'affaires 2023 qui tutoie les 90 milliards d'euros.

opérationnel habituel. De l'entrepreneur unique, l'entreprise évolue vers le groupe entrepreneur, vers l'intrapreneuriat, concept que l'on retrouve, de nouveau et pleinement, ici. Car, c'est grâce aux hommes et à leurs talents qui excellent, grâce aux mécanismes de gestion, que nos entreprises peuvent saisir les opportunités. Cette culture, ce dynamisme, cet esprit, qui sont les valeurs de l'entreprise, tout cela lui permet d'affronter le jeu de la concurrence, et de se préparer à affronter les turbulences.

Le processus de gestion est participatif, communicatif et total. Le dirigeant devient solidaire, il n'est plus enfermé dans sa tour d'ivoire. Il n'est plus un leader solitaire, esseulé au sommet de sa tour, contemplant seul son marché qui s'étend à perte de vue. Administrant, gérant et développant ses activités, ses collaborateurs, son entreprise, ses clients et ses concurrents. Tous participent à la vie de l'entreprise et à son développement.

Au Japon, par exemple, cet esprit de la solidarité couplé à celui de la responsabilité et de la loyauté est très fort. Dans l'industrie, les pratiques japonaises qui consistent à sonder les simples opérateurs des chaînes de production, et de les faire participer en amont aux processus et procédés de fabrication, se sont avérées non seulement motivantes pour tout le personnel, mais elles ont permis, également, à l'ensemble de gagner en productivité. De cet arbre, de ce tronc commun, de cette solidarité, sont nés de beaux et bons fruits, comme les nouvelles techniques internes de fabrication, le lancement de nouveaux produits et de services innovants.

En outre, et sur un plan plus macro-économique, les nouveaux instruments financiers tels que les *junk-bonds*[142] (les convertible bonds et les mezzanines financières) et les nouvelles pratiques du *just-in-time*[143] ont révolutionné beaucoup d'industries et beaucoup de secteurs.

L'entreprise, forte de ses mécanismes de synchronisation interne, est, aussi, flexible dans le cadre de ses opérations et profite de ses antennes pour préparer son évolution.

---

142 *Junk-bond* : il s'agit d'obligations spéculatives "pourries" (risquées), dans sa définition stricte. Elles sont utilisées dans le cadre de levées de fonds, de LBO, etc. Ce marché financier a connu plusieurs crises, dont la plus célèbre est celle de l'Etat grec, en 2010.

143 *Just-in-time* : le "juste-à-temps" est une technique de gestion de la production, du stock. Il s'agit de produire en fonction de la demande, et non plus de l'offre qui est mise sur le marché. On oriente, ainsi, les moyens de production vers la fabrication instantanée des produits, à la demande.

Citons d'autres exemples, qui nous sont, peut-être, plus familiers.

Personne ne se serait douté, il y a vingt ans, que Pierre Cardin associerait son nom au prêt-à-porter, aux cosmétiques, à la parfumerie, à l'ameublement et aux cigarettes ; ou que Procter and Gamble associerait les détergents à la couche-culotte des bébés, aux célèbres Pampers. Il en est de même pour ITT, dans la téléphonie, qui a investi dans la communication, l'assurance et l'hôtellerie, et d'autres activités très éloignées de son cœur de métier.

Chez le célèbre Bic, ses fameux stylos à bille ont vu les premiers rasoirs jetables remplir les rayons des magasins de la grande distribution et du bien-être dans les années 1994. Avant, il y a eu son expansion en Europe de l'Est, à la suite de la chute du Mur de Berlin et la disparition de l'ex-URSS. En France, la société se lance, également, dans les sports de glisse.

Quant à Samsung, savez-vous quelle était sa première activité ? Son fondateur a démarré dans le décorticage du riz et le négoce de flétan séché, à la fin des années 30 !

Dans le cas de Cardin, c'est évident, l'avantage compétitif résidait dans l'effet de levier qui permettait de profiter de la notoriété de la marque dans d'autres secteurs. Une marque très personnelle !

ITT avait une équipe dirigeante entreprenante dotée de moyens financiers considérables qui s'accumulaient au fur et à mesure de ses réussites. Bic tablait sur son image de marque très forte, et sur sa maîtrise du concept du *jetable* qui avait conquis plusieurs générations de consommateurs. Et, Samsung, en pleine Corée occupée par les Japonais, est très vite devenue la première entreprise de son pays, 7 ans après sa création. C'est vrai, au-début, à la place de ses ordinateurs, de ses smartphones et autres produits électroniques, le fondateur Lee Byung-chul vendait du poisson, du sucre et du textile. Il était, aussi, dans l'immobilier.

Pour ces groupes qui font rêver tout entrepreneur, il s'est révélé payant de suivre une *consumer oriented strategy*. Mais, aussi, a-t-il fallu qu'ils aient eu, en temps opportun, les mécanismes de gestion qui leur ont permis de jongler dans tant de secteurs et de marchés, soit par la production, la distribution, la sous-traitance ou une combinaison de toutes ces possibilités. Il faut y ajouter des moyens financiers considérables propres, par emprunts, en utilisant le leasing, le franchising. Il a fallu, aussi, se structurer, passer par des joint-ventures, et des acquisitions.

Du côté des ventes, par la vente directe, par la vente par catalogue, en offrant des services financiers dans des grands magasins, etc. Autant de possibilités que de moyens !

Les opportunités existent et elles sont nombreuses. Elles se présentent et se créent dans les cadres et des contextes bien précis. C'est à l'entreprise de répondre aux contraintes et de saisir ces opportunités. Bien entendu, nous, les hommes clefs de nos entreprises, nous devons être aux avant-gardes.

7.5 Le rôle de chacun est important

Communiquant avec son environnement, l'entreprise assimile ses flots d'informations au quotidien. Par ses mécanismes de synchronisation, elle est devenue, effectivement, flexible ou agile diront les start-ups. Forte de ces mécanismes et de ces antennes elle agit en groupe entrepreneur. Elle développe la culture intrapreneuriale au sein de ses services. Elle consolide sa position dans son cadre primaire sur la durée du long terme, et saisit les opportunités sur le court et le moyen terme, qui vont impulser, telles des notes de musique sur une partition, ses mouvements stratégiques futurs. Le choix de la politique de l'entreprise, parmi tant d'autres, implique une communication interne précise qui englobe tous ses collaborateurs, sans exception. Le rôle de chacun est important, répétons-le. Le rôle de chacun comme observateur de son environnement est vital. Le collaborateur-observateur est, ainsi, un guetteur, un veilleur. En haut de son mat, de celui de sa connaissance et de son savoir-faire, de son expérience, il observe tout. La priorité est de rapporter ses observations et suggestions. Son action ne peut pas être ponctuelle, elle ne peut optimiser le tout. Mais, elle se réalise au fil de l'eau, du temps, du court et du moyen terme.

C'est en son sein, que notre entreprise, nos collaborateurs trouvent la motivation nécessaire qui ne souffre pas de cette limite de l'action unique, immédiate. Chacun sait qu'il fait partie d'une équipe entreprenante, qui se développe et offre la possibilité de donner libre cours à son développement personnel, ce que ne peut lui offrir une équipe stagnante, le regard tourné vers le passé, qui lui limite toute expansion. L'entreprise a intérêt à considérer chacun de ses membres comme un élément vital de son expansion future puisqu'il a acquis, en plus de son expérience technique, l'esprit de l'entreprise. Et, qu'il en connaît le moindre de ses rouages fonctionnels, dans une organisation qui se veut homogène, efficiente et efficace. C'est ainsi qu'avec le fonctionnement des cycles, l'entreprise avance harmonieusement à travers le temps. Par conséquent, le conflit *stratégie* versus *opération* est résolu puisque les choix sont faits en prenant conscience des impacts globaux et des préférences de l'entreprise. En étudiant autant de possibilités que nécessaire, l'entreprise peut, grâce à son mécanisme d'aide à la décision, dégager les choix d'une équipe entreprenante qui se veut à la fois flexible et aussi qui favorise une vision à long terme dans son action ponctuelle. Ces mécanismes de prospection lui assurent la mise en place de la première étape de prise en charge de son avenir.

8. Après le temps des hommes, le temps du temps

Il y a des entrepreneurs-horlogers qui sont de véritables maîtres du temps. Ils prennent soin de la petite, de la moyenne, comme de la grande aiguille. Ces entrepreneurs, non seulement, sont des as des as de l'entrepreneuriat, de l'innovation et de l'ouverture de nouveaux marchés, mais, ils sont, également, de très grands horlogers. Certes, ils sont rares. Ils sont très rares, mais, quand ils existent ils ne restent pas seuls, forment des disciples et font école.

Citons-en quelques-uns pour la France, parmi les pionniers : les Eiffel, les de Lesseps, les Michelin, les Peugeot, les Renault, les Chasnel (Coco Chanel), les Arnault, les Bellon, les Besnier, les Bettencourt, les Bolloré, les Bouygues, les Castel, les Hermès, les Dargaud, les Darty, les Dassault, les Gattaz, les Mulliez, les Niel, les Pinault, les Ricard, les Rocher, les Saadé, les Schneider, les Taittinger, les Tapie, les Wertheimer, etc.

Au Liban, ils sont un peu moins connus. Mais, ils existent. Ils sont des centaines qui y rayonnent et qui tissent leur toile à l'étranger.

Ont-ils mis en place le *CHT integrated management* dans leurs entreprises ? Certainement, plus ou moins, sous une autre forme. Ils sont comme Monsieur Jourdain[144] : ils font du CHT sans le savoir. Car né d'une interaction entre la théorie et la pratique et de plusieurs itérations entre la pensée et l'action, le projet d'intégrer dans son management et dans sa stratégie les notions de complexité, d'homme et du temps, la méthode du CHT, est à la portée de tous.

Ont-ils connu des turbulences ? Oui, de très fortes, même. Ils ont failli disparaître pour certains. Mais, avec leur CHT approprié, ils ont pu faire face à toutes les situations… inimaginables.

En cas de stabilité totale, cette méthode, on l'a vu, se rapproche de la démarche traditionnelle qui, à partir du plan stratégique, établit des plans opérationnels conséquents. Au fur et à mesure que la turbulence augmente, la mise en place du CHT permet de saisir le feed-back du terrain et de garder l'équipe en harmonie pour répondre d'une façon très flexible et rapide aux exigences du moment. Cette réponse opérationnelle éclaire, également, les enjeux stratégiques dans le cadre d'une vision à long terme.

---

[144] Personnage principal de la comédie-ballet *Le Bourgeois gentilhomme* joué par Molière lui-même en 1670.

Qu'est-ce que la théorie de gestion et la stratégie pour un praticien dirigeant ?

Il s'agit de propositions qui permettent de gérer l'ensemble des besoins réels de l'entreprise en temps voulu. Les théories partielles peuvent répondre à des problèmes précis et contribuer à la solution de cas isolés.

Le problème de la stratégie est qu'elle souffre de ses manques d'ambition et de vision. La stratégie est une notion qui par définition représente le dispositif d'ensemble qui pourrait piloter l'entreprise dans son évolution à long terme, en répondant à la vision de l'entrepreneur.

Toute démarche qui s'associe à la notion de stratégie et qui ne peut pas gérer l'ensemble de l'entreprise à travers le temps ne répond pas aux attentes du praticien. La stratégie en temps de turbulence doit, donc, répondre au souci de la gestion à travers tout l'espace temporel : le long terme certainement, mais le court et le moyen terme aussi. Le dirigeant ne gère pas seulement des échéances, il gère, aussi, le passage du présent vers le futur. Il est un visionnaire pragmatique.

Après avoir identifié les besoins saillants de la gestion en temps de turbulence, il faudrait ne pas oublier que la gestion doit se soucier en premier lieu du passage d'une situation à l'autre à travers le temps. La question essentielle est celle-ci : Combien de temps va prendre ce passage, cette transition ? Difficile de répondre à cette question, si au board il n'y a pas de collaborateurs dont l'expérience a été marquée par le feu de la complexité et de la turbulence. Le raisonnement simpliste qui suppose que l'on établisse le plan stratégique duquel découlent les plans opérationnels et les divers budgets ne suffit pas pour gérer ni la transition, ni la turbulence. Car, il faut mettre de l'huile dans les rouages, pour imager. Et l'huile dans ces rouages, c'est le temps.

En fait, appliquée scrupuleusement, cette démarche fige l'entreprise dans une voie qui pourrait l'amener à des finalités rendues obsolètes en raison de changements fréquents. Dans ce sens, l'entreprise qui réussit à agir en équipe unifiée est d'autant plus gagnante qu'elle réussit sa cohésion, puisqu'elle aboutit à des objectifs que tous, en interne, se sont appropriés. La cohésion, l'unité et la solidarité demandent du temps.

A contrario, si l'entreprise n'a ni stratégie, ni vision, elle n'est guidée que par les événements du court terme qu'elle subit plus ou moins.

Difficile de marcher en regardant uniquement la pointure de ses chaussures. Le dirigeant doit savoir regarder plus loin, à la fin du chemin, aux intersections, aux ronds-points. Il doit hausser sa vision.

En fait, pour réussir, nos entreprises devraient assurer en permanence l'intégration totale de ces trois dimensions : complexité, hommes et temps. En proposant les dimensions CHT, nous avons pu mettre en évidence les différentes propositions académiques et mettre à contribution l'apport valorisant de chacune d'elles dans un système global de gestion qui peut assumer tous les niveaux de turbulence.

Le temps reste l'or noir essentiel de ce triptyque, son carburant. Les hommes en restent le cœur et le corps, le moteur ; et, la complexité, le contexte, l'environnement, les rouages, la tuyauterie. Le temps en est l'huile précieuse, qui accélère, ralentit, améliore les rouages de nos opérations et de nos organisations.

Le temps est mis en musique en fonction de :

- La stratégie de positionnement, qui nous fait distinguer entre les plans stratégiques et la vision stratégique. Notre approche permet de gérer aussi loin que possible dans le temps, à travers des plans stratégiques glissants établis non plus en fonction d'échéances aléatoires, mais en fonction du premier facteur contraignant (la hausse du coût des matières premières, leur disponibilité, la hausse du coût de l'énergie, par exemple).
- Le CHT enrichit la stratégie d'action en temps réel en assurant l'intégration de l'action ponctuelle dans une vision globale. Tout en prenant en compte le premier facteur contraignant opérationnel, nous intégrons la nouvelle action, au moyen des cycles opérationnels et stratégiques, d'une manière holiste qui assure à chaque instant l'intégration de tous les paramètres décisionnels.
- Nous proposons dans le cadre de la *learning organization* des moyens concrets qui contribuent à assurer le bon fonctionnement d'une dynamique de groupe. Là, le court terme et le moyen terme sont convoqués, de nouveau. Ils y ont toute leur place.
- Le CHT permet de mieux répondre aux notions de différenciation et d'intégration et par conséquent contribue aux approches structurelles. Là, nous naviguons entre le moyen et le long terme. Il permet de mieux situer le niveau de prise de décision aussi bien pour un groupe que pour des entités indépendantes. Le CHT propose aux adeptes de l'organisation plate des moyens concrets qui pourraient assurer l'intégration des données entre les membres. Il ne peut, donc, que la rendre plus performante.

Ici, nous retrouvons l'entreprise solidaire, beaucoup plus performante, car agile, soudée, et sur le qui-vive.

9. Les outils du CHT et le cycle de vie

Ces outils vont permettre à l'entreprise de se mettre en mode d'optimisation permanente et, de ce fait, de créer de la valeur.

Dans ce but, nous introduisons quelques concepts qui vont aider à gérer la dynamique organisationnelle pour passer du modèle conceptuel vers une démarche pratique déclinable dans chacune de nos entreprises. Il s'agit de préciser le lexique relatif aux questions d'ordre temporel, et de tenter de définir certaines notions comme les cycles et les plans glissants, les cycles holistes et le premier facteur contraignant que nous avons, déjà, abordé.

Rappelons que tout business-plan, tout budget, fait l'objet d'une période d'étude plus ou moins longue, plus ou moins équivalente à un trimestre ou un semestre (n-1). Il se travaille et se communique à tous les étages de nos organigrammes. Il a une date d'implémentation et/ou de lancement. Le plan a une durée, donc une échéance : de 3, 5, 7 ou 10 ans. Quand le plan s'inscrit dans un calendrier, il couvre une période limitée en moyenne à 36 ou 60 mois. Il se décline, ensuite, au quotidien, jusqu'au *weekly* et *daily cash* (par exemple).

Au sujet des cycles, ils forment dans une temporalité définie bien précise un flux d'activités qui a une durée, une échéance et des résultats. Le cycle est, donc, une vision concrète, réalisée sous la forme d'un plan, de budgets et d'investissements. Une période peut faire partie de deux cycles. Par exemple, la période de janvier 2024 à mars 2024, le premier trimestre (T1) fait partie du budget 2024 et aussi du plan stratégique qui couvre 2020-2024 (5 années).

Comme un organisme vivant, comme un métabolisme, les cycles de vie de nos entreprises ont une dimension holiste, c'est-à-dire globale. Il faut, donc, considérer l'entreprise, ses cycles et ses périodes dans leur ensemble. Les éléments de l'un s'intègrent totalement dans l'autre, et forment ainsi un tout. De plus, l'échéance du cycle et sa durée ont pris l'habitude d'être établis d'une façon arbitraire ou plutôt en fonction du passé et de l'expérience-acquise (mais jamais challengée, remise en question).

Ces durées ont-elles leur raison d'être ? Bien sûr que oui !

Dans nos entreprises, il faut prendre, également, en considération que nos plans sont glissants. Au fur et à mesure que l'entreprise évolue dans le temps, elle peut établir des plans conséquents. Il n'est plus nécessaire d'établir un plan quinquennal, qu'on lancera en le juxtaposant au précédent. L'entreprise peut lancer un autre plan quinquennal en 2025.

Les cycles sont ainsi à la fois holistes et glissants ; et leurs échéances respectives peuvent être fixées d'une façon non arbitraire, mais dépendamment du premier facteur contraignant.

De leur côté, les outils de pilotage seront, alors, établis en fonction des données suivantes : celles qui indiquent la performance de la production, avec l'utilisation optimale des machines, l'organisation des ateliers et la gestion des stocks.

Les données des ventes, de la satisfaction clientèle, le calcul des marges et la qualité du portefeuille, viendront enrichir les premières données.

Bien entendu la productivité, les analyses, les audits (internes) comptables, financiers et organisationnelles, la comptabilité et le contrôle de gestion vont alimenter, fournir et qualifier la performance de l'entreprise, son organisation et l'utilisation des ressources.

10. Le CHT en résumé

S'il fallait résumer, le CHT permet à l'entreprise d'agir en groupe entrepreneur, en équipe solidaire, donc, qui va gérer son espace temporel aussi près et loin que possible dans le temps. Ce modèle permet l'intégration du court, du moyen et du long terme, de l'opérationnel et du stratégique.

Il se base sur plusieurs éléments :

- Un système d'aide à la décision fondé sur un modèle d'équilibre général qui simule l'ensemble des paramètres décisionnels de l'entreprise en mettant en évidence l'ensemble des choix possibles, et qui permet la quantification des combinaisons possibles. L'idée étant de choisir le niveau de prix et le volume de production qui pourraient optimiser les buts de l'entreprise en tenant compte de l'ensemble des paramètres décisionnels relevant de toutes les fonctions de l'entreprise.
- Un tableau de bord qui lie les composantes du but à des paramètres du terrain. Ces relations permettent de quantifier les impacts des différents choix sur les composantes des buts. Il permet, ainsi, de comparer les alternatives et de classer les différentes combinaisons d'éléments décisionnels vis-à-vis des objectifs de l'entreprise.
- Des cycles opérationnels et stratégiques, holistes et glissants, établis en fonction du premier facteur contraignant relatif à chaque cycle.

Ce modèle permet à l'entreprise de prendre en charge tout son espace temporel, en considérant son environnement plus ou moins complexe et ses ressources humaines plus ou moins opérationnelles.

Les dirigeants doivent rallier toutes les équipes en permanence. Ils sont à l'écoute de leur environnement.

Grâce au CHT, l'entreprise est en capacité de réagir vite, mais surtout son action est globale. Dans ce sens, l'action assume à la fois les données opérationnelles et stratégiques. Les hommes sont motivés et solidaires. Ils agissent dans une dynamique de groupe. Ils deviennent des intrapreneurs, qui marient la flexibilité opérationnelle à la vision stratégique.

La prise en charge de la complexité permet une flexibilité de l'action et surtout une intégration en permanence de tous les éléments du système.

La mise en valeur des hommes permet, également, une flexibilité de l'action. Elle assure surtout la participation et la cohésion de l'équipe. **La solidarité est son maître mot.**

La gestion du temps permet une flexibilité de l'action ponctuelle rapide, qui s'intègre en même temps dans une vision à moyen et long terme.

Cette culture intrapreneuriale est insufflée par le(s) dirigeant(s) qui gère(nt) en tout temps. Il gère le court terme, le moyen ainsi que le long terme. Les collaborateurs, à ses côtés, naviguent harmonieusement tant en période de stabilité qu'en conditions de fortes turbulences. Il peut aussi opter pour les choix stratégiques opportuns qu'il intègre dans la démarche. Il ne mise, donc pas, sur une seule option stratégique pour le futur, mais sur un processus de gestion qui permet au groupe de faire continuellement les choix adaptés tout au long de l'évolution du temps.

Les dimensions complexité, hommes et temps mettent en évidence le rôle qu'occupe toute personne au cœur du système de gestion. Il est central. Le premier homme (ou femme) est le chef d'orchestre et peu importe que les instruments soient complexes. Il joue et fait jouer. Certes, il ne sait pas jouer de tous les instruments. Mais, comme le système ne peut fonctionner d'une manière mécanique, nous sommes d'emblée confrontés à sa compétence en tant que chef d'orchestre, et à celle de ses collaborateurs, de ses musiciens. Le premier doit non seulement faire le bon choix parmi le paquet d'alternatives proposées, mais il peut aussi l'enrichir de nouvelles considérations, de nouvelles mélodies, de nouveaux instruments. A tout prix, il faut éviter que la cacophonie prenne le pas sur l'harmonie.

Le système ne peut remplacer le dirigeant habile, qui virevolte d'idées et de projets créatifs, tel un chef d'orchestre virtuose qui serait, aussi, compositeur.

Le CHT, telle une partition enchantée, permet aux uns et aux autres de mieux communiquer, de mieux s'engager, de mieux travailler. C'est vrai à l'intérieur, mais, aussi, à l'extérieur de nos entreprises.

Il peut rallier ses collaborateurs à ses choix. Il a les outils qui explicitent toutes ses décisions, son plan et sa vision. Il réduit ainsi la résistance au changement provoquée par une nouvelle décision inattendue, par un projet surprenant. Le dirigeant devient, alors, un meilleur communicant. Il harmonise et synchronise.

La dynamique de groupe, régie par le CHT, mobilise des équipes de plus en plus motivées où chacune apporte sa contribution, en jouant sa partition. Le dirigeant devient, par conséquent, un meilleur administrateur, un meilleur manager, un véritable chef, qui prend soin de tous et assure la pérennité de son activité dans le temps. Il engage l'entreprise dans de nouvelles voies. Il est un entrepreneur.

Le CHT pourrait, aussi, aider le dirigeant à repérer des combinaisons intéressantes qui n'auraient pas été considérées sans le système d'aide à la décision dont il dispose. En provoquant de nouvelles activations, le dirigeant devient à son tour innovateur. Car la mise en place d'un système de gestion innovant est une condition nécessaire à la réussite de l'entreprise. Cependant, elle n'est malheureusement pas suffisante. Il nous faut être « un bon dirigeant », qui peut pallier éventuellement toute défaillance du système.

Toujours est-il qu'une combinaison, qui groupe d'une part un dirigeant compétent et d'autre part un système de gestion conséquent, représente pour toute entreprise un atout stratégique de taille. En fait, elle concrétise le groupe entrepreneur, les valeurs de l'intrapreneuriat, certainement la ressource la plus chère à l'entreprise.

Il est à noter que le sujet des « compétences du dirigeant » n'est pas abordé ici. Nous posons le postulat qu'il l'est !

Cette méthode (et ce livre) apportera, très certainement, une contribution à tout dirigeant. Ici, sont mis à sa disposition des moyens qui peuvent renforcer sa performance, et la transformer.

A ce titre, c'est en ce sens que la valorisation de toute l'équipe au travers du CHT Integrated Management est abordée. Car, il s'agit bien de :

1. Se baser sur une dynamique d'équipe : le groupe entrepreneur ;
2. surveiller de façon permanente l'environnement ;
3. se focaliser autour du client ;
4. relier les paramètres décisionnels aux objectifs de l'entreprise ;
5. se baser sur un système d'aide à la décision établi suivant un système d'équilibre général ;
6. se baser sur le principe d'optimisation permanente ;
7. mettre en place des plans opérationnels et stratégiques glissants et holistes, basés sur le premier facteur contraignant ;
8. favoriser la participation dans la décision, mais le remaniement à l'intérieur d'un cycle est toujours entre les mains du synchroniseur vu que lui seul a une vue d'ensemble.

Ce qui est vrai c'est que l'exercice, les problèmes et les solutions apportées font face à la complexité du réel, qui en limiterait l'efficacité. Les qualités intrinsèques du dirigeant feront encore une fois la différence.

L'avenir de l'entreprise dépend de la compétence de ses hommes et de l'ambition de ses dirigeants.

11. Etude de cas : l'entreprise OPTIMUS[145]

L'entreprise Optimus est basée en France et au Liban. Elle est spécialisée dans l'industrie de la pièce détachée pour le secteur automobile. Elle produit principalement des poignets pour les portières et les tableaux de bord des voitures de luxe. 300 collaborateurs travaillent au sein de cette petite industrie, un tiers en France et le reste au Liban. Le bureau d'étude y est conséquent. En plein contexte de forte turbulence, elle n'est plus en mesure d'anticiper sa production. Et ce, malgré le fait qu'elle soit positionnée sur une niche. Ce marché est, également, depuis quelques temps, aléatoire et varie sensiblement. Du côté de sa production, elle fabrique en moyenne 100 unités par jour. Cette quantité peut être augmentée de 25 % en multipliant les heures supplémentaires. Son travail effectif, en jours ouvrés mensuels, est de 20 jours.

La question qui est posée dans ce cas est la suivante : En début de mois son carnet de commandes est de 2000 unités, comment organise-t-elle son planning mensuel si elle doit produire 200 unités supplémentaires ?

Plusieurs scénarii sont possibles pour son organisation :

- Dans le cas où le planning est rigide et se réalise en début d'exercice, l'entreprise programmera la production des 2000 unités par mois. Elle aura atteint son plafond de production, sans avoir recours aux heures supplémentaires. Mais, si au cours du mois de nouvelles commandes imprévues arrivent, Optimus n'est pas organisée pour une production à la demande. Elle décalera, donc, ces nouvelles commandes, tout simplement, le mois suivant, mettant entre parenthèse son enveloppe d'heures supplémentaires. Ce scénario est assez courant dans des entreprises industrielles, qui ne veulent pas remettre en question leur organisation à court terme. Il correspond à une approche traditionnelle, où le changement, la nouvelle croissance, les nouvelles commandes ne sont pas valorisées.
- Second scénario, dans le cas où le planning n'est pas figé. Il est souple, avec une capacité de production flexible. Optimus peut augmenter sa production dès les premiers signes de croissance non budgétée des ventes. Dans ce cas, sa production mensuelle se calera sur le temps où elle commence à produire davantage suivant la cadence

[145] Cette entreprise n'existe pas. L'exemple est une fiction. A noter, par contre, que le secteur de la pièce détachée au Liban est un secteur en forte croissance.

permise par l'utilisation des heures supplémentaires. Si cette augmentation se fait au début de la quatrième semaine, elle pourrait alors augmenter sa production à raison de 25 unités par jour et ceci jusqu'à la fin du mois. Elle produirait en plus les 5 derniers jours ouvrés. Elle augmenterait, ainsi, sa production mensuelle de 125 unités ou bien de 5,68 %. De plus, elle n'entre pas dans une trop grande complexité de réorganisation de ses lignes de production. Car, elle mobilise ses ressources uniquement sur cette durée, favorisant un climat social valorisé par des heures supplémentaires limitées. En revanche, si l'augmentation avait été de 200 unités supplémentaires, elle se serait limitée dans ce cas aux 125 permises acceptées par la production. Elle reporterait, alors, les 75 nouvelles unités le mois prochain (m+1).

Ce scénario n'a pas optimisé pour autant toutes les capacités de production de l'entreprise puisqu'elle aurait pu mobiliser, théoriquement, en produisant 2200 unités au lieu des 2125 réalisées. Si, elle ne bénéficie pas d'une croissance supplémentaire (celle liée aux 75 unités), il faut reconnaître que ce scénario est bien plus performant que le premier. Optimus aura fait preuve d'une grande flexibilité et surtout d'une bonne adaptation de ses capacités de production et de son capital humain.

- Dernier scénario : celui où l'outil de production d'Optimus est très flexible, *agile*[146]. Dès l'instant où cette commande exceptionnelle est acceptée (avec une possibilité de récurrence), la seconde ou la troisième semaine, les équipes se préparent à absorber ces 200 nouvelles unités, qu'elles peuvent étaler sur une ou deux semaines. Elle se transforme pour les produire et pour les livrer avant la fin du mois. Ce scénario permet la production et la livraison d'un minimum de 2200 unités, donc de 200 de plus que celles prévues par le planning rigide. Cette différence a un effet de levier positif sur les bénéfices nets de l'entreprise.

---

[146] L'entreprise *agile* est celle qui met en place une organisation qui permet à sa production, à ses ateliers, de répondre de la façon la plus rapide et la plus adéquate à une demande du client. La notion de flexibilité, de performance et de vitesse, est activée et mise en pratique. Cela requière d'organiser ses ateliers de fabrication en privilégiant l'adaptation et le changement efficace, rapide et simple de son outil de production. Cela nécessite, également, une organisation des plus plates, pour que l'information circule rapidement et que la décision de fabrication soit prise en compte avec toutes les parties prenantes, tous les corps de métier de l'entreprise. Cela demande une organisation où les équipes ont accepté cette culture de l'agilité, qui n'est pas figée.

Il est à noter, pour bien comprendre l'exemple, qu'il arrive souvent que l'entreprise entame son mois avec un carnet de commandes inférieur à la capacite des deux mille unités, soit 1900. Au fil de l'eau, elle pourrait meubler le creux avec les 200 unités supplémentaires pour arriver à 2100. L'optimisation peut ne pas s'arrêter-là, si la tendance des marchés est porteuse ou bien si les 200 unités supplémentaires sont renouvelables. La question de la récurrence est importante, car l'entreprise pourrait, ainsi, exercer une optimisation globale. Elle pourrait même anticiper dès le début du mois la production de quantités prévues pour la période à venir pour des clients réguliers aux commandes récurrentes. Si ses capacités de stockage le permettent, elle pourrait, effectivement, produire 2200 unités, voire plus, le premier mois et probablement le second.

Ce dernier scénario nécessite des moyens supplémentaires. Elle complexifie l'outil de production et les hommes, car il faut que l'ensemble des équipes soit au rendez-vous. Sans oublier la maintenance des plus rigoureuses des machines, maintenance qui est mise en tension. D'autres part, ce CHT *agile* nécessite la mise en place d'une culture favorisant *l'esprit d'initiative*. Car dans notre exemple, la commande exceptionnelle va se transformer en commande récurrente. L'acquisition d'un nouveau client ne souffre aucune tergiversation.

En d'autres termes : ne pas s'endormir sur ses lauriers, sur ses acquis, et garder *l'esprit new business*. Telle est la philosophie exprimée ici.

Il est vrai que le premier scénario serait acceptable dans le cas d'une entreprise, d'un dirigeant qui aurait atteint le maximum de ses capacités de production. Le facteur temps étant réduit à sa plus simple expression, d'heures légales travaillées. Peut-on lui reprocher de ne pas avoir fait davantage ?

De plus, aurait-on accepté les surcharges occasionnées par un planning agressif dans le cas défavorable où la demande s'estomperait vers la fin de l'exercice, où la commande exceptionnelle le serait restée, où elle ne serait pas devenue récurrente ? Aurait-on accepté cette prise de risque, de façon opportune ?

Cette étude de cas, met, également, en exergue, le fait qu'il est difficile d'anticiper les valeurs exactes des commandes futures. Ce qui ne réduit en rien le besoin d'anticiper la création de valeur potentielle.

La clef de la décision est liée à l'ordre de grandeur de la nouvelle commande, sa complexité à être produite, puisqu'il faut réorganiser l'outil de production, reprogrammer les machines en fonction du modèle bien précis commandé et que la production est en mesure de réaliser. Outre les quantités supplémentaires, ce qui est en jeu, ici, c'est la qualité recherchée. Voire plus, si le client demande du spécifique.

Le client qui fait confiance à un nouveau sous-traitant, non seulement, attend de lui qu'il plie son organisation en quatre, mais qu'elle soit capable de lui produire des pièces d'orfèvrerie uniques. La qualité est difficilement prévisible. Il est difficile de l'anticiper. Par contre, il est possible de réunir les meilleurs talents de nos entreprises pour y parvenir et satisfaire la demande très exigeante du client.

Ici, cet exemple ne sert pas d'alibi pour proclamer la fin de la prévisibilité ni celle de l'anticipation, au profit de la qualité. Bien au contraire, il présente l'optimisation comme une possibilité permettant de réunir la complexité, les hommes et le temps pour créer de la survaleur. Ce qui est la conséquence.

L'optimum global de production reste un idéal, une marotte, un vœu pieux que tout dirigeant recherche et veut atteindre. Il demande que les niveaux des stocks soient, par exemple, supérieurs au niveau *habituel*, *normal*, *standard*, et que le coût unitaire de production augmente.

Cet exemple est une illustration basique de la vie de l'entreprise. Le cas présenté a pris le mois comme unité de temps. Dans la réalité, si nous envisageons une plage temporelle plus longue nous faisons face à la même logique et la problématique d'optimisation est inaltérée.

Il n'est pas à exclure, qu'au fur-et-à-mesure du temps qui s'allonge, que l'on soit, face à la turbulence, obligé de changer non plus les moyens pour atteindre les buts initiaux, mais les buts eux-mêmes. En d'autres termes de pivoter complètement.

Il est vrai, pour modérer notre propos, que toutes les entreprises ne sont pas confrontées à ce niveau d'incertitude. Et, c'est tant mieux. Mais, elles doivent s'y préparer. De plus, celles qui opèrent dans un contexte de forte turbulence ne peuvent se fier aux seules préconisations traditionnelles, elles doivent explorer de nouveaux mécanismes de gestion auxquelles répond notre proposition du CHT.

Pour revenir à notre cas, il serait possible d'envisager une forte hausse de la demande qui dépasse la commande exceptionnelle. Cela implique de nouveaux investissements pour augmenter les capacités de production de l'entreprise, voire les doubler. Ceci sous-entend des décisions majeures, difficiles à prendre, et complexes à réaliser.

Dans l'industrie du carton ondulé, les dernières avancées dans le domaine de l'électronique et des servo-moteurs ont permis d'augmenter la production soit en élevant les vitesses de fabrication du groupe onduleur, soit en réduisant les temps d'arrêt. Ces possibilités rendent le changement plus facile et accessible. De ce fait, la modification des buts stratégiques peut être revue à la hausse d'une manière réaliste et exécutable et ceci dans des délais rapides. Parfois, il faut, également, pousser les dirigeants, le management, les décisions stratégiques et la vision entrepreneuriale-intrapreneuriale dans ses retranchements.

Ainsi, si l'entreprise se veut proactive, elle peut intervenir pour modifier les limitations de l'ensemble de ses contraintes techniques et commerciales. Elle peut, donc, se mettre dans un processus de création de valeur qui comme nous l'avions suggéré dépasse le simple cadre de la gestion de celle-ci.

Encore une fois, ce comportement fait prévaloir toute la différence entre le simple administrateur et l'entrepreneur.

Cette nouvelle proposition donne à la notion de la gestion du temps ou des plages temporelles de production et de commercialisation de l'offre, toute sa dimension. De plus c'est l'exemple concret du groupe entrepreneur qui repère les opportunités, les réalise dans une collaboration de tous les directeurs de l'entreprise sous la coordination de directeur général. C'est cette création de valeur à répétition qui permet à l'entreprise d'augmenter ses bénéfices et par conséquent d'élargir ses ambitions et d'amplifier sa croissance.

12. L'essentiel du CHT en 9 points

1. Nous les entrepreneurs, nous devons connaître les éléments clefs qui influencent la décision du client, orientent ses attentes, et participent à l'évolution de sa demande. En parallèle, la concurrence doit être vraiment étudiée. Et, les produits de substitution, également. C'est pour cela qu'il est nécessaire de mettre en place un système de veille de la concurrence.

2. Nous devons prendre, aussi, l'habitude de reformuler nos objectifs. Cela doit devenir un exercice des plus naturels. Est-ce qu'ils sont en lien direct avec les besoins du client ou répondent-ils à notre vision stratégique, qui prendrait en compte sa demande particulière ? Par exemple : Pour notre usine de carton ondulé, est-ce qu'elle se limite à fournir des emballages à ses clients tels que définis contractuellement, ou bien est-ce qu'elle anticipe ses nouveaux besoins, en plus ?

3. Ensuite, il s'agit d'établir un positionnement sur les buts, les objectifs, tels que proposés par Drucker[147].

4. Puis, de relier les paramètres décisionnels à ces objectifs. Aussi, il s'agit d'ajuster le risque au niveau de l'endettement bancaire et au niveau du BFR.

5. Le 5è point est d'établir un système d'aide à la décision. L'entreprise réalise pour cela un modèle de simulation, qui devrait considérer tous les paramètres décisionnels dans une optique d'équilibre général. Ce système doit être le plus exhaustif possible. Il faut rechercher, également, la pertinence et la simplicité.

6. En ce qui concerne les objectifs commerciaux, des simulations calculent le meilleur prix de vente et les quantités à produire, ce qui optimise les objectifs. Les simulations sont réalisées. Puis, nous examinons les différents résultats, selon le prix, la quantité, la qualité, et aussi d'autres facteurs qui reflètent les objectifs, comme la part de marché, etc. Le dirigeant choisit le scénario qui optimise globalement les résultats de l'entreprise, et coïncide avec sa stratégie et sa vision.

7. Ensuite, il s'agit d'établir le premier alignement stratégique, en fonction du premier facteur contraignant stratégique qui est lié à l'administration de l'entreprise. Il s'agit du mandat du conseil, celui du président, ou de tout autre échéance opérationnelle et stratégique. Cette description n'est pas exhaustive.

---

[147] Se référer aux pages 149-150.

8. Les étapes qui précèdent orientent l'entreprise à la fois vers le moyen ou long terme et vers la réalisation de son budget annuel, de son business plan. Tous ces travaux sont réalisés en fonction des processus métiers de l'entreprise.

9. C'est la dernière étape : celle de la vision dynamique, où les différents budgets et plans sont déclinés selon la durée des cycles opérationnels, à court, moyen et long terme. Cette étape est le début de la gestion dynamique puisqu'au fur et à mesure que le temps avance, l'entreprise prépare son prochain cycle stratégique à long terme.

V. L'ENQUÊTE : AUX CŒURS DES ENTREPRENEURS LIBANAIS

Comment parler d'entreprise, de stratégie et de turbulences sans se tourner, davantage, vers le pays du Cèdre. A travers les dernières décennies, le Liban aura été un laboratoire grandeur nature d'un environnement en constante mouvance, où la turbulence est devenue l'un des maîtres mots. Comment enquêter, comment écrire sur la stratégie et la turbulence sans écouter tous ces entrepreneurs libanais passés au crible de ces changement à répétition, et dont la flagrance n'est plus à démontrer ? Ils ont vécu – il n'y a pas d'exception – ces années de secousses sismiques qui ont décapité plusieurs de ces arbres millénaires – les cèdres – ainsi que leurs entreprises séculaires. L'expérience au sein de Gemayel Frères en est un bel exemple. Il est, certes, parlant à lui tout seul, mais il s'avère incomplet, car il ne représente qu'un seul secteur d'activité.

Au Liban, les dizaines de milliers d'entreprises, dont la plus grande majorité (95%) sont des PME-PMI, forment le maillage serré du tissu économique.

Au Liban, ce qui ferait la force de ces femmes et de ces hommes entrepreneurs, serait, justement, cette capacité à encaisser les turbulences, à innover quelle que soit l'épreuve, à trouver un chemin de liberté et de développement. En pleine tempête, alors que d'autres rentrent au port s'abriter, ou abandonnent leur navire, eux sont là. Ils continuent à commercialiser, à faire du négoce dans le monde entier, à acheter, à investir, à piloter, à recruter et à vendre. Leurs produits, leurs savoir-faire, leurs services sont reconnaissables entre tous. Ils savent, plus que d'autres, se mailler, voire se marier, trouver des alliances, si petites soient-elles, pour aller de l'avant et avancer au large. Ils résistent… et innovent en permanence, en fonction de leurs ressources.

Leur force de conviction, leur foi dans leurs activités est telle que chaque épreuve, chaque guerre, chaque turbulence les a rendus plus forts. Ils sont comme cela les Libanais. Ils sont à la fois le cèdre, l'olivier et le térébinthe : ils ploient mais ne cassent pas, ils s'abritent et se déploient, ils sont en guerre mais sont des hommes de paix, du vivre-ensemble.

On parle communément, pour décrire le peuple libanais, de résilience et de leur capacité à surmonter les conflits, les défis les plus durs. C'est vrai, ils le sont. Mais, ils sont, avant-tout, des résistants qui n'aiment pas subir. Ils aiment **l**utter, **i**nnover, se **b**attre, **a**nticiper, et **n**aître de nouveau.

Oui, ils sont des conquérants pacifiques, des survivants de l'impossible. Ils aiment accueillir, partager et avancer au large.

Ils sont des experts, des maîtres, et des serviteurs de la relation.

Au Liban, il y a pourtant ceux qui partent. Et, ils ont été nombreux à partir, quelle que soit la raison. N'oublions pas qu'ils sont des Phéniciens, avec un sens inné des affaires et des voyages, des explorations.

Mais, il y a quelques années, selon certaines sources, plus de 200 000 Libanais qualifiés auraient quitté le pays du Cèdre, depuis 2019[148]. Ils seraient, en fait, entre 200 000 et 500 000. Une saignée générationnelle ! En 2021, la Sûreté Générale a mis l'éclairage sur ce phénomène : cette année-là, plus de 100 000 Libanais ont quitté le pays sur les +/-3 millions d'habitants. C'est comme si la France perdait +/- 2 millions d'habitants : 1 Paris ou 2 Marseille.

Ces années récentes de turbulences (depuis 2019), heureusement, la grande majorité des Libanais est restée. Elle s'arc-boute, et creuse au plus profond d'elle-même le sillon de son ressort et de son développement, même si les marchés s'assombrissent. La plus grande majorité de ceux qui restent sont des entrepreneurs, des petits, des moyens et des grands. Ils sont pour la plupart des entrepreneurs familiaux.

Et, ceux qui partent, tels les premiers Phéniciens, parcourent le monde entier.

Les Phéniciens ? Oui, bien avant l'ère chrétienne, ils ont conquis tels de nobles commerçants, des aventuriers au cœur d'or, des navigateurs hors-pair, les mers et les rivages de ces trois continents : Afrique, Asie, Europe. Ils auraient même donné son nom à notre vieille Europe.

La Méditerranée est une des rares mers à offrir cette possibilité de commercer sur tout son pourtour. C'est ce qu'ont compris les Phéniciens, en fondant, notamment, Carthage, la belle et grande cité !

Essaimant les mers, ils ont semé les graines du commerce partout où ils ont posé pied. Ils ont marqué de leurs comptoirs et de leur sang ces terres fermes si lointaines.

Ils sont devenus une Diaspora, avec un D majuscule. Oui, cette diaspora vaut bien une majuscule. Aujourd'hui, la diaspora libanaise représenterait, selon certaines sources, entre 10 et 14 millions de personnes. Certains parlent même de 18 millions. Au Brésil, par exemple, les Libanais sont entre 7 et 10 millions[149].

---

148 Source : Ministère français de l'Economie, des Finances et de l'Industrie. Note sur *Les perspectives de l'économie libanaise* publiée le 12 septembre 2024.

149 Source : Ministère des Affaires Etrangères du Brésil.

La diaspora est présente dans tous les pays du globe.

C'est pourquoi cette enquête, celle de Fady J. Gemayel lancée dans le cadre de sa thèse, il y a près de 30 ans, a eu toute son importance. Elle est historique, il n'en existe pas d'équivalente. Avant-gardiste, elle résonne encore aujourd'hui et dépasse les frontières. Oui, c'est auprès de 300 chefs d'entreprises, au Liban, qu'il a mené l'enquête. Le sujet : La turbulence ! L'enquête est ancienne, mais elle a été remise au goût du jour pour camper avec l'actualité.

Les réponses les plus pertinentes – une quarantaine – lui ont permis d'éclairer ses sujets qui sont, aussi, les nôtres et qui nous intéressent tant : celui du leadership, de notre façon de manager nos collaborateurs et nos organisations ; celui de la décision stratégique ; celui de décentraliser, ou non, nos entreprises et de déléguer, ou non, la décision. Celui, finalement, de notre vision...

L'une des questions qu'il pose est celle-ci : Le dirigeant doit-il ou non déléguer ses pouvoirs en cas de forte turbulence ?

En temps de turbulence, c'est-à-dire, à un niveau supérieur à 4, selon l'échelle d'Ansoff, la décentralisation et la délégation de pouvoirs constituent-elles un mode organisationnel favorable à l'entreprise ?

Mais, au préalable, un petit tour d'horizon de l'économie libanaise s'impose !

1. Les grandes lignes de l'économie libanaise

Les 15 années de guerre (1975-1990) ont rendu l'économie libanaise exsangue. 35 ans plus tard, près de 90% des produits de première nécessité y sont importés. L'économie libanaise n'y est plus florissante. Il est fini le temps des Années Folles qui a duré de 1920 à 1975. Les richesses créées dans le pays du Levant dès le mandat français (1920-1943) s'y sont incrustées, comme autant de mollusques accrochés à leurs récifs, ou plutôt comme ces myriades d'hirondelles nichées dans les cèdres.

Jusqu'en 2019, le Liban attirait les fonds étrangers, principalement ceux de la diaspora. Les actifs de toutes les banques du pays avaient atteint, alors, 263,5 milliards de dollars.

Depuis, la crise financière a frappé à sa porte. Les causes ? Elles sont internes au pays, liées à la corruption d'une poignée. C'est pour cela qu'elle attire moins les investisseurs. Le pays reste, cependant, en pourparlers avec ses grands créanciers que sont le FMI, la Banque mondiale et les autres prêteurs, comme l'Arabie Saoudite.

Oui, la crise bancaire de 2019 a tout emporté. Les fonds des déposants y ont été bloqués, voire perdus pour la plupart. Siphonnés ? Certains le disent. Siphonnés par la corruption qui est importante au pays du Cèdre. Quoiqu'il en soit, les fonds ont perdu plus de 90% de leur valeur. Un siphonnage par la valeur et par la corruption. Actuellement, l'ancien gouverneur de la Banque du Liban, Riad Salamé, est entendu par la justice sur le sujet.

Malgré tout cela, malgré ces années de turbulences, le Liban est resté debout. Grâce à sa diaspora, il reçoit, chaque année, des flux financiers qui oscillent entre 6 et 8 milliards de dollars. Une manne bienvenue du billet vert, car la valeur de la livre libanaise a été divisée par 600 par rapport au dollar. Cette manne est injectée dans l'économie du pays : dans les projets immobiliers, la reconstruction, le tourisme, la restauration, les commerces libanais et l'aide aux ONG.

Il faut ajouter un autre paramètre de grande turbulence qui déstabilise le Liban. Il s'agit de l'arrivée massive des réfugiés syriens. Dès 2011, ils sont venus en masse, poussés par la guerre civile. La vague a submergé le pays, littéralement. Ils sont, aujourd'hui, plus de 2 millions. C'est comme si la France avait « accueilli », forcée, une vague migratoire inédite de près de 20 millions de personnes dans la même année ! Conséquence, le pays s'est considérablement appauvri.

L'économie a été encore plus fragilisée du fait de cette nouvelle main d'œuvre qui crée du dumping et des injustices sociales ; en raison, notamment, du fait que chaque famille est soutenue financièrement par l'ONU, l'UE et des organisations non-gouvernementales.

Aujourd'hui, toutes ces turbulences ont créé de la pauvreté qui s'installe durablement. Elle est montée à près de 80%, pour finalement se stabiliser autour des 60 à 70%. Cette augmentation très significative a fortement fracturé le pays. La classe moyenne y a vu ses revenus être divisés par trois, quatre ou cinq. Elle a presque disparu des radars économiques.

Autres sujets macro-économiques d'importance : la dette publique et l'inflation libanaises. En 2019, la dette publique s'est élevée à 150 % du produit intérieur brut (PIB). En 2023, l'inflation a été de +/- 200%. Des chiffres qui donnent le vertige à plus d'un entrepreneur aguerri. En 2024, la guerre entre le Hamas et Israël a obéré le retour de la croissance et la baisse de l'inflation qui est, néanmoins, de 100%. Et, la guerre s'est installée depuis au Liban… pour se terminer plus ou moins à l'été 2025, le gouvernement israélien se félicitant de la nouvelle gouvernance libanaise.

Les principaux secteurs d'activités sont à 65 % les services et le commerce, à 20 % l'industrie, et à 15 % l'agriculture. Il faut dire que la plaine de la Bekaa est un véritable paradis pour le « green business ».

Au-delà de ce panorama ultra-synthétique, le Libanais reste un entrepreneur hors-du-commun, avec un sens du commerce très aiguisé. Il survit et se développe dans ces conditions inédites de turbulences. Au fil des ans et des siècles, confronté à des turbulences quasi quotidiennes, il a développé une carapace à l'épreuve de tout, une seconde peau qui le rend presqu'invulnérable.

2. Dans les coulisses de l'enquête

Au Liban, il est bon de savoir qu'il existe très peu d'enquêtes, de sondages et d'autres études économiques et financières. Oui, il existe un manque réel de contenus et de ressources. Les sujets sont pourtant là, sur la table. Mais la réponse par la statistique n'existe pas. Cela ne fait pas partie de la culture libanaise. Les entrepreneurs libanais n'aiment pas dévoiler leurs chiffres clés. Au Levant, la culture du secret n'est pas un mythe. Les statistiques ne font pas partie de cette culture voilée par ces années folles et ces multiples tragédies teintées de convoitises. La Perle du Levant, comme aimait à l'appeler Alphonse de Lamartine, a une âme de conquérante, d'entrepreneure, d'aventurière. Elle préfère se dire poétesse. Elle aime les lettres plus que les chiffres. Elle aime le secret.

Cette absence de statistique est liée, également, aux questions de transparence en ce qui concerne les informations comptables, financières, fiscales, juridiques et sociales des entreprises. Le Libanais n'aime pas étaler sa réussite, même si elle se voit. Ainsi, il est difficile d'obtenir tel ou tel document au niveau des bilans fiscaux et des informations financières. Le secret bancaire, la fraude fiscale, ainsi que la plus grande des discrétions dans les affaires, font partie, également et en d'autres termes, de cette culture où se mêlent les épices d'une vie risquée et les douceurs cachées et sucrées du labeur accompli avec succès, sans tambour ni trompette.

Pour réaliser cette enquête, Fady J. Gemayel a sollicité la collaboration du Rassemblement de dirigeants et chefs d'entreprises libanais. Le RDCL représente dans ce contexte un forum sélectif d'entreprises des plus appropriés. Puisque Fady Gemayel en fait partie, ses coreligionnaires ont bien voulu lui permettre de lancer cette recherche auprès de leurs adhérents.

2.1 Le RDCL

Le Rassemblement de dirigeants et chefs d'entreprises libanais regroupait, il y a 30 ans, 214 adhérents. Aujourd'hui, leur nombre a peu augmenté, ils sont 240 adhérents. Cela reste humble. Il fut fondé en 1986 à l'initiative de quelques chefs d'entreprises, qui, voulant faire face aux défis de l'époque, se sont constitués en un groupe dynamique et combatif cherchant dans l'action collective à relever les défis de cette période marquée par le désarroi de l'action publique, dans un pays en guerre voulant survivre à tout prix.

Quand tout portait au désespoir, à cause de la guerre, nombre de chefs d'entreprises guidaient leurs collaborateurs, dans une confiance inébranlée, à travers des crises de tout genre non seulement vers une simple survie, mais, aussi, souvent, vers une expansion et une croissance soutenue dans un environnement hostile. Munis de leurs succès, ces dirigeants croyaient que, seuls, ils ne pourraient faire face à tous les défis. Quoique héritiers d'une tradition d'affaires très audacieuse et très conservatrice, il leur a fallu se regrouper pour faire face en commun aux problèmes qui dépassaient les réponses individuelles.

Le RDCL a, ainsi, vite fait de regrouper les dirigeants de plusieurs entreprises opérant dans divers secteurs. Ses comités de réflexion et ses débats lui ont permis de présenter en permanence des options réfléchies et des suggestions qui, souvent, ont fait l'unanimité des chefs d'entreprises et ont été prises en compte dans les actions publiques.

En 1993, le RDCL a publié le *Livre blanc de l'économie libanaise* qui évoquait tous les problèmes actuels et futurs du Liban. Il a proposé des politiques de réforme et des plans d'action sur plusieurs volets.

Le RDCL se présente, ainsi, comme une fédération du patronat libanais et regroupe une élite importante qui veut réussir, non seulement au niveau financier, mais, surtout, qui veut assurer la pérennité des entreprises et le développement du Liban.

2.2 Méthodologie

Finalement, seule une quarantaine d'entreprises ont pu répondre en totalité à cette enquête. Elles proviennent du monde industriel, de la banque, des assurances, du commerce et des services. A travers 21 questions, nous avons balayé le champ de leurs organisations sur le sujet du positionnement du chef d'entreprise par rapport à leur environnement qui influence leurs décisions. Tout cela en fonction de l'échelle d'Ansoff. Divisé en trois grandes parties, le questionnaire comporte quatre grandes questions, dans sa première partie :

- La première question vise à déterminer le rythme de changement des paramètres de décision. S'agit-il d'un changement ou de plusieurs changements ? Quelle est leur importance ? Est-il question d'un changement de plusieurs facteurs clés de leurs activités (le produit, le prix, le réseau de distribution, les préférences du consommateur) qui ont varié à des degrés différents ?
- La seconde question cherche à déterminer si ce changement est familier ou nouveau.

- La troisième explore la concordance de la réponse de l'entreprise avec le changement. Surtout que, face au changement, deux dynamiques entrent en jeu : celle de l'évolution du changement de l'environnement externe et interne, et celle de la prise de décision de l'entreprise. En cas de très forte turbulence, le rythme de l'évolution du changement extérieur dépasse ce rythme de prise de décision de l'entreprise. En d'autres termes, ces fortes turbulences dépassent et empiètent sur notre champ de décision.
- La quatrième question cherche à déterminer le cadre temporel de la prise de décision. L'entreprise pouvait-elle anticiper les valeurs futures des variables qui font partie de son prisme décisionnel et pour combien de temps ?

La seconde partie nous permet d'entrer un peu plus au cœur de nos entreprises et cherche à brosser un tableau général des décisions du dirigeant sur : le produit, le service, le prix, l'emballage, le réseau de distribution, les clients, les fournisseurs, l'actionnariat, la structure financière et juridique, etc. La troisième partie s'intéresse à déterminer les préférences des entreprises quant à la décentralisation et à la délégation de pouvoirs. Le questionnaire distingue entre la décentralisation d'un grand groupe vers des centres d'activités (ou centres de profit) et la délégation de pouvoirs, qui est une passation de pouvoirs au sein même de ces centres.

Les choix des dirigeants sont, en partie, liés aux conditions de la turbulence de l'environnement. Ainsi, la première proposition relève de la décentralisation en temps de turbulence. La seconde traite de la délégation en environnement stable. La troisième proposition aborde la délégation en environnement turbulent. La quatrième précise les conditions de la délégation de pouvoirs et surtout si elle peut se faire à un niveau inférieur au coordinateur (la plupart du temps le directeur général) qui seul peut avoir accès à l'information globale et qui peut analyser l'impact général de toute impulsion de changement et de toute action qu'entame l'entreprise.

La cinquième proposition suggère de nouveaux facteurs qui doivent être pris en considération lors de la gestion en temps de turbulence de l'environnement.

La sixième et dernière proposition fait la distinction entre la décentralisation et la délégation de pouvoirs. Elle s'interroge et se demande si la décentralisation peut être bénéfique pour un groupe opérant en temps de turbulence. Et, si c'est le cas de déléguer plus bas au sein même de cette entité, ou pas.

3. Les résultats

Nous les présentons sous une forme synthétique et littérale. Ils concernent d'abord le positionnement des entreprises suivant leur contexte environnemental.

3.1 Le positionnement des entreprises

Le positionnement des entreprises suivant l'échelle d'Ansoff est mis en lumière à partir des quatre axes suivants : L'ampleur du changement, la familiarité avec le changement, la relation entre le changement et la réponse apportée par l'entreprise, la prévisibilité des paramètres décisionnels.

La première question posée est celle-ci : Comment pourriez-vous au mieux décrire les conditions de vos paramètres décisionnels durant les dix dernières années ? Les réponses suivantes sont proposées :

a. Peu d'éléments ont changé. Le changement de chacun était mineur.

b. Peu d'éléments ont changé. Le changement de chacun était important.

c. Beaucoup d'éléments ont changé. Le changement était mineur.

d. Beaucoup d'éléments ont changé. Le changement était important.

➡ Pour 75,7%, le changement était majeur, beaucoup d'éléments ayant changé.

Ce qui est significatif, c'est qu'aucune entreprise (sur les 40 réponses reçues) n'a eu peu de changement qui soit mineur. 37 ont connu des changements importants, majeurs. Nous pourrons affirmer que la notion de changement marque profondément les réponses. Il faudrait, cependant, analyser davantage de critères qui pourraient mieux distinguer les conditions de turbulence de l'environnement de l'entreprise. Sur le sujet de la *familiarité* avec l'évolution des changements, c'est-à-dire de l'aptitude, de la grande capacité à les opérer, plusieurs réalités ont été décrites :

a. Nous étions familiers avec le changement.

b. Nous pouvions deviner le changement par extrapolation ou projection du passé.

c. Les changements étaient erratiques et aussi familiers ou attendus.

d. Les changements étaient non seulement erratiques mais nouveaux.

➡ Pour 58,3%, le changement a été erratique, mais surtout nouveau (réponse d).

Ce qui, en outre, correspond à la réalité macro-économique de l'environnement libanais.

3.2 Des entreprises qui font face aux turbulences

C'est la bonne nouvelle de cette enquête. Les entreprises qui ont répondu sont pour la plupart préparées.

Il est intéressant de cerner davantage ces notions de changement : quelle est la relation entre les changements extérieurs et la dynamique qu'ils provoquent à l'intérieur de l'entreprise ? Ces changements étaient-ils prévisibles ?

La relation entre le changement et la réponse de l'entreprise : une disparité nait entre les deux dynamiques de changement. Elles sont de nature différente : l'une est subie et l'autre est proactive. L'une est à l'origine du changement qu'elle provoque dans l'entreprise, l'autre est l'engagement de l'entreprise qui inscrit ce changement dans sa stratégie. Toute disparité entre ces deux dynamiques indique l'ampleur du changement relativement aux capacités de l'entreprise à s'adapter, à évoluer, à innover.

Il est, alors, compréhensible que plus le rythme de turbulence est élevé, plus l'entreprise par conséquent « est dépassée » par l'évolution des changements externes malgré son attitude proactive et sa réadaptation face au changement. Ansoff a eu le mérite d'analyser et de révéler ces nuances de changement liées aux turbulences.

L'enquête présente la situation comme suit : Le changement extérieur entraîne une réadaptation de la part de l'entreprise ou pas, soit de façon subie, soit de façon volontaire.

Deux dynamiques entrent, alors, en jeu :

- Celle du changement de notre cadre, de notre environnement extérieur, de nos réglementations, de nos contraintes transformées en opportunités.
- Celle de notre prise de décision interne.

Il s'agit, dans ce cas, de savoir si :

a. Le changement extérieur était moins rapide que notre réponse.
b. Le changement a coïncidé avec notre réponse.
c. Le changement externe a été plus rapide que nos réponses. Le rythme de changement a dépassé nos décisions.

➡ Pour 35,9%, ce changement a coïncidé avec la réponse de l'entreprise.

➡ Par contre, 48,7% trouvent que le changement extérieur était plus rapide que la réponse de l'entreprise.

Cette dynamique qu'entreprend l'entreprise pour mettre en action une réponse face au changement sous-entend un horizon temporel. Là, nous parlons d'anticipation, très difficile à appréhender. Nous parlons de proactivité dans l'instant présent, et du futur. Est-elle en mesure d'anticiper à l'avance les conditions futures des facteurs qui l'intéressent ?

Tout dépend de son environnement : s'il est stable ou non. Elle est capable d'anticiper loin dans le temps d'autant plus si son contexte environnemental est stable. Cet espace-temps pourrait apporter une dimension nouvelle au changement. Dans le cas où, même si le changement est important, les capacités organisationnelles actuelles et futures sont différentes, et si ce changement est prévisible ou pas.

La force de nos entreprises en ce sens est, justement, d'avoir cette vision sur l'avenir qui n'est pas figée. Mais dont le pré-requis est le fait du dirigeant qui est à l'écoute de son équipe, à son service. Il la dirige, et oriente toute son organisation pour semer (quand l'heure de l'innovation a sonné) et pour récolter les graines du changement. Il est, aussi, au fait des nouvelles technologies. Il en est même l'acteur. Il investit dans les nouvelles solutions, en amont, dans la recherche des technologies de demain, qui nourriront et feront le marché.

La quatrième question traite de la prévisibilité ou de la période d'anticipation des éléments importants faisant partie de la décision : Combien de temps à l'avance le dirigeant pourrait-il anticiper les données futures de son entreprise lui permettant de prendre ses décisions ?

Ces prévisions ont pu être faites :

1- pour plusieurs périodes futures (3-4 années),

2- pour les prochaines périodes futures (2-3 années),

3- pour la prochaine période (un an),

4- même pas pour la période en cours.

Les réponses sont édifiantes, car à plus de 63% les entreprises indiquent que leurs prévisions se sont limitées à un laps de temps inférieur à un an (réponses 3 et 4).

➡ 42,1% des entreprises étaient limitées dans leur prévision à moins d'un an.

➡ 21,1% ne pouvaient même pas prévoir pour la période en cours (trimestre ou semestre).

3.3 Les décisions opérationnelles en temps de turbulences

L'enquête continue avec les décisions opérationnelles qui ont été prises par les dirigeants en temps de turbulences et qui ont impacté ou pas : les achats, leurs produits et leurs services, les prix et la marge, l'emballage, le réseau de distribution et les clients, les promotions, les fournisseurs, l'actionnariat, la structure financière, les nouveaux marchés. Les ressources humaines ne sont pas oubliées, avec l'acquisition de nouvelles compétences et de nouveaux métiers, elles sont premières.

Sur le sujet, les réponses doivent être regardées au prisme du caractère familial de ces entreprises qui sont des PME-PMI ou des ETI, dont les effectifs vont de 60 à 500 salariés. Ainsi, jamais, voire rarement, l'actionnariat de ces entreprises n'a été modifié. La raison ? L'actionnariat est, pour la plupart, familial. Concernant les modifications qui ont pu toucher les produits et les services en temps de turbulences, elles ont été rares.

En revanche, redisons-le, même si cela n'apparaît pas clairement dans l'enquête, certaines entreprises au Liban ont investi à ce moment-là. Elles ont lancé de nouveaux produits. Elles ont innové en pleine tempête. Quel courage !

Gemayel Frères, de son côté, a fait de nombreux investissements.

A contrario, certains entrepreneurs, rares, sont partis. Et, d'autres, plus nombreux, ont investi à l'étranger pour renforcer leur position locale. Dans l'industrie, par exemple, les emballages, les réseaux de distribution et les promotions ont été chamboulés, modifiés pour être améliorés, amplifiés. Réécrivons-le : les entreprises, à contre-courant, ont investi en pleine turbulence. Les fournisseurs, de plus, sont restés fidèles. Pourquoi changer, en effet, quand vous vivez ensemble (clients et fournisseurs) les moments les plus durs de votre vie d'entrepreneur ? Si ce maillage de la fidélité dans la bourrasque est au rendez-vous, il décuple vos capacités. Oui, il faut renforcer son maillage économique. C'est pour cela que la fidélité est une vertu !

Le « Right of first refusal » est la possibilité de revoir votre offre commerciale, et de vous aligner sur la concurrence, permettant ainsi au fournisseur historique de sauvegarder sa relation avec son client, toutes conditions et qualités égales par ailleurs. C'est la marque de fabrique de Gemayel Frères, et de beaucoup d'autres entreprises au Liban.

En pleine guerre (1975-1990), la grande majorité des entreprises impactées ont réussi à investir. C'est cela qu'il faut écrire en lettres d'or sur les frontispices des entreprises, et des usines, des chambres de commerce libanaises : *Entrepreneurs continuez à investir !* Au Liban, les entrepreneurs ont semé les graines de la croissance de demain pour les générations futures. Et la moisson a été abondante.

Du côté des structures financières et du financement des activités, il est intéressant de constater, qu'elles n'ont pas été modifiées par la plupart des dirigeants (qui ont répondu à l'enquête). Certes, il y a 30 ans, dans cette période considérée par l'enquête (1976-1995), les outils et les produits financiers n'étaient pas aussi développés qu'aujourd'hui. Il y avait moins de crédits (crédit à long-terme, crédit à la consommation, crédit d'investissement). Les crédits de fonds de roulement existaient, cependant.

Ce qui est remarquable, et il faut insister sur cela, pour finir sur cette partie, c'est que les entreprises libanaises, leurs dirigeants, ont pris de nouvelles positions commerciales en conquérant de nouveaux marchés. Comme si les turbulences les rendaient plus forts. Pour quelles raisons ?

« Il s'agissait de répondre aux clients, quoi qu'il en coûte, de l'étranger[150]. » Le *quoi qu'il en coûte libanais* n'a rien à voir avec le quoi qu'il en coûte français. Le premier est privé, il ne concerne que l'entreprise privée, quand le second est public, et ne concerne que l'Etat-Providence dispendieux, surendetté.

Au Liban, il n'y a plus d'Etat. Ou plutôt, il n'y avait plus d'Etat, jusqu'au réveil de 2025…

Terminons le sujet, par les nouvelles compétences (les recrutements) et l'acquisition de nouveaux métiers. C'est l'un des changements majeurs qui a permis d'opérer certains virages stratégiques. Certains, rappelons-le, ont investi massivement dans le capital humain, dans l'homme, dans sa formation aux métiers. Tel est le cas de Gemayel Frères, qui a sponsorisé un DESS à l'Université libanaise en partenariat avec l'Université de Grenoble.

3.4 La décentralisation et la délégation de pouvoirs en question

L'enquête se termine avec ces six propositions présentées aux dirigeants. La première s'intéresse à la *décentralisation* d'un grand groupe vers des centres d'activités stratégiques (centres de profit, ou tout simplement filiales).

« La décentralisation vise à faire passer la décision du sommet (de la holding de tête) vers ses centres opérationnels, ses filiales. Dans cet esprit, un grand groupe peut se diviser en centres d'activités, par

---

[150] Source : Fady J. Gemayel, le 5 septembre 2024.

produits et/ou par zones géographiques. Si, en temps de stabilité, la décentralisation n'est pas nécessaire pour nos entreprises, par contre, en temps de turbulences elle offre à l'entreprise un choix organisationnel très utile. Elle lui permet d'actionner les manettes du changement plus facilement et plus efficacement[151]. »

Du côté des réponses, sur les 38, 26 sont d'accord avec cette proposition. Mais, une question se pose : l'ont-elles mise en place cette décentralisation ?

De plus, notre problématique s'intéresse, aussi, à la notion de délégation.

La seconde proposition traite de *la délégation de pouvoirs en temps de stabilité*. La délégation de pouvoirs s'entend comme un passage de la décision vers un niveau hiérarchique inférieur. Par exemple, le directeur des ventes peut être autonome et décider sans en référer au directeur général.

La décision peut être déléguée en environnement stable. Des systèmes et des procédures permettent à la direction de déléguer la décision dans un contexte précis.

⇨ 86,8% des patrons s'accordent pour accepter et mettre en place cette délégation dans leurs organisations.

La troisième proposition est, peut-être, la plus intéressante puisqu'elle aborde directement la problématique de cette recherche.

La décision peut être déléguée en temps de turbulences. Les personnes en contact avec le changement sont les mieux placées pour répondre au changement.

Il est nécessaire de comparer ces résultats avec le cas de figure d'un contexte environnemental stable.

⇨ Ils ne sont plus que 53,8% à accepter la délégation en temps de turbulences. L'opposition à la délégation en contexte de stabilité augmente de 5,1% (en temps de stabilité) à 34,3% (en temps de turbulences).

La quatrième proposition clarifie les conditions de la délégation de pouvoirs en temps de turbulences.

La décision ne peut être déléguée en cas de turbulences en dessous d'un certain niveau, car même si les personnes en contact avec le changement sont bien placées pour le repérer, la réponse doit être globale et doit tenir compte de l'impact général du changement. Par conséquent on ne peut pas déléguer plus bas que la personne qui peut

---

[151] Ibid.

analyser tout l'impact et qui peut apporter la meilleure réponse globale.

➡ 69,2% des sondés conviennent, ainsi, en la nuançant, que la décision ne peut pas être déléguée en cas de turbulences en dehors d'un certain niveau hiérarchique, car même si les personnes en contact avec le changement sont bien placées pour le repérer, la réponse doit être globale et doit tenir compte de l'impact général du changement. Bis repetita.

La cinquième proposition clarifie davantage les conditions de la délégation de pouvoirs en temps de turbulences. Elle identifie surtout les facteurs qui doivent faire partie de tout système de gestion pouvant répondre aux besoins des entreprises opérant dans des conditions de turbulences.

La sixième et dernière proposition traite de la décentralisation d'un grand groupe vers des entités autonomes et de la délégation au sein même de cette entité. Dans ce cas aussi, six personnes sont tout à fait d'accord que l'on ne doit pas déléguer davantage au sein d'une entité en dessous du synchroniseur de cette entité du moment qu'on a décentralisé la décision vers cette entité. Quatorze personnes sont d'accord à un niveau quatre. Neuf personnes sont neutres. Une n'est pas du tout d'accord et une personne n'est pas d'accord à un degré de deux.

Il est impossible de savoir si, dans ce cas, les personnes neutres défavorisent la décentralisation d'une façon qui ne prête pas à équivoque, surtout que la proposition contient deux arguments : le premier relevant de la décentralisation et le second de la délégation.

4. Synthèse de l'enquête

Cette enquête met en relief le fait que la plupart des dirigeants rejettent la proposition de délégation de la décision en dessous d'un certain niveau hiérarchique, en temps de turbulences.

Cela s'explique sur le plan culturel. Au Liban, la plupart des entreprises sont familiales. Et, cette forte appartenance, cet ADN familial renforce la personnalité des dirigeants, qui fait corps avec l'histoire, le respect du travail accompli et l'honneur de développer l'entreprise pour, à nouveau, la transmettre. Le dirigeant est, en quelque sorte, la cheville managériale, le dépositaire et la pierre angulaire de l'esprit entrepreneurial familial.

Face aux turbulences, ces capitaines d'industrie de haute envergure ont un bel objectif : transmettre, transmettre et transmettre à la génération suivante. C'est pour cela qu'ils aiment tout maîtriser, qu'ils travaillent énormément, qu'ils démarrent au plus bas de l'échelle, et qu'ils choisissent leurs hommes-clefs avec une grande parcimonie. Et, de fait, ils ne délèguent que très rarement en dessous d'un niveau hiérarchique.

Quant à la décentralisation, ils en font la promotion, c'est certain. Elle est locale, nationale, régionale et internationale. Car, ils sont fervents de la valeur de subsidiarité. *Subsidiarité*, un mot-clef qui est une stratégie d'entreprise à lui tout seul !

Au sujet de la délégation, et parce que la réponse doit être globale tout en tenant compte de l'impact général du changement sur l'ensemble de l'organisation, il est bon de redire qu'on ne peut pas déléguer en deçà de la personne qui peut analyser tout l'impact d'une décision managériale et qui peut apporter la meilleure réponse globale. Cette personne est, tout simplement, le *directeur général.*

De plus, même si la délégation est généralement un moyen de motivation important, dans un environnement turbulent, elle doit tenir compte de facteurs nouveaux. Il s'agit du rôle du coordinateur qui analyse les répercussions globales de chaque action et qui décide parmi l'éventail des choix possibles. Il décide, également, du temps de lancement et de la durée de l'action envisagée. Le coordinateur, qui est, aussi, le directeur général, ou son adjoint, doit devenir le maître du temps. Un maître qui est, aussi, un serviteur. Sa maîtrise est au service de l'ensemble de l'entreprise, des collaborateurs et des parties prenantes.

Ainsi, plus bas dans l'échelle hiérarchique, un directeur de fonction a pour belle mission de rapporter toutes les données d'information au directeur général. Cela constituera son tableau de bord. Et, s'il y a besoin de modifier la décision préétablie par son DG, il ne le fait qu'avec l'accord explicite de ce dernier. Le directeur général doit pouvoir décider après avoir analysé les répercussions sur toute l'entreprise et jugé le temps opportun du remaniement.

5. L'enquête 30 ans après…

Pour terminer ce chapitre, il nous a paru nécessaire de convoquer quelques-unes des entreprises qui avaient répondu à cette enquête, il y a 30 ans. Aujourd'hui, leurs dirigeants ont passé la main ou sont, toujours, au conseil d'administration, en tant que président.

Il est vertigineux d'interroger l'histoire, il l'est encore plus de regarder 30 ans en arrière. Ils se rendent compte du chemin parcouru, des écueils, et de cette turbulence permanente qui est plurielle. Et cela, quel que soit leur secteur d'activité dans les assurances, l'import-export, le médical, le dentaire, la cosmétique, les jouets, les alcools, etc. Réussissant leurs activités au Liban et à l'étranger (en France, au Moyen-Orient, en Afrique, en Europe et aux Etats-Unis), ils ont servi le plus grand nombre de leurs coreligionnaires en embrassant les responsabilités au sein des Chambres de commerce, des Institutions économiques, et autres. La plupart ont multiplié par 2, 5 ou 10 leurs activités. Quant à l'enquête, ils valident leurs réponses d'il y a trente ans, l'espace d'une remémorisation, d'une remise en situation. Et, ils la mettent à l'ordre du jour, en rajoutant des turbulences, et d'autres données telle que la poussée des nouvelles technologies de l'information, l'intelligence des données et leur gestion.

Ils sont convaincus que rien ne remplacera le savoir-être et le savoir-faire, le métier et ses nuances ; les valeurs familiales dont ils ont hérité et qu'ils se sont mis à transmettre. Tous sont à ce stade : de la transmission et/ou de la cession, comme si une génération passait le relais à une autre, à la suivante. Quel bonheur de transmettre !

Leurs entreprises familiales sont souvent centenaires. Elles sont durables et ont essuyé de nombreuses tempêtes, qui se transformaient en cyclones et en ouragans. Face à ces fortes turbulences, le temps a été pour eux essentiel : il fallait réagir vite, changer de stratégie, innover. Et, leur génie – car il y en a un – est d'innover avec de l'innovation peu coûteuse : celle de l'intelligence, du bon sens, du réseau…

Leur survie a été, également, de réussir à déléguer et à décentraliser. Certes, quel que soit la décentralisation et la délégation, ils gardaient le pouvoir. La dernière décision, le dernier mot c'était le leur. Mieux encore, en forte turbulence (elles n'ont, finalement, jamais cessé) ils investissaient et rachetaient des entreprises en difficulté. 3, 4 générations (la 5è est en formation) plus tard, ils sont tous d'accord pour dire : « Il y a des patrons qui détruisent et mettent la clef sous la porte. Et, il y a des dirigeants qui construisent. »

Si du côté du temps, il fallait aller vite. Du côté des hommes, il fallait aller plus lentement et en prendre soin. Certains, par exemple, en pleine guerre, ont pris le risque de continuer à payer les 365 jours annuels, alors que l'activité avait été divisée par 5 ou 6. Ils ne le regrettent pas. Ils ont, ainsi, fidélisé des collaborateurs pour longtemps. Jusqu'à la fin des temps !

Quand on importe des médicaments et que l'on représente Bayer ou Pfizer, par exemple, la rigueur de la marque et du laboratoire pharmaceutique vous précède. Elle facilite la vente.

Servir la marque est, aussi, important que servir le distributeur, le médecin et le patient, qui vient boucler la chaîne de valeurs. « La turbulence [sont évoquées les guerres de 1975-1990 et leurs graves conséquences sur la fermeture des aéroports et des ports] nous a obligé à nous délocaliser à Chypre », se souvient, ainsi, ce grand patron. Quand les voies normales de la distribution de marchandises sont coupées, fermées, il faut trouver de nouvelles solutions. Le client final n'attend pas. La solution passe, là encore, par la décentralisation des dépôts de livraison et de distribution sur tout le territoire.

Si l'actionnariat a peu évolué, parce que familial, il l'a été lorsqu'il s'est agi de réaliser des fusions et des acquisitions, notamment dans le cadre de la distribution de médicaments.

L'investissement dans le marketing a été, également, une décision managériale qui, en temps de turbulences, s'est avérée gagnante. Qui innove et investit en temps de turbulences ?

En fin de compte, ils sont d'accord pour dire que les turbulences sont devenues ordinaires, qu'elles font partie de leur quotidien. Que l'homme a été sauvegardé, leurs collaborateurs répondant présents. Ils ont risqué leur vie en se rendant au travail, comme d'autres ont risqué leur vie en se rendant à l'université ou à l'école, en traversant la rue. Il fallait faire attention aux snipers. Si vous ne profitiez pas de l'angle mort, vous deveniez une cible… visible.

Ces patrons évoquent tous le *bien-commun*, devenu une marque, un nom, une réalité qui unifie la complexité née des turbulences, aux hommes et au temps.

Pour eux, la stratégie en temps de turbulences est « le vrai management ».

Enfin, ils ont suivi plus ou moins la méthode du CHT, comme Monsieur Jourdain, sans le savoir !

VI. DEMAIN QUELS ENJEUX ?

Avec ce chapitre, nous entrons dans les enjeux qui pour la plupart concernent notre futur, mais, certains, nous interpellent, déjà, aujourd'hui. Ces enjeux impactent 100% de nos entreprises : les hommes, les relations que nous, les dirigeants, avons avec nos collaborateurs et nos parties prenantes. Ils touchent aux fondements de nos structures, de nos organisations. L'entreprise étant un organisme vivant où le temps joue son rôle d'horloger et de consommateur de vie, l'un des enjeux est, effectivement celui du temps que nous apprendrions à mieux maîtriser grâce aux *nouvelles technologies*, et, notamment, grâce à la *numérisation des données*, grâce à l'*intelligence artificielle*. N'oublions pas les hommes que nous apprendrions à mieux servir, et la complexité que nous apprendrions à mieux appréhender.

La question de la valorisation de l'entreprise y est, aussi, soulevée, à l'heure où, en France, et dans le reste du monde, après une accalmie subie, liée aux contraintes des crises sanitaires (l'année 2023 était en net repli) le premier trimestre 2024 a vu une croissance de +30% des opérations de fusions-acquisitions.

La valorisation de nos entreprises, leur gestion et leur développement sont liés. La culture du chiffre qu'il faudrait, à la fois, diffuser à tous les étages – la démocratiser en un mot – pour qu'elle ne reste pas entre les mains de quelques-uns, des experts, permet cet exercice. Il s'agit de répondre à ces questions : ai-je créé de la valeur, me suis-je développé, et combien vaut, par conséquent, mon entreprise ? La culture du chiffre doit rencontrer celle de la complexité, des hommes et du temps. Dans nos sociétés de plus en plus chahutées et immédiates, nos objectifs sont bien de :

- Sauvegarder notre croissance et de la développer ;
- optimiser notre organisation et nos structures afin de les rendre plus agiles, plus flexibles, plus mobiles ;
- améliorer nos ressources et nos conditions de travail, avec le dilemme de savoir, par exemple, si les avantages seront, toujours, acquis et améliorés ; si la participation salariale sera, toujours, au rendez-vous (quand elle est versée) ;
- mettre en place des stratégies et des business plans qui soient en capacité d'être améliorés, de glisser vers l'optimisation, vers la performance maximale ;
- préparer la transmission, passer le relais aux prochaines générations.

Commençons par évoquer l'enjeu de la structuration de nos structures.

1. Vers une nouvelle structure d'entreprise

L'expertise sans expérience ne servirait presqu'à rien. Ce serait comme un voilier flambant neuf, tout droit sorti de son chantier naval, qui n'aurait pas fait ses armes et qui aurait à son poste un moussaillon tout droit sorti de l'école, diplômé mais sans expérience significative. Le contenant et le contenu ont leur importance. Il vaut mieux que ce soit le contenu qui soit au rendez-vous, lorsque le contenant n'y est pas, plutôt que l'inverse. Sinon, c'est la dégringolade : la promesse non-tenue, l'incapacité entraînant la méfiance. Et, qu'y-a-t-il de pire que la méfiance ? Qu'y-a-t-il de pire que la méfiance du client, du fournisseur, des parties prenantes, des femmes et des hommes, des salariés ?

Le pire ce serait l'absence de client, et/ou l'absence de marché, ce qui revient au même. Lorsque les deux sont au rendez-vous et remplissent leurs promesses, l'activité de l'entreprise continue sa belle ascension.

Fady Gemayel a une longue expérience, depuis ses premières années au sein de l'entreprise familiale et depuis l'obtention de son doctorat. Il a navigué dans de nombreuses eaux qu'elles soient cristallines, limpides ou plus ou moins troubles. Mais, il connaît mieux que quiconque les eaux troubles, à l'échelle nationale et internationale.

Son expérience nourrit le contenu de ce livre. Elle synthétise une vie professionnelle dévouée au sein de l'entreprise familiale qui était une belle PMI libanaise de 140 personnes en 1984. Elle est devenue, aujourd'hui, un groupe de deux entités de 450 personnes au Liban et de 3 entreprises en France regroupant 325 personnes. « Si je n'avais pas compris l'enjeu de la structuration qu'il faut appréhender dès le départ, je n'aurai pas pu continuer ma croissance telle que je l'ai connue. Je n'aurais pas pu reconstruire et me développer… »

L'enjeu de la structuration versus la croissance, versus la reconstruction… L'évolution structurelle de Gemayel Frères s'est faite par croissance interne et externe, dans un environnement très turbulent. Tout au long de ces 40 années, GF a répondu aux exigences opérationnelles du quotidien et du moyen terme. Également, il a tenu à affronter les défis stratégiques du long terme. Finalement, il a eu la chance de continuer son aventure entrepreneuriale, parce que par sa taille il était plus agile, plus mobile, plus souple.

En outre, parmi les différentes configurations organisationnelles, en général, la PME-PMI et l'ETI, face aux groupes et grands groupes, sembleraient être les mieux placées pour résoudre la fameuse dichotomie entre la croissance externe et la croissance interne, entre les notions d'efficacité et d'efficience.

Lors d'une acquisition, par exemple, la question qui se pose est celle-ci : comment intégrer la nouvelle filiale ? Et, en cas de croissance organique, comment conquérir de nouveaux clients et de nouveaux marchés sans trop contraindre la structure existante ?

Sur ces grands sujets, le *CHT integrated management* a plus que son mot à dire. Comme vous l'avez découvert, il permet la création de dispositifs qui favorisent l'intégration et une nécessaire convergence surtout en temps de turbulence, une adaptation de nos organisations et de nos structures. En démontrant les apports de la convergence des trois dimensions complexité, hommes et temps, la structure devient une forme adaptative. Elle est évolutive, et suit un « métabolisme structurel » qui lui est propre. Elle devient ce qu'elle est finalement : un corps biologique.

Chaque entreprise assure, ainsi, ce triptyque suivant les conditions propres à son environnement, à ses hommes, et à ses ambitions.

Dès-lors, la notion de structure acquiert une grande importance quand pour une PME-PMI, l'intérêt des dirigeants privilégie une évolution stratégique, plutôt qu'une simple optimisation des opérations à court terme. La structure gagnerait dans ce cas à pouvoir accompagner la réalisation de ces ambitions.

Alors que le principe conceptuel a été prouvé, ce chapitre propose une configuration organisationnelle pratique qui permet à une PME-PMI de s'engager progressivement dans la voie de la croissance.

Ce chapitre développe davantage la structure organisationnelle de la PME-PMI. Il présente des dispositifs supplémentaires concrets qui permettront à une PME-PMI qui veut aller au-delà de la simple consolidation, de sa position dans son activité de base, d'avoir la structure appropriée. Elle va lui permettre de prospecter et de réaliser sa croissance tant dans son cadre d'activité plus large, que dans les nouveaux secteurs d'activité ciblés pour lui assurer des opportunités de croissance.

Par exemple, une banque commerciale pourrait se développer dans les activités de banque d'affaires. Elle pourrait, aussi, se développer dans le cadre d'activités financières proposant, entre autres produits, les produits d'assurance. Mais, elle doit se structurer en conséquence.

De même, une entreprise industrielle de boîtes en carton peut se développer dans le secteur plus large de l'emballage. Elle pourrait, aussi, se développer en amont en passant à la production du papier. La vision stratégique serait d'intégrer toutes les activités de la filière.

Tout cela concourt à ouvrir des axes de développement qui représentent un potentiel pour l'avenir de toute PME-PMI ; et, d'ailleurs, rares sont les grandes entreprises actuelles qui ont atteint cette « apogée » sans passer par des phases. Peu de grands groupes actuels ont été créés comme tels dès leur lancement !

1.1 Les enjeux et les risques

Comme nous l'avons vu précédemment, les modèles classiques de gestion misent sur une logique d'anticipation et de prospection, d'objectif et d'alignement des ressources. Cette séquence répond, certainement, à la logique, ou bien même à la rigueur conceptuelle ; et, elle s'applique le plus souvent dans le cas de nouveaux projets.

Il arrive souvent que les entreprises se trouvent en pleine dynamique stratégique sans que les phases de cette dynamique soient nécessairement bien appliquées selon une feuille de route aussi claire que prévue. L'observation du développement de plusieurs groupes en témoigne.

Rappelez-vous, Mintzberg et Quinn avaient depuis longtemps insisté sur le fait que l'activité stratégique émergeait dans les entreprises, sans nécessairement suivre les séquences déterministes du seul plan stratégique. Ils évoquaient la croissance qui se faisait souvent par saccades.

De plus, dans un environnement turbulent, des opportunités imprévues naissent souvent. Comme on l'a vu avec notre exemple : il n'y a pas que des mauvaises surprises. Impossible, en effet, de laisser passer les opportunités, parce qu'elles n'étaient pas prévues. En outre, lors du lancement du plan stratégique, des changements imprévisibles peuvent avoir lieu. Que fait l'équipe dirigeante dans ce cas ?

Est-ce qu'elle continue dans sa même lancée nonobstant les altérations qui auraient touché les piliers du plan ? La réponse parait évidente, mais il n'est pas nécessairement évident pour l'équipe de convenir sur le déclic de l'enclenchement de la modification. Les perceptions et les interprétations des graines de changement ne font pas toujours l'unanimité surtout dans cette phase initiale et peu visible du changement. Le décryptage et la sensibilité à l'ampleur du changement varient au sein même de l'équipe. Les personnes en contact avec la source du changement sont, ainsi, plus qu'obligées de réagir. C'est tout l'enjeu. Un enjeu qui n'est pas sans risque.

On ne le redira pas assez : **La force de la PME-PMI réside justement dans son agilité, sa flexibilité, sa souplesse.**

La PME-PMI peut être flexible à la fois dans ses opérations et dans sa stratégie. Toujours est-il, qu'au-delà de sa flexibilité, son action ponctuelle doit s'écrire dans ses enjeux stratégiques.

Une fois que le changement est constaté par les membres de l'équipe, donc, au niveau opérationnel, la dynamique de réponse peut être mise en marche. L'information est transmise rapidement permettant une prise de décision rapide. La retransmission de cette décision est à son tour plus fluide. Les dirigeants d'une PME-PMI ont, ainsi, les moyens d'être stratèges dans leurs opérations, et opérationnels dans leurs stratégies. La préparation du passage d'une stratégie qui optimise les opérations actuelles, à une stratégie de création d'opérations futures dans de nouvelles activités est, également, l'objet de ce chapitre. Il s'agit, ainsi, de maintenir l'action unifiée de la PME-PMI, et dans le même temps de lui permettre d'être flexible dans ses réponses au changement, et d'être créatrice de valeur en misant sur l'approche d'optimisation permanente. Enfin, il s'agit, aussi, de permettre à nos entreprises d'engager et de redéployer ses forces dans des activités émergentes, sources de croissance.

L'enjeu de la croissance devient un double défi. A part les fonds, la PME-PMI a intérêt à miser sur ses hommes. Une fois les seconds sont prêts, opérationnels et très efficaces, une fois les projets sont alignés stratégiquement, les ressources, alors, deviennent en fait plus facile à trouver.

Nos PME-PMI, nos ETI, gagneraient, ainsi, à avoir leur équipe non seulement préparée et prête à saisir les opportunités de croissance, mais surtout prédisposée à créer les axes de développement potentiel. En d'autres termes et en résumé : l'équipe doit être prête et ses ressources également. Prête à se développer, à se structurer… Besoin de grandir !

Prenons un exemple, celui d'IKEA. Le groupe suédois a réussi à croître de façon exponentielle en développant une nouvelle stratégie très innovatrice dans la conception, la distribution et la vente de mobiliers et d'objets de décoration intérieure. Elle a lancé de nouveaux modes opératoires. Elle a modifié l'accès aux biens de consommation concernant le secteur de l'agencement intérieur. Elle a fait rentrer le client dans un univers, qui était entre les mains fermées des professionnels. Elle a fait rentrer le client dans un univers « professionnel », celui d'IKEA, comme s'il était « à la maison ».

C'était un défi incroyable pour son fondateur, Ingvar Kamprad[152]. Son groupe s'est structuré en conséquence et a innové. Il a distancé tous ses concurrents et a permis aux consommateurs de devenir la partie prenante clef de son processus industriel de fabrication et de distribution.

Ainsi, à partir de la modification de paramètres opérationnels, très différenciants de ceux de la concurrence, le client et toute l'activité de l'entreprise ont été captés de façon considérable. Sans l'avoir dénommé ainsi, Fady Gemayel se risque, lui, à dire que ces dirigeants ont mis en place les valeurs du *CHT Integrated Management* et du principe de l'optimisation permanente, avant l'heure.

Par la suite, d'autres chaînes de distribution ont mis en exergue ce changement, véritable révolution qui nous vient de Suède. Encore une fois, l'étendue de son application n'est pas relative. Elle a inspiré de nombreux entrepreneurs. Elle a fait école.

La structuration des magasins IKEA est un modèle. Elle a tenu compte de la dimension temps, en interne, mais, également, en externe. Vis-à-vis du client déambuler dans les différentes pièces de sa maison reconstituées selon les formats géants de ces magasins-entrepôts-vitrines est la maîtrise optimale de cette dimension temps, mais, également, de sa structuration et de l'engagement des collaborateurs dans un processus métier innovant.

Cette révolution du « prêt-à-poser » et du « libre-service » est encore plus remarquable, car IKEA a réussi le tour de force de se structurer en simplifiant la complexité de son activité. Tour de force qui était, également, un pari du conditionnement et de la logistique.

---

[152] Ingvar Kamprad (1926-2018) est né en Suède, à Pjätteryd, dans le sud. Pauvre, d'une famille de paysans, il est un serial entrepreneur, un touche-à-tout. Avant ses 10 ans, il démarre sa vie d'entrepreneur en faisant du porte-à-porte et en vendant des graines. Puis, il multiplie ses activités, tel un grossiste à son compte. Il crée la marque IKEA en 1943. Ses premiers meubles sont fabriqués localement par des artisans et sont vendus par le biais d'une brochure. Nous sommes en 1945-1947. Mais, c'est 10 ans plus tard, en 1955, qu'il laisse sur la ligne de départ tous ses concurrents du secteur, alors qu'il franchit la ligne d'arrivée en s'industrialisant, en supprimant les intermédiaires, et en proposant des prix très compétitifs mêlant la qualité au prix bas. Son savoir-faire et sa vision du métier explose littéralement, lorsqu'il décide de proposer ses propres meubles « prêts à monter », dans des emballages ultra-plats, tels que ceux que l'on connaît aujourd'hui. Ingvar Kamprad est devenu designer. On connaît la suite et son développement à l'international. Le groupe IKEA a réalisé en 2024 un chiffre d'affaires de plus de 45 milliards d'euros.

La question était la suivante : **Comment se structurer en rendant directement disponible pour le client des meubles, des objets de décoration sous la forme de kit à assembler et prêt-à-poser ?**

On le comprend, le marché d'IKEA était, est, et restera global. Impossible de rester toute petite. En revanche, une petite entreprise peut aspirer à rester petite. Elle peut aussi avoir l'ambition de se développer. La notion de structure de l'entreprise surtout pour une PME-PMI mérite, ainsi, qu'on s'attarde davantage à ses particularités et à ses enjeux. Au fur et à mesure que l'équipe grandit, l'entreprise n'a de choix que d'accepter des limitations à ses optimisations. En réalité souvent le DG d'une PME-PMI a le choix entre une optimisation de son entreprise strictement dans le cadre de ses produits et marchés actuels, ou bien de faire un pas stratégique de croissance « en externe ». C'est pour cela, d'ailleurs, que de nouveaux produits ou bien de nouveaux marchés naissent.

Il est bon de rappeler que ces axes de croissance sont envisageables :

- L'entreprise vise de nouveaux clients, de nouveaux marchés, des différentes zones géographiques, de nouveaux collaborateurs.
- L'entreprise vise de nouveaux produits destinés aux clients actuels.
- Ou bien une combinaison des deux axes précédents.

Dans la littérature académique, des auteurs parlent d'une manière sommaire de l'évolution de l'entreprise vers des spécialisations plus définies qui font aboutir aux divisions du nouveau groupe. Toutes nos entreprises ne sont pas appelées à une telle croissance. Et, c'est le cas. Cependant, la PME-PMI gagnerait à identifier le plus tôt possible les subtilités des différenciations de ses marchés et de ses produits, afin de se structurer en conséquence. Ou de se préparer à sa future structuration. L'objectif reste double :

- Il s'agirait de mieux servir ces divisions, ces structures qui se ressemblent et qui pourraient être rassemblés dans des entités séparées plus tard.
- Et, de commencer à graduellement responsabiliser les collaborateurs de la transition vers de petites entités.

Ces divisions sont les embryons de sa croissance future.

1.2 Le plus grand défi ?

C'est justement ce passage qui constitue le plus grand enjeu, le plus grand défi pour la PME-PMI.

Un défi à la fois structurel, financier et commercial. Car si, dans sa longue vie, l'entreprise optimise sa rentabilité courante, elle doit penser à investir pour l'avenir. Elle mute, se transforme, met en harmonie sa structuration, son organisation et ses intérêts opérationnels et stratégiques, non seulement en fonction de ses objectifs, des opportunités ; mais, elle le fait, également, en fonction des menaces et des risques. Il vaut mieux prévoir la menace et l'anticiper, se structurer pour ne pas avoir à la subir, et risquer de tout perdre.

L'idéal serait qu'elle fasse un « stretching » de ses capacités, de ses compétences et de ses ressources. Des modifications structurelles précises peuvent faire la différence, mais peuvent, également, désorienter la société. C'est pour cela qu'elle doit être flexible, assurer la cohésion de ses équipes en pilotant ses opérations dans la bonne direction.

Du côté financier et du côté bancaire, en phase de croissance, ses besoins nécessitent des fonds de roulement substantiels. Elle doit avoir les yeux rivés dessus. Souvent, les banques peinent à assurer cette couverture, cet accompagnement structurel. Ne pas le faire, c'est gripper la structure, arrêter son mécanisme. Les banques doivent prendre leur part de risque. Parfois, elles ne prennent pas le risque de financer la croissance dans de nouvelles activités. Des compromis sont à faire. Ou plutôt des arbitrages : ceux qui ne sont pas de l'ordre de la politique de maximation des bénéfices à court terme, mais, plutôt, ceux qui consistent à assurer les objectifs à court, moyen et long terme, et qui peuvent assurer la croissance future.

Tel un équilibriste, le banquier doit aider le chef d'entreprise à faire tourner en même temps ces trois assiettes : celle du court terme, celle du moyen terme et celle du long terme. Le plus grand défi, c'est le temps et la vitesse. La vitesse ? Oui, car la première, celle du court terme, tourne plus vite que les autres.

Toujours côté finance, une autre question se pose : peut-on restreindre la réussite aux seules entreprises qui ont des finances abondantes ? La structuration est, effectivement, dépendante des ressources financières, abondantes ou non ? Dans le cas où les disponibilités financières le permettent et dans le cas échéant d'une bonne rentabilité, l'entreprise doit s'organiser dans ses activités de (re)structuration, même au risque d'assumer de fortes doses de surcoûts.

Toute vision pour une stratégie de croissance s'accompagne directement d'un choix même non déclaré sur la structure organisationnelle et sur le rôle de l'homme dans l'entreprise. Eventuellement, elle fait appel aux spécialistes qui gèrent l'élargissement de son cadre d'activité.

Prenons un exemple. Et, posons-nous la question suivante : Si un groupe qui opère au Liban veut dupliquer sa réussite à l'étranger, peut-il le faire s'il n'a pas les compétences additionnelles disponibles en interne, les ressources et les structures suffisantes ? Est-il armé pour exporter, développer son activité en dehors de ses frontières ? Peut-il envisager de racheter des entreprises, par exemple ?

Au sein de Gemayel Frères, nous avons répondu à ces questions. Et, la réponse est oui, dans notre cas. Car notre know-how, notre savoir-faire est réel. Il est presque centenaire. Ce qui n'empêche pas de rassembler une task-force, une équipe dédiée interne complétée par des experts de haute envergure. Car la structuration d'une entreprise peut demander de nouvelles ressources, surtout si l'on veut que la productivité ne soit pas dépendante ou atteinte par le processus de structuration.

Au contraire, ces nouvelles ressources vont faciliter ce processus. L'objectif étant de profiter d'un effet de levier en orientant les compétences actuelles et les compétences nouvelles ajoutées vers les nouvelles activités. Le défi est de réussir à équilibrer l'objectif d'une rentabilité budgétée à celui de l'augmentation des compétences internes.

Pas facile.

Pour éviter les redondances, et pour anticiper sur des dysfonctionnements futurs liés à des doublons, l'entreprise gagnerait à doter son équipe actuelle d'une intelligence managériale permettant la gestion de ses mêmes ressources en vue d'une extension (lors d'un rachat, ou lors de la création d'une filiale, par exemple). Cette dynamique exigerait, ainsi, au niveau des membres de l'équipe une double compétence : non seulement celle de la connaissance du « business », de sa documentation, mais, aussi, celle de la gestion des équipes et des ressources. En d'autres termes, il faudrait, justement, que dans nos entreprises, nos équipes (pas toutes) se transforment en « task force » en choisissant parmi elles des femmes et des hommes pluri-fonctionnels, des seniors rompus à cet exercice et des juniors audacieux et brillants, qui formeraient une équipe dédiée à la structuration, à la création d'une nouvelle entité, au rachat, etc. Dans le monde des affaires la structuration n'est pas un vain mot.

Elle est d'actualité, notamment pour :

- Des PME-PMI, qui, en fonction de leurs secteurs d'activités, de leurs équipes et de leur stratégie, avancent à des rythmes différents, en passant des caps : de 0 à 10 salariés, de 10 à 30 salariés, de 30 à 50, de 50 à 100, de 100 à 250, etc ;
- des entreprises qui ont consolidé leurs activités à partir d'une PME-PMI jusqu'à devenir aujourd'hui un plus grand groupe ;
- des grandes entreprises qui sont le fruit de fusions et d'acquisitions de plus petites entités ;
- des grands groupes qui ont été créés d'emblée comme tels à partir d'une action concrète qui a regroupé des investisseurs, et des entrepreneurs dignes de ce nom, qui à un moment donné ont voulu engager une nouvelle dynamique d'envergure dans un secteur déterminé.

1.3 Du côté de l'Allemagne et de l'Italie

En Italie, la PME-PMI est plus qu'une épine dorsale de l'économie, elle est la cellule par excellence du corps tout entier de l'économie, plus qu'en France et dans tout le reste de l'Union Européenne. Car, elle a réussi à sauvegarder ce trésor qu'est la clef de maillage de ses PME-PMI entre elles. Ainsi, et pour cette raison, la Lombardie est une des régions les plus dynamiques et les plus riches du pays à la forme de *botte*. Elle est tapissée de PME-PMI multiples, qui excellent dans leur domaine.

Cette région est la plus peuplée, également. Son histoire explique qu'elle soit devenue la première région économique du pays. Quelques chiffres clefs nous indiquent son dimensionnement : elle représente plus de 20% du PIB italien[153]. Et, le tiers des exportations italiennes se fait à partir de la Lombardie. 79 % des entreprises lombardes emploient moins de cinquante personnes. Et, seulement 3% des entreprises ont un effectif de plus de 250 personnes.

---

[153] En 2023, le PIB italien est estimé à 2 150 milliards d'euros, selon la Banque Mondiale. Juste derrière l'Allemagne, l'Italie est considérée comme le numéro deux de la machine-outil en Europe. Elle est, également, leader dans le secteur de la mode, celui de l'automobile, mais aussi de la métallurgie, de l'agroalimentaire, de l'emballage et du traitement des déchets. Le PIB de la Lombardie est de l'ordre de 480 milliards d'euros. Pour en savoir plus : https://www.assolombarda.it/

En Allemagne, rappelons, a contrario, le rôle primordial, relevé par Hermann Simon[154], des "grandes" PME-PMI. Elles sont le fer de lance des exportations allemandes. L'auteur appelle les *hidden champions* ces 500 entreprises allemandes et internationales qui sont des leaders spécialisés dans leur secteur d'activité et qui ont su grandir, se structurer au moment opportun. Elles sont industrielles. Leur chiffre d'affaires est inférieur à quatre milliards de dollars. Elles peuvent employer jusqu'à plusieurs milliers de personnes.

Sur ce sujet de la taille, qui pourrait être la ligne de mire de certaines de nos PME-PMI, il faudrait noter que la dynamique de l'évolution de l'entreprise doit être examinée avec beaucoup d'attention.

Au fil de l'histoire quelles sont les raisons qui ont emmené la petite entreprise vers la taille d'une ETI, puis, vers celle d'un groupe ? C'est l'histoire qui explique l'évolution, la consolidation, l'expansion. Si les ouvrages concernant l'évolution des grandes PME-PMI vers celle de groupes et de grands groupes sont abondants dans la littérature, l'étude de l'évolution de la PME-PMI vers celle d'une plus grande PME-PMI gagnerait en fait à être approfondie.

Souvent la littérature parle de la transformation de *l'entreprise soleil* vers celle des entreprises pluri-divisionnelles comme un acheminement logique et normal dans le parcours de l'entreprise. En pratique, cette métamorphose n'est pas une harmonieuse évolution comme elle semble l'indiquer.

1.4 Le rôle des dirigeants

Le processus dépend de la volonté de l'équipe dirigeante et des conditions de l'entreprise.

Il est, certes, concevable que la PME-PMI qui a une forte capacité de financement, ou d'accès aux finances, a en effet plus de chances d'aborder, ou plutôt de mettre en exécution des ambitions stratégiques de croissance très tôt dans sa lancée. C'est un fait, et c'est même une lapalissade. Plus l'équipe dirigeante est visionnaire et plus elle arrive, non seulement, à saisir les opportunités de croissance, mais à les anticiper, à les créer.

---

[154] Hermann Simon (1947-) est un professeur et chercheur, qui est passé dans plusieurs universités allemandes. Associé au MIT, à l'INSEAD (à Fontainebleau), et à la London Business School, il a écrit de nombreux ouvrages de management qui font référence, notamment : *Les Champions Cachés du XXIe siècle*, en 2012, *Les Champions Cachés de la Performance*, en 1998, et *Hidden Champions*, en 1996. Il a créé son propre cabinet de conseil, Simon-Kucher & Partners.

Au Liban, certaines banques qui étaient parmi les plus petites, il y a dix ans, et qui aujourd'hui font partie du groupe alpha - des dix plus grandes - en sont un bon exemple.

Dans un autre secteur d'activité : celui de l'automobile, qui aurait dit que Fiat, qui était à l'époque la cible de GM, se retrouverait au chevet de Chrysler ? Alors que GM est en phase de dépôt de bilan, Fiat ne se contente pas de Chrysler, mais elle a, aussi, des visées sur Opel[155] !

Cette agressivité de comportement stratégique est plus difficile à mettre en place quand les finances ne sont pas à la mesure des ambitions.

Cependant, il ne fait pas de doute que plusieurs groupes qui existent aujourd'hui ne sont pas ceux qui, il y a quelques années, étaient nécessairement les mieux lotis.

A contrario, dans cette course à la structuration et à la taille, l'ensemble des PME-PMI revendiquent leurs petites tailles (comme en Italie). Elles veulent se focaliser sur leur *core business*, sur leur cœur de métier. Elles ne cherchent pas à se développer dans d'autres activités. Des PME-PMI peuvent, également, appartenir à des investisseurs, à des fonds d'investissement, qui veulent eux-mêmes diversifier leurs participations et leurs risques, à leur niveau et non au niveau de la PME-PMI. Ainsi, la PME-PMI peut faire partie d'un groupe qui développerait d'autres produits au niveau d'une autre entité et non pas au niveau de la PME-PMI elle-même. Elle ferait partie d'une structuration de type satellitaire. L'organisation d'une telle PME-PMI favorisera l'efficience opérationnelle et la gestion des coûts. Elle se soucie de la bonne couverture des marchés et de la satisfaction des clients.

Revenons, un instant, au livre d'Hermann Simon, qui fait l'éloge des industriels allemands. Son titre en dit long sur ces entreprises : Hidden Champions of the 21st Century. Comparées aux grands groupes allemands, ces entreprises sont « petites ». Toutefois, elles représentent la force exportatrice et industrielle de l'Allemagne. Elles sont significatives, très, car l'exportation par habitant dépasse largement celle des Chinois.

---

[155] En 2009, Fiat s'alliait avec Chrysler, en prenant une participation de 20%. En 2014, les deux entités fusionnaient pour former une nouvelle structure : FCA, Fiat Chrysler Automobiles. En 2019-2020, FCA et PSA fusionnent pour former Stellantis, le 4è groupe automobile mondial.

2. Une feuille de route pour une structure évolutive

Des ouvrages de gestion ont traité de la notion de structure pour une PME-PMI. Ils en parlent, comme dans les ouvrages anglo-saxons, sans préciser clairement le type d'entreprise : à savoir s'il s'agit d'une PME-PMI ou d'un grand groupe.

Ici, nous nous focalisons encore plus sur la structure d'entreprise qui évolue non autour d'un produit mais autour du besoin client, tout en lui greffant d'emblée des gènes de croissance.

C'est une lapalissade, car la question de la structuration de l'entreprise se pose dès sa naissance, lors de sa création, ce qui implique, dès le départ, la question de son envergure et de son dimensionnement. Elle se pose, également, lorsqu'elle atteint les différents paliers de sa croissance. Elle se pose, aussi, lors des turbulences où le dirigeant s'interroge sur un pivotement éventuel. Elles refont surface lors des restructurations, des cessions et des rachats.

Enfin, c'est un sujet stratégique.

La structure de l'entreprise reste une notion à la fois relative et évolutive. Elle n'est pas une fin en soi. Comme tout organisme vivant, elle évolue avec le temps. L'entreprise est bien sûr un regroupement vigoureux et dynamique qui se métamorphose avec le temps. Souvent la dynamique du cadre de l'entreprise est dans une telle mouvance que les paramètres changent vite. Le rythme de changement dépasse les réactions de l'organisation et la mène vers de grandes difficultés, et parfois vers une faillite. A l'inverse, dans plusieurs secteurs d'activité, les leaders ont pu, grâce à leur détermination et à leur action, faire la différence et sauver leur groupe de la faillite.

Après avoir développé le modèle CHT qui prône la convergence des notions de complexité, d'hommes et de temps, la question de la structure devient logiquement une pure conséquence de cette convergence. Elle en est, en quelque sorte, l'habillage, l'ossature, le squelette.

Le CHT Integrated Management permet, effectivement, à la PME-PMI de faire converger la flexibilité opérationnelle, la gestion à court et moyen terme, et la vision stratégique. Toute l'équipe évolue en grande harmonie pour assurer tant le succès à court terme que le fondement de sa croissance. « Le groupe entrepreneur », l'intrapreneuriat, vient compléter, souvent, suppléer l'entrepreneur individuel. Derrière chaque réussite se trouvent non seulement des administrateurs qui savent gérer, mais, surtout, des entrepreneurs qui osent prendre des risques.

La PME-PMI peut dépendre d'un seul homme, mais peut-il assurer sans une vraie dynamique de groupe le passage de son entreprise vers une plus grande structure ? Peut-il l'assumer seul, en d'autres termes, comme il l'a fait lors de sa création ? Les chapitres précédents avaient préconisé la priorité de l'esprit intrapreneurial. Cette proposition est concrétisée par un concept théorique qui se base sur l'intégration holiste de ces trois dimensions : complexité, hommes et temps.

Elle s'accompagne d'un dispositif concret le CHT Integrated Management qui met à contribution l'ensemble des collaborateurs dans la gestion de l'entreprise.

Dans nos entreprises, les vendeurs ne se chargent plus simplement d'assurer les objectifs de vente, mais ils guettent les informations concernant, par exemple, les produits de substitution et les préférences des consommateurs, les nouvelles tendances. Ils sont aux avant-postes des tendances de demain. Oui, ils sont aux avant-postes des axes de croissance, comme le sont les acheteurs, au sujet des coûts de production et du *sourcing*. Ensemble, chacun à sa place, ils décèlent les menaces et les opportunités, les points forts et les points de faiblesse. Le circuit d'information est de la sorte bien plus rapide à identifier les graines de changement que les traditionnelles études de marché, qui prennent des mois, et qui font intervenir des consultants externes.

La structure évolutive permet aux PME-PMI de répondre à la fois aux défis humains opérationnels, ainsi qu'aux enjeux stratégiques.

Organiser le rôle des hommes et le structurer, afin de lui donner une colonne vertébrale et une ossature, c'est, ainsi, mettre à contribution la ressource ou la richesse la plus importante dont peut disposer nos entreprises.

2.1 La structure focalisée

Aux Etats-Unis, les ouvrages sur le sujet concernent davantage les grandes entreprises et évoquent les notions de corporate et de division.

Déjà, deux points de remarques peuvent être formulés :

- Si l'on étudie de près les « Hidden Champions » d'Hermann Simon, qui place le plafond de verre du chiffre d'affaires à un montant de 3 milliards d'euros, les chiffres d'affaires de ces PME-PMI « cachées » peuvent être des plus significatifs. Elles ne se trouvent pas qu'en Italie et en Allemagne, en France et au Liban. Elles sont, également, en Suisse, en Belgique, aux Etats-Unis, au Canada, en

Afrique du Sud, en Argentine, au Brésil, en Inde, en Chine, au Maroc, et en Egypte. Elles sont quasiment partout. Certes, à ce niveau de chiffres d'affaires qui dépassent le milliard d'euros, on ne les appelle plus PME-PMI, on les appelle ETI (entreprise à taille intermédiaire)[156]. Ces entreprises sont spécialisées et *focalisées* généralement sur un seul segment du marché. Elles sont structurées en conséquence.

- Leur atout organisationnel se trouve dans la simplicité des structures, des organisations et des processus. Pour eux, la menace réside dans la complexité organisationnelle. C'est pour cela que leur structure est, le plus souvent, fonctionnelle. Mais, parce qu'elles préfèrent la décentralisation, elles privilégient, aussi, la structure en division spécifique à des segments de clients par secteur et/ou par région. Certaines amalgament plusieurs configurations fonctionnelles, matricielles, en réseaux et divisionnaires. Analyser ou suggérer des structures ne dépend pas uniquement de la taille de l'entreprise, mais cela dépend surtout de ses objectifs. A chaque instant peuvent se juxtaposer plusieurs types de structures.

A travers le temps, redisons-le, les entreprises sont en mouvance. S'il s'agit d'une PME-PMI focalisée, ou d'un grand groupe focalisé, il existe :

- Une panoplie d'entreprises qu'on peut positionner suivant leur configuration.
- Une échelle d'évolution relative à chaque entreprise qui avance d'une configuration à l'autre avec le temps. Ce passage est décrit dans les ouvrages comme une évolution logique et harmonieuse.

---

[156] Entre les PME-PMI et les grandes entreprises (GE) se situe une catégorie à taille intermédiaire : les ETI. En France, cette catégorie a fait l'objet d'une loi et a été actée dans la Loi de Modernisation de l'Economie du 4 août 2008. Pour appartenir à cette catégorie, il faut avoir entre 205 et 500 salariés, et réaliser un chiffre d'affaires compris entre 50 millions et 1,5 milliard d'euros, le total du bilan devant être inférieur à 2 milliards d'euros. On en dénombre plus de 10 000 en Allemagne, avec plus d'un quart de l'emploi salarié et un tiers des exportations. En France, selon le Ministère de l'Economie, en 2020, le pays tricolore ne compte que 5 400 entreprises de taille intermédiaire (ETI), dont environ 1 000 ETI industrielles. Elles représentent, effectivement, environ 25 % des effectifs salariés (3 millions de salariés) et emploient en moyenne 600 salariés. 36 % des salariés des ETI travaillent dans l'industrie manufacturière, 30 % dans les services marchands et 23 % dans le commerce. Les ETI génèrent 30 % du chiffre d'affaires, 30 % des investissements et 27 % de la valeur ajoutée de l'ensemble des entreprises. Enfin, 34 % du chiffre d'affaires des ETI est réalisé à l'export.

La focalisation sur une seule activité, et/ou un seul métier, et/ou un seul produit, est le facteur clef essentiel pour devenir un Champion Caché. Il s'agit, répétons-le, de mettre toutes ses ressources sur un segment-produit.

La stratégie à suivre est de définir dans un premier temps son marché et de le réduire à sa plus simple expression ; simple parce que la plus proche de son cœur de métier. Ensuite, il faut massivement y développer un positionnement de leader.

Mais, cette stratégie n'est pas sans risque : car, par exemple, si plus de la moitié du chiffre d'affaires est, alors, réalisé par ce segment unique, il peut, en cas de défaillance, mettre en risque tout le reste de l'entreprise.

Néanmoins, cette stratégie de la focalisation, ou de la concentration, reste vertueuse, car elle débouche sur la simplicité. C'est le deuxième mot clef : *simplicité*. Simplicité de l'organisation, des hommes et des femmes, du produit, des processus et des structures.

Une PME-PMI qui se veut focalisée peut se développer harmonieusement dans une structure fonctionnelle. Si, par contre, elle veut élargir son champ d'activité, elle gagnerait à s'organiser eu égard ses ambitions. Cette démarche se traduit en greffant à l'activité majeure des activités mineures qui pourront accompagner sa croissance, même si c'est à la marge.

La préparation de la croissance n'est pas sans coût. Elle exige des ressources qui pénalisent les opérations courantes dans le court terme, mais est certainement avantageuse sur le moyen et long terme. Il s'agit en fait d'arbitrage et de prise de risque, de décision à prendre. Les défis, vous l'avez compris, ne sont pas seulement d'ordre technique relatif au produit, au service ou bien au marché, mais concernent l'organisation.

Cette évolution de la PME-PMI focalisée vers une structure plus évoluée est l'objet même de cette réflexion. Les dimensions du CHT y sont de rigueur.

Notre conviction profonde sur la structuration porte sur le bon fonctionnement des petites entités et leur évolution. L'organisation de la PME-PMI en une série de petites entités, peut évoluer, éventuellement en fonction de son activité, en une structure plus complexe où les départements et les divisions sont créés pour absorber cette croissance. Ces entités peuvent devenir à leur tour des entreprises indépendantes ou faisant partie d'un groupe.

2.2 La structure visionnaire autour du client et de l'innovation

Avant de parler de structure qui dépend en fait de la vision et des ambitions des dirigeants, il est nécessaire de revoir quelques principes fondamentaux.

Le célèbre débat entre *production oriented* et *market oriented* s'est enrichi plus tard du marketing-oriented en passant par la market-myopia de Theodore Levitt. Cette dernière notion lancée à Harvard dans les années soixante est toujours d'actualité. Le célèbre professeur nous invite à définir nos produits et nos services non plus comme la simple satisfaction qu'ils promettent, mais comme la solution aux besoins auxquels ils répondent.

Prenons un exemple simple : General Motors, GM, n'est pas dans l'industrie des voitures mais dans celle du *transport*. Cette suggestion place le besoin du client et non plus le produit de l'entreprise comme la raison d'être de cette dernière. Le client a besoin de se mouvoir.

Il est, ainsi, primordial que l'entreprise s'organise autour de ses clients et non pas autour d'elle-même, de ses produits et de ses services ! Plusieurs produits pour beaucoup de clients, ou bien peu de produits pour beaucoup de clients n'est pas un jeu de mots.

En s'organisant autour de ses clients, l'entreprise se place dans une dynamique de proximité et de veille quant à leurs besoins, et d'attention quant à la concurrence. Elle évite, aussi, d'être tributaire de la technologie du moment, qui peut être un leurre, une mode très éphémère. Certes, cette logique serait difficilement acceptée par un producteur de nouveaux produits profitant du monopole de son innovation. Les lecteurs conviendront qu'à terme il serait plus probable de pouvoir réussir à se rapprocher des clients que de maintenir une exclusivité technique quelconque.

Oui, le dilemme est bien celui-ci : *market-oriented* ou bien *production-oriented* ? **Nous avons tranché : il faut organiser l'entreprise autour des clients et non des produits.**

L'importance accordée à satisfaire le client ne fait pas de doute, théoriquement tout du moins. Mais, dans la réalité, est-ce vraiment le cas ? Il existe encore des PME-PMI, des ETI, des groupes qui s'organisent selon leurs produits et non pas selon les besoins de la clientèle. Sont-ils moins performants ? Non, par forcément, si, effectivement, l'alignement stratégique entre le produit et le client est réel à court, moyen et long terme.

Concrètement, lorsqu'un client doit s'adresser à plusieurs départements, à plusieurs services ou à des divisions de l'organisation pour acheter son ou ses produits, déjà, la relation commerciale est biaisée, parce que complexe, parce qu'inhumaine, parce que lente et longue ; parce que l'entreprise n'a pas voulu mettre en priorité la simplicité du parcours client. Si le client se perd sur le chemin de son acte d'achat, ira-t-il jusqu'au bout ? Ou rebroussera-t-il chemin ? La réponse est évidente et de bon sens.

Bien que les produits soient disponibles au sein du groupe, la distribution ou la proposition de vente ne se fait pourtant pas autour des clients. C'est bien le cas des plus grands groupes internationaux de produits d'emballage. Il serait certainement concevable de regrouper les produits à partir d'entités de vente organisées par activité et selon les clients. Cette approche s'assure d'une plus grande satisfaction des clients.

Prenons des exemples. Malgré leurs prouesses technologiques, les expériences de Palm, de Motorola et plus tard de Nokia en sont un témoignage des plus caractéristiques dans le secteur innovant et hautement technologique des téléphones portables ! Les préconisations de Theodore Levitt sont bien d'actualité. Cette stratégie ne veut en aucun cas prétendre que pour maintenir l'avantage client l'entreprise peut se permettre de reléguer la pertinence technique de ses produits au second plan. Certainement, la technologie est nécessaire, mais elle n'est pas suffisante.

C'est pour cela que toute entreprise devrait développer ses technologies au service du client. Toute entreprise devrait se structurer autour de l'innovation technologique. C'est Le message. **Les entreprises les plus créatrices de valeur dépensent plus de 10% de leur chiffre d'affaires en R&D**. Si vous êtes en deçà, augmentez le braquet. Elles permettent, ainsi, non seulement de répondre aux besoins du client, mais, elles assurent la pérennité de leurs activités, de leur futur. Elles inventent l'avenir.

La pérennité de l'entreprise dépend, ainsi, d'un équilibre entre ces axes : les investissements, l'organisation et la structuration, en fonction des ressources humaines et du temps. Sur ces axes, les dirigeants élaborent leur stratégie et leurs plans.

A défaut de structuration interne de leur R&D, nos entreprises font appel à des bureaux d'études, ou à des cabinets spécialisés. Il est bon d'externaliser, pour un temps, ces processus supports de l'entreprise, quand elle démarre, par exemple. Et, lorsque son innovation, sa différenciation technologique n'est pas aboutie.

Mais, il est recommandé d'internaliser, de structurer dès le départ, avec des femmes et des hommes clés, ses processus métiers, son cœur de métier, son savoir-faire. Il ne suffit pas de développer une nouvelle technologie bien qu'essentielle une seule fois, mais il s'agit en permanence de maîtriser la chaîne de valeur technologique, au service des clients. Pour ces raisons essentielles, l'entreprise se structure autour d'une plateforme technologique flexible qui peut accompagner les changements. Ce choix stratégique conduit à un modèle organisationnel et structurel bien précis.

2.3 Les cellules opérationnelles en construction

Dans le cadre de Gemayel Frères, notre croissance se voulait multiproduits dans le même secteur d'activité : celui du carton ondulé. Nous avons, rapidement, posé les bases de son développement futur en vue de cette croissance. Pourquoi ? Justement, parce que notre PMI étant « marketing-oriented » ou « customer-oriented », nous ne pouvions nous cantonner à rester dans notre structure fonctionnelle.

Il fallait nous transformer. Il nous fallait passer de la simple PMI à la PMI rassemblant des cellules opérationnelles efficientes configurées en centres de projet et de profit, et qui peuvent muter plus tard en entités plus importantes, se structurant autour de départements, de divisions, et autour de PMI regroupées au sein d'un groupe.

L'objectif est d'améliorer son organisation et sa structuration pour :

- Administrer les activités économiques et mettre en place des procédures afin de rendre optimale la productivité à chaque niveau de responsabilité ;
- gérer et imputer les coûts relatifs aux différentes activités ;
- projeter et quantifier la richesse créée, la valeur ajoutée, de ces cellules en termes d'investissement et de rentabilité.

Cette amélioration concerne la chaîne de valeur et des arbitrages de nos entreprises. Arbitrage nécessaire sur des produits et/ou des services qui compléteraient une gamme existante, même si leur marge est faible, voire négative.

En même temps, il est nécessaire de quantifier ces coûts et de calculer son ROI. C'est là, où la finance et le contrôle de gestion, les hommes du chiffre, entrent en jeu. La structuration est un business-plan à part entière.

2.4 La structuration au creuset de la satisfaction-client ou quand il est question de structure de coûts

Notre expérience concernant la satisfaction de nos clients est importante et concerne bien le sujet. Il ne s'agit pas d'un slogan, ni d'une promesse marketing qui ne serait pas tenue dans la réalité. La satisfaction-client doit avoir des repères et des limites. C'est difficile à appréhender. La valeur de l'offre qui construit cette promesse n'est pas bien identifiée, et, donc, non valorisée, au départ. Le client bénéficie, ainsi, d'avantages qui le satisfont, mais qui restent voilés.

Cette recherche de la satisfaction doit-être structurée. Car, autant un produit pourrait répondre, au-delà des objectifs, au client, autant il peut générer des surcoûts qui affecteraient plus ou moins directement la rentabilité. Structurer l'entreprise autour de ce sujet, en analysant les données collectées afférentes, serait la meilleure des choses à faire.

Les 4 P du marketing-mix (place, prix, produit, promotion) comportent des éléments qui visent à séduire les clients. Pour une petite PME-PMI à produit unique, les promotions font partie prenante de l'ensemble. Les coûts engendrés par ces-dernières peuvent être imputés à l'ensemble de la production.

Cependant, au fur et à mesure que la PME-PMI prend de l'ampleur, ces coûts « extras » ne sont plus les mêmes pour tous les segments. Ils ne peuvent plus être répartis sur l'ensemble, mais ils devraient être affectés aux produits eux-mêmes, ou bien aux clients précis qui les occasionnent.

Quand la PME-PMI prend de l'ampleur, elle réalise la nécessité de se structurer en ce sens : celui de la satisfaction-client. Elle peut faire appel, alors, à un reengineering. Pourquoi ne pas anticiper ? Pourquoi ne pas préparer ces structures avant, puisqu'immanquablement les entreprises devront le faire tôt ou tard ? Avec les systèmes informatiques actuels cette proposition est plus simple, de multiples configurations structurelles sont envisageables. L'entreprise peut enclencher ce processus dès le départ. Côté finance et gestion, la comptabilité analytique permet, aujourd'hui, de faire ces projections qui valideront ou pas ces nouvelles configurations.

Nos entreprises doivent profiter de leurs flux d'information en ce sens. Elles peuvent, ainsi, aligner les coûts des produits et des services en fonction de la structure en construction et de son évolution.

Cependant, nos entreprises ne devraient pas projeter leurs prix de vente en fonction de moyennes calculées, qu'elles affecteraient à un coût unitaire global. Les coûts sont hiérarchisés. Un tronc commun affecte l'ensemble, mais les rajouts sont comptabilisés avec plus de précision. Le plan comptable doit être réadapté en indiquant les nuances et les segmentations. Les cellules opérationnelles deviennent chacune un centre de profit.

2.5 Le temps, la durée et les échéances : une nouvelle approche

Les dirigeants prennent en main la gestion des produits, des marchés, des clients, des investissements, de l'environnement extérieur, telle que la règlementation, les lois fiscales et sociales, mais ils ne mettent pas la question du temps à sa juste place. Le temps ou la période comme celle du budget, du business plan, ne sont pas infinis. Au fur et à mesure que le temps passe les réalisations se confirment. L'activité de nos entreprises enregistre ses acquisitions, ses coûts, ses investissements, ses revenus et son résultat net après impôts. Mais, qui d'entre-nous, arrivent à prévoir 100%, 90%, 80% de ce qu'il va se réaliser ?

Oui les dirigeants gèrent la complexité, les hommes et le temps ; mais, le vrai défi est de gérer la complexité et les hommes en fonction du temps. Cette nuance est importante. Pour cela, il est nécessaire d'accorder aux divers centres de profits et de coûts des plages horaires qui représentent une partie de l'ensemble du temps de travail de la période en question. Chacun de ces centres doit réaliser ses objectifs durant ces mêmes plages. Leurs directeurs, leurs manageurs, en assurent la responsabilité : celle de la production, celle de la qualité des produits, celle des livraisons à temps, celle de la gestion, et surtout celle de la productivité qui se reflète dans le temps. Le dirigeant assurant la responsabilité de cet ensemble non exhaustif.

Par exemple, au sein de Gemayel Frères, nos deux activités complémentaires donnent une perspective tout à fait différente sur le sujet de la gestion du temps. En effet, en papeterie le process de fabrication est en continu. La machine à papier tourne 24h/24 toute l'année.

Si des journées sont ratées, il n'est pas possible de récupérer le volume perdu. Par contre, notre autre activité celle du carton ondulé est beaucoup plus flexible. Le temps de travail n'est pas nécessairement de 24 heures. Les ajustements sont possibles tout au long du processus de fabrication, avec des heures supplémentaires ou des journées supplémentaires comme les samedis. Cependant, cette flexibilité ne doit pas occulter l'importance de gérer les plages horaires d'une manière efficiente.

Chaque division doit meubler le temps qui lui est imparti ou bien le proposer aux autres centres de profit pour permettre à celle qui a des possibilités de le faire. De cette manière, la possibilité d'optimisation en cours est possible. Elle nait en réponse à des changements comme, par exemple, des ventes nouvelles supplémentaires commandées à la dernière minute.

Cette réalité nécessite d'accorder à chacun de ces centres de profits une plage horaire pour son activité. Ainsi, le manager du centre de profit du segment des produits agricoles, par exemple, peut faire face à une situation de réduction de volumes. Cette disponibilité de l'appareil de production est, alors, mise au service d'autres clients. L'inverse est vrai. De cette manière, chaque division ou chaque centre de profit maximise son appareil de production, ses équipes, ses flux. Le directeur de chaque centre est responsable de l'exploitation de cette partie du temps de travail global, et des centres de coûts qui lui sont affectés. En fonction du taux d'occupation et du carnet de commandes, il peut échanger des plages de temps avec d'autres confrères. Cette gestion directe des plages horaires permet une optimisation globale du temps disponible.

Le directeur général valide l'affectation des plages à chacun des centres de profits ou de coûts pour réaliser l'optimal global. C'est lui le chef d'orchestre, le maître de l'horloge. Ainsi, une entreprise qui sert plusieurs types de clients à travers ses centres de profit est sûre que chacun tourne à ses capacités maximales. Elle évitera l'écueil de constater que les défaillances des volumes de l'un pénalisent ceux de l'autre, avec des effets de bords incalculables.

Rappelons que la notion du temps a plusieurs dimensions : celle de la production et des défis opérationnels qui répondent aux enjeux stratégiques, avec le filtre des coûts et des profits. Celle de l'échéance, qui est le premier facteur contraignant. Il permet, ou pas, de réussir ce défi. C'est, finalement, la notion du 1er facteur contraignant qui répond à cette réussite.

D'autre part, il faut gérer la durée dans les périodes qui constituent l'ensemble des heures de travail disponibles pour produire le budgets et/ou le business plan. C'est l'objectif de cette proposition de structure en centre de profits et de coûts.

3. Le CHT : un vœu pieux ou une réalité vécue ?

Comment expliquer plus concrètement le fonctionnement du CHT ? L'idée de base est que toute l'équipe puisse répondre aux graines de changement en orchestrant des actions qui assurent la cohésion par rapport aux défis opérationnels et aux enjeux stratégiques. Face aux turbulences, cette méthode devrait être utilisée à chaque fois que l'entreprise fait face à des changements.

3.1 Illustration dans le cadre des exportations

Avant d'aller plus loin, illustrons, de nouveau, son fonctionnement face à une situation bien précise. Dans notre secteur, alors que notre stratégie pour l'export ciblait les produits de spécialisation à forte valeur ajoutée et non des produits traditionnels, nous avons dû faire des dérogations ponctuelles à cette stratégie dans l'esprit du CHT. C'est-à-dire que nous avions décidé d'accepter des commandes à l'export pour augmenter nos volumes. Nous le faisions dans toutes nos gammes, et dans le cadre de produits traditionnels. Et, pour expliciter cette stratégie que nous pourrions appeler, également, « stratégie d'accordéon » (opérations sur toutes les gammes et ciblage sur les produits à forte valeur ajoutée), nous en avons fait un principe adopté par toutes les équipes : « volumes for now, value for later ».

Le CHT ressemble, ainsi, à un balancier où la répétition des actions visant à opérer des ajustements, des corrections ponctuelles opérationnelles et stratégiques, est réelle. Nos entreprises deviennent, ainsi, des caméléons capables de s'adapter et de se transformer en fonction de chaque contrainte, de chaque opportunité et de chaque risque. Le maître du temps, c'est l'horloger, le dirigeant qui est capable de changer de stratégie pour répondre à des opportunités émergentes.

3.2 Le CHT, la résilience opérationnelle et la détermination stratégique

Chez GF, je ne peux pas oublier que l'acronyme CHT était un concept souvent répété lors de nos réunions au sein du conseil exécutif. En effet, notre groupe avait dès 1988 créé un conseil exécutif détaché du conseil d'administration. Il était composé du président-directeur général, du vice-président et d'un administrateur. Ce conseil exécutif devait trancher et apporter toutes les décisions tant au niveau opérationnel qu'au niveau stratégique. Les membres de ce conseil ont conduit à une expérience unique et fort intéressante. En plus d'une formation différente, ils avaient aussi des approches diamétralement opposées. L'un était un expert financier bien rodé sur les questions financières et les sujets de la bourse. Face à des perspectives de changement, il engageait des *stop loss* et avait recours à des actions comme le *hedging*. Il pouvait agir avec une flexibilité totale, à chaque instant. Alors que l'autre membre était un ingénieur doté d'une démarche tout à fait cartésienne et studieuse, qui tenait compte du temps et des délais.

En tant que président, Fady Gemayel devait, constamment, faire les arbitrages entre ces deux exigences : l'optimisation permanente liée à la rentabilité, et la gestion du temps lié au développement d'un nouveau concept, d'une nouvelle méthode de production, d'un nouveau produit.

C'est, à ce moment-là, que le CHT a démarré au sein de GF.

Il fallait dès le départ rapprocher les avis des uns et des autres, surtout qu'à un moment donné l'un des membres du conseil s'occupait de la production et l'autre des ventes. Le fait d'avoir confiance dans le PDG, qui se basait lui-même sur des données scientifiques a permis d'épargner des débats stériles.

Nous avions, finalement, réussi à mettre en place cette valeur essentielle qu'est la solidarité. Entre-nous, une cohésion était née…

3.3 Le CHT Integrated Management à l'épreuve des ventes

Entre 1985 et 2015, le groupe a multiplié son volume de chiffre d'affaires de façon significative. Notre stratégie de vente avait évolué avec le temps. Nous ne ciblions plus les mêmes clients. Jusque dans les années 90, l'entreprise était orientée vers le secteur industriel dans son ensemble. Puis, elle a ciblé le secteur agricole à la suite d'une opportunité d'affaire. Pour réussir notre entrée dans ce nouveau marché, nous avons mis en place une politique de vente par l'intermédiaire d'agents commerciaux. Nous sommes, ainsi, entrés sur un nouveau marché, avec de nouvelles contraintes opérationnelles. Nous avons, également, amoindri notre rentabilité, tout en augmentant nos volumes et en nous prémunissant du risque dans les retards de paiement.

Nos marchés au Liban sont limités. Nous avions deux lignes stratégiques : pour le Liban, nous étions des généralistes, et pour le reste du monde, nous étions des spécialistes.

Entre 1985 et 2015, dans un marché des plus compétitifs et des plus turbulents, GF a quintuplé ses volumes. Au Liban, il y a eu, également, l'afflux de nouveaux besoins à la suite de l'arrêt de l'activité de deux opérateurs importants sur le marché. Nous y avons fait face, en recrutant, en investissant et en innovant.

Dans toutes nos entreprises, l'innovation est la clef. Il s'agit d'une innovation qui touche bien entendu le produit lui-même, mais, également, de l'innovation des processus de fabrication. Nous upgradons, continuellement, la façon de faire, le métier, le savoir-être.

3.4 Le CHT au service de l'outil de production

Oui, l'innovation est importante et elle est l'une des valeurs clefs de ce trait d'union entre la complexité de nos environnements, les hommes et les femmes de nos entreprises, et le temps dont nous avons besoin pour nos opérations et nos plans stratégiques.

Chez nous, cette innovation a pris de plus en plus d'ampleur. Les nouveaux procédés de fabrication comme le contre-collage[157] qui représentait moins de 0,2% en 2000 a évolué vers plus de 3% du chiffre d'affaires en 2003, pour dépasser 5% à partir de 2005. Ce n'est pas anodin. Ces produits de la feuille et du carton contre-collés font partie des produits de spécialisation. Ils représentent aujourd'hui une fourchette de plus ou moins 15% de notre chiffre d'affaires.

Cette gamme est le produit de la perception de plusieurs graines de changement chez les consommateurs. Elle est étudiée, cette perception, par le service commercial, et accompagnée d'une capacité de fabrication de nouveautés. De son côté, la production était souvent sollicitée pour une modification de l'outil de production.

Parallèlement, la structure commerciale suivait, aussi, ces mêmes évolutions puisqu'elle s'organisait autour des clients industriels, des clients agricoles, de l'export et des produits de spécialisation.

La gamme s'étendait, alors, des emballages industriels connus, vers les emballages pour l'agriculture. Citons quelques exemples comme les boîtes de pizza, celles des plats du jour, des boites de promotion, des présentoirs et d'autres innovations. Ces différents types de produits s'accompagnaient aussi par des développements au niveau des produits de base eux-mêmes que ce soit au niveau de la plaque de carton elle-même ou bien au niveau des techniques d'impression et de transformation.

---

[157] Le contre-collage est un procédé de fabrication dans le secteur du carton, du packaging. Il s'agit, à partir de nos rouleaux de papier et/ou de carton, de coller contre une première couche de papier ou de carton plusieurs couches afin d'obtenir des papiers de qualité supérieure, plus rigide et plus solide.

Ces innovations allaient de pair avec la nécessaire intégration de tous ces métiers et de tous ces produits. Et chez GF, cette intégration sous un seul et même toit était devenu un avantage compétitif indéniable, par rapport aux concurrents européens qui eux avaient dispersé leur production sur plusieurs sites.

Le CHT est au service de la production en « accordéon ».

Au sein de GF, la production a été rapidement organisée en « accordéon ». Tout comme les produits, les diverses machines avaient des équipes « étirables ». Celles-ci utilisaient la souplesse des heures supplémentaires[158]. A ces heures supplémentaires, il faut ajouter le personnel intérimaire. Il s'agit de compléter les équipes avec des compétences nouvelles supplémentaires, comme des assistants-contremaitres.

Tout l'esprit du CHT réside ici : dans l'optimisation de l'outil de production, du temps de travail, et de la capacité à renforcer les équipes avec de nouvelles compétences.

3.5 Un outil au service de nos entreprises

Le CHT n'est pas seulement un concept, une nouvelle méthode de gestion. C'est, également, un outil qui a été développé en interne, dans nos systèmes d'information. Il est très performant, et nous permet de prendre des décisions assez rapidement dans un contexte de changement et/ou de forte turbulence. Il est toujours actuel. Il est basé sur les tableurs de l'époque (à partir de Framework et de Lotus). Il est un outil de simulation qui permet de quantifier toutes les options et leurs répercussions sur les objectifs de l'entreprise. Les simulations nourrissent nos budgets, nos plans et nos décisions.

En plus, nous avons développé un outil « maison » permettant la traçabilité de nos produits, de chaque caisse, de chaque emballage, de chaque packaging. Au début des années 2000, notre système a été couplé à un autre système (allemand) de programmation des commandes. Les équipes de ventes, de production et de programmation

---

[158] Au Liban, la loi organise le temps de travail qui est de 48 heures par semaine (cf. art.31). Cette règlementation existe depuis le code du droit du travail de 1946, qui est resté d'actualité, avec quelques aménagements. Il existe des dérogations dans les deux sens. Une réforme serait en cours, mais, en raison de la guerre et des différentes crises que vit le Liban depuis 1975, elle n'a jamais abouti. Elle prévoit une durée hebdomadaire de 40 heures. Concernant les heures supplémentaires, elles sont rémunérées de +50%. Le contingence d'heures supplémentaires ne peut pas dépasser les 150 heures.

avaient les informations en temps réel. Elles pouvaient analyser les répercussions de tout changement, comme une commande urgente ou bien une panne sur une machine pour que le service responsable du service de la programmation puisse apporter les réponses adéquates. D'ailleurs, ce service indépendant était directement lié au directeur général.

L'industrie de l'emballage est une activité où les marges sont faibles, mais les volumes sont élevés. La rentabilité dépend directement de la productivité. Faire plaisir aux besoins urgents du client peut se faire au détriment de la rentabilité à court terme, mais c'est un objectif payant à long terme. On y gagne, surtout, la confiance du client, qui a, ainsi, testé notre savoir-faire. Cette politique nous a permis d'augmenter nos parts de marché, et, au bout de plusieurs années, d'atteindre les nouveaux volumes. C'est un exemple concret du CHT.

Cette stratégie adoptée pendant une période privilégiait notre image et notre part de marché au dépend de la rentabilité. Ce choix illustre une préférence de la part des actionnaires de privilégier à long terme plutôt que de se satisfaire de résultats plus ludiques à court terme. C'est une stratégie gagnante.

Notre organisation professionnelle a conduit à l'obtention de la certification iso 9000 en 1998. L'entreprise était ainsi la première dans son domaine à l'obtenir. Cette certification concrétisait un système de qualité déjà mis en place quelques années plus tôt par toute une équipe.

3.6 L'innovation créatrice d'opportunités

Pendant la guerre, à défaut de pouvoir se procurer certains équipements, nos équipes ont développé des alternatives locales. Ces efforts soutenus et engagés ont abouti à un slogan retenu avec nos équipes techniques : D.P. pour *Détermination Pays*. Cela indique que nos efforts et nos engagements seront récompensés tôt ou tard. En fait, qui le veut, le peut !

Le CHT nous a permis, également, de faire plusieurs modifications sur les machines amenant soit une productivité supplémentaire ou bien la fabrication de nouveaux produits, ou les deux. Les retombées de ces actions affectent les possibilités de production, et en conséquence des ventes au cours de l'année.

Concrètement chez GF, l'innovation touche deux domaines : les produits et les processus de fabrication. Plusieurs innovations ont permis la fabrication de boites spécifiques comme les caisses à ouverture rapide pour les détergents en poudre. Cette application fut aussi intégrée aux caisses de pommes de terre comme renforcement. Ceci permettait de réduire le poids de la caisse tout en maintenant le cahier de charges. C'était une réelle contribution à la satisfaction du client et à la rentabilité de l'entreprise. Ainsi, plusieurs modifications ont été faites sur des machines amenant soit une productivité supplémentaire, soit la fabrication de produits nouveaux.

3.7 Une autre mise en application du CHT : les investissements

Pour l'illustrer, entrons un peu plus dans l'usine de GF et prenons l'exemple des investissements et des machines de production. Focalisons-nous sur la machine principale de l'usine : le train onduleur.

Sur ces vingt dernières années, le groupe a investi de façon significative. Il en est à sa troisième machine capable de servir les besoins actuels.

Une question se posait : Pourquoi ne pas avoir réalisé ces investissements dès le départ ? Pourquoi ne pas avoir projeté le fait que face à de nouveaux volumes, le corollaire de GF était celui-ci : investir dans une machine des plus modernes, avant-gardiste ?

En la matière, et la plupart des entrepreneurs le vivent, il est quasiment impossible de corréler les investissements à long terme en fonction de la prévision des ventes. Comment savoir, en effet, que vos ventes vont bénéficier d'une envolée historique, liée aux opportunités inédites, surtout lorsque le marché se rétracte et que la tendance générale est à la surproduction ?

En outre, est-ce qu'il était possible alors de financer ces investissements onéreux de plusieurs millions de dollars ? Du côté des banques, il était, en effet, très difficile de mobiliser de nouvelles disponibilités sous la forme d'emprunts. La seule issue aurait été l'augmentation du capital et l'entrée de nouveaux actionnaires. Mais, comment les attirer ? Comment démontrer que les rares ventes favorables qui vous poussent à aller de l'avant, à prendre ces risques, vous sont vraiment favorables ?

Le goodwill, l'opportunité d'affaire qui vous entraîne vers les sommets est là irrationnel. Il ne tient qu'à un fil de votre vision, de votre pensée, de votre action entrepreneuriale. Car, comment projeter dans un business plan ces augmentations de volumes substantielles dans une économie en tourmente passant d'une crise à l'autre ? Comment convaincre les investisseurs ?

Oui, la *foi* de l'Entrepreneur est en jeu. C'est justement sa foi, sa conviction profonde, son esprit avant-gardiste et visionnaire qui font la différence entre un entrepreneur et un autre. Entre un entrepreneur qui connaît le risque et celui qui l'a vécu. Là, se définit l'Entrepreneur, avec un E majuscule. Celui qui prend des risques et qui n'exige pas nécessairement toutes les études et projections requises par des investisseurs professionnels. Son talent, son 6è sens est tel, qu'il sait, sans pouvoir l'expliquer, le prouver dans les moindres détails.

Oui, GF n'avait pas de budgets détaillés, précis et validés par les études de marché. GF avait, cependant, des objectifs glissants établis selon le principe de l'optimisation permanente. Ces objectifs étaient plutôt des balises, des points de repère que tous les membres cherchaient à atteindre.

3.8 Le CHT au service de la croissance externe

Le CHT permet, également, de répondre à certains objectifs, comme celui de revenir aux premiers amours de GF : celui du recyclage de carton. C'était la principale activité de GF en 1929. Ce qui voudrait dire, mais ce n'est pas une règle générale en soi, peut-être une règle d'exception, que la complexité, la gestion, les hommes, les opérations et le temps sont au service de la vision de l'entrepreneur qui se transmet de génération en génération dans les entreprises familiales ; et qui, finalement, est à l'origine de tout. Au service, et en même temps, il s'agit d'apprivoiser tout cet environnement.

Dans les ETI familiales, celles qui ont vu plusieurs générations du même nom présider à leur destinée, il n'est pas rare de voir les nouveaux dirigeants casser les codes, pivoter les activités ancestrales vers d'autres, et, finalement, revenir à l'idée géniale des origines, aux premiers amours des pionniers. En France, l'exemple de Bolloré est significatif à ce sujet.

Chez GF tout a concouru dans les années 2000 à orienter le groupe en ce sens : remettre à l'honneur, tout en la dépoussiérant, l'activité initiale. La papeterie est au service de sa matière première, qu'elle transforme en des bobines de papier recyclé pour les caisses en carton.

Dans notre marché, la plupart des grands groupes internationaux ont réalisé l'intégration de cartonneries et de papeteries. En 2000, c'est au tour de GF de saisir l'opportunité d'acheter des parts sociales dans une papeterie. Puis, la prise de contrôle se réalise trois ans plus tard. Une opportunité inattendue s'était présentée. C'était, maintenant, à nous de réaliser une intégration.

La vision commune des actionnaires sur les aspirations stratégiques du groupe rendait possible cette acquisition impulsée par des circonstances uniques dans la papeterie. Il fallait rapidement mobiliser les fonds nécessaires pour financer l'acquisition et opérer dans les mois qui suivaient un plan de relance audacieux. Le temps était compté : celui du court, du moyen et du long terme.

Cette acquisition nécessitait l'investissement dans une nouvelle machine. Les premières années sont, alors, cruciales. Le CHT a permis d'appréhender l'ensemble de ce projet : celui de l'acquisition dans le cadre d'une croissance externe, celui de l'intégration verticale, et, celui de l'investissement pour relancer l'activité, prendre de nouvelles parts de marché quantitative et qualitative, et répondre aux besoins des clients.

Cette expérience significative a permis de dévoiler l'envergure effective du CHT et son impact dès la première année. C'est la gestion du temps qui a été la plus compliquée, car il ne s'agissait pas uniquement d'acquérir une nouvelle entreprise et d'en faire l'intégration verticale, il s'agissait, également, de commander une nouvelle machine, et de la rendre opérationnelle sur le court terme. Entre sa commande, son installation et sa mise en fonction, il a fallu une douzaine de mois.

En même temps, GF faisait face à un marché en dent de scie avec la chute des prix que nous devions suivre, au risque de perdre des marchés. La notion du temps prend, ici, toute sa dimension, l'engagement des hommes aussi. C'est l'agilité, l'engagement et la solidarité des équipes de production et de maintenance qui ont permis de relever tous ces défis plus ou moins complexes. Il est clair que cet exemple vécu, qui met en exergue notre capacité à répondre aux attentes du marché, à le suivre et à anticiper sur ses besoins futurs, a renforcé nos facteurs clefs de succès. Il nous a permis de récolter les fruits vertueux du CHT.

Dans les coulisses de la papeterie…

Pour encore mieux appréhender l'impact du CHT, il faut entrer un peu plus dans cette période cruciale de l'histoire de la papeterie.

Lors d'une réunion générale sur le sujet, les équipes de production et de maintenance étaient informées des enjeux et des défis. La vertu de la solidarité tournait à plein régime. Les équipes étaient très enthousiastes et motivées à l'idée de passer ces caps. De plus, le directeur général décida de leur demander un effort supplémentaire d'engagement en les consultant sur la possibilité d'augmenter les volumes en attendant les nouveaux équipements. L'hésitation était totale, car cela avait pour conséquence l'amélioration de la machine existante. Le directeur général insista davantage lorsque le responsable technique proposa une solution intermédiaire avec l'achat d'équipements supplémentaires permettant cette montée en puissance. Le budget ne représentait que 4% du montant du nouvel investissement. Il s'agissait, néanmoins, d'investir sur le court terme plusieurs dizaines de milliers de dollars. Malgré quelques critiques, la décision de faire cet investissement intermédiaire fut prise. L'effet fut immédiat : la machine gagnait en vitesse et l'entreprise absorbait les nouveaux volumes. Après trois semaines, ces nouveaux volumes ont permis d'atteindre le seuil de rentabilité durant cette période intermédiaire.

Cette initiative est un exemple concret de la mise en place du CHT.

L'entreprise contre toute approche classique et toute attente a éliminé ses pertes mensuelles grâce à ce projet intermédiaire. Jamais un équipement rendu subitement inutile n'a été autant apprécié ! C'est bien le raisonnement du CHT qui a permis tout d'abord d'acquérir la papeterie et puis de réaliser ce succès dès la première année : un véritable effet de levier !

3.9 Le CHT, l'international et le rachat

Au sein de GF, les projets à l'international font partie de son ADN. Avoir des clients à l'export est une chose. Avoir une antenne, une filiale ou une succursale dans le pourtour méditerranéen et en Europe en est une autre. C'est une affaire d'hommes, d'investissement et de structure.

Déjà, l'effet d'apprentissage d'avoir un client important basé en Europe, que GF fournissait sur trois pays du Moyen-Orient, a été majeur. C'était comme un avant-goût, une prédisposition à avancer au large.

Ainsi, « think global, act local » ne serait pas anglo-saxon. Ce serait, d'abord, phénicien. Et, cela fait partie de la culture de Gemayel Frères, ainsi que de nombreux autres entrepreneurs.

Mais, quand des turbulences frappent aux portes des entrepreneurs libanais, cette propension à conquérir commercialement la Méditerranée se réduit. Car, il faut affaler la grand voile et agir localement. En 2006, durant la guerre de 33 jours[159], le Liban se trouvait

---

[159] Guerre qui ressemble étrangement à celle de 2024, opposant Israël au Liban (elle s'est terminée le 27 novembre 2024). En 2006, à la suite de la mort de soldats israéliens et de la capture de deux autres par le Hezbollah en territoire libanais, Israël frappe durement tout le Liban. Cette guerre dite de "33 jours" a démarré le 12 juillet et se termine le 14 août par une défaite d'Israël. Cependant, Israël a bombardé toutes les infrastructures du pays et fait des milliers de victimes. L'économie du pays est plus que ralentie. Elle a un genou à terre.

sans possibilités d'accès aux voies maritimes, alors qu'il fallait continuer à livrer les clients à l'international. Nous avons refusé de faire prévaloir la clause de cas de force majeure, qui était activable. Nous avons encouru des coûts substantiels supplémentaires pour livrer à temps, malgré tout, sans impacter aux clients les frais additionnels que nous devions assumer. Notre seul souci était d'honorer nos engagements, de fournir à temps. C'était notre leitmotiv. Nous n'avons pas eu de compensation pour les coûts supplémentaires et n'avons pas fait d'ajustements au niveau des prix des nouvelles commandes. Cependant, nous avons été récompensés par le client, qui appréciant notre engagement, nous a ouvert les marchés d'une vingtaine de nouveaux pays.

C'est pour cela que nous avons décidé d'ouvrir notre antenne à l'étranger. Nous avions, déjà, travaillé sur une cible qui concernait un groupe d'emballages avec des collègues autour de la Méditerranée. Nous discutions, aussi, de la possibilité d'une implantation même en Europe. Notre premier critère était de choisir un pays stable, où l'environnement commercial, législatif et règlementaire était une référence pour notre développement.

C'est à l'occasion de ma participation à une conférence en France qu'on me présente une cible de rachat : une papeterie ! Nous avons saisi cette opportunité. La papeterie était en difficulté. Elle risquait la liquidation judiciaire et allait se transformer en une friche industrielle. Nous l'avons acquise en 2013[160], et nous avons investi pour en faire une papeterie dotée d'un système de cogénération biomasse.

Après dix ans, quel bilan ? Au-delà du succès de cette entreprise, qui a, aussi, connu des moments difficiles à cause des conditions de marché du papier, notre entreprise est appréciée dans toute la région et au-delà. Nous avons sauvé cette entreprise et nous avons offert un emploi direct à soixante-dix personnes, avec une autre centaine dans la filière de la cogénération biomasse.

Nous ne pouvions espérer mieux : que notre famille, que des Libanais, que le Liban apporte quelque chose à la France, aux Français, aux familles françaises. Au-delà de fabriquer un produit qui s'inscrit dans l'économie circulaire, puisque nous recyclons les vieux papiers,

[160] Acquisition de la Papeterie du Doubs qui avait déposé le bilan et qui est en procédure de liquidation judiciaire en 2012. Redémarrage en 2013 par la société GEMDOUBS, dont les actionnaires sont les frères Fady et Nabil Gemayel. Reprise du site et relance de l'exploitation industrielle. En 2016, les deux frères sont rejoints par le groupe Chaoui Invest Holding.

notre processus de fabrication s'inscrit dans l'économie verte puisque la principale source de l'énergie est la biomasse. Nous continuons, ainsi, nos efforts de décarbonation pour être en droite ligne avec la règlementation de Carbon Neutrality 2030[161].

En 2018, une nouvelle opportunité se présente à nous. Nous avons la possibilité d'acquérir un groupe papetier spécialiste du papier blanc, un métier que nous avions déjà pratiqué au Liban …

En pleine turbulence, ce parcours riche de changements importants et de défis majeurs aura été le résultat d'une dynamique de groupe (avec nos collaborateurs et nos partenaires). Nous avons pu et su confronter les aléas, et les transformer en opportunités.

Nous pouvons confirmer, ainsi, sans ombrage que ce parcours a fortement bénéficié des préconisations du CHT. Il a été son laboratoire, en mettant en avant la solidarité.

---

161 Norme éditée par l'IPCC (Intergovernmental Panel on Climate Change, organisme dépendant des Nations unies) et le GIEC (Groupe d'experts intergouvernemental sur l'évolution du climat) qui engage les 195 Etats signataires (dont la France et le Liban) à réduire ses gaz à effets de serre et à s'alligner sur la neutralité climatique d'ici 2030.

4. La valorisation de l'entreprise

L'activité économique de nos entreprises est souvent marquée par de grandes opérations financières qui consistent à acquérir des entreprises et à les fusionner partiellement ou totalement. C'est ainsi que naissent les grands groupes et que disparaissent certaines vieilles enseignes, absorbées par les premières. Ces opérations financières, que l'on dénomme M&A ou fusac, sont un passage obligé, incontournable, pour accélérer sa croissance, prendre de nouveaux marchés et de nouvelles positions à l'étranger, par exemple. Elles sont devenues indispensables dans certains secteurs comme celui de l'automobile, la banque, l'énergie, la grande distribution, le luxe, et le nôtre. Faute d'avoir su grandir, certaines de nos entreprises ont disparu. Ou, d'autres, lors d'OPA hostiles, ont été obligées de fusionner.

En France, en 2024, ces opérations, qui étaient en berne en raison du COVID et des conflits géopolitiques, sont reparties à la hausse. Mais, cette hausse a été accompagnée de celle du nombre de défaillances d'entreprises.

Au Liban, sur le sujet, les derniers chiffres datent de 2017-2018. Au premier trimestre 2018, selon le bureau néerlandais spécialisé Van Dijk, les transactions avaient dépassé les 200 millions de dollars. Soit 15 fois plus qu'au premier trimestre 2017. Mais, avec les crises de 2019, les explosions du port de Beyrouth en 2020, la situation actuelle qui s'aggrave depuis 2023 et la guerre de 2024, ces opérations sont tombées en désuétude.

Ces 20 dernières années, concernant le secteur mondial papetier et celui de l'emballage, les fusions-acquisitions ont été intenses.

Il s'agit le plus souvent d'un combat de titans. International Paper, IP, voudrait acquérir DS Smith. Le premier est une vieille dame américaine, qui voit le jour en 1898. Le second est né en 1940. Il est anglais. Il est parmi les trois premiers groupes d'emballage en Europe qui est présent, également, aux Etats Unis. En 2017, il a fait l'acquisition d'un groupe familial américain, Interstate Paper. DS Smith, de son côté, aurait même été approché par Mondi, dont les sièges sociaux sont à Londres et à Vienne. C'est un autre géant du packaging mondial.

D'autres acteurs existent. Ils ne sont ni américains, ni anglo-saxons, ni sud-africains. En 2023-2024, Suzano, un groupe brésilien, leader mondial de la pâte à papier, s'est invité dans la partie. Et, dernièrement, International Paper aurait refusé son offre de rachat !

Au même moment, aux Etats Unis, Smurfit Kappa, un groupe familial irlandais leader Européen du packaging, et Westrock, le numéro deux aux Etats-Unis, fusionnent et donnent naissance à Smurfit Westrock. C'est un coup de tonnerre dans le monde de l'emballage durable.

En remontant le fil de ces fusions passionnantes, il est impossible d'oublier celles qui ont donné naissance au groupe WestRock. D'ailleurs, il faudrait étudier ce cas dans toutes les académies de France, du Liban et de Navarre. Car, effectivement, il est né de plusieurs fusions. Les premières ont eu lieu il y a près de douze ans, à partir de celle de Smurfit-Stone Container Corporation. Smurfit-Stone qui a été le leader du packaging aux Etats Unis.

Un livre à lui tout seul…

Les banques d'affaires raffolent de ces dossiers. Elles font couler beaucoup d'encre dans les « war rooms » où se trouvent toutes les documentations pour opérer les due diligence nécessaires à ces opérations. Elles traitent continuellement ces projets d'acquisition et de fusion.

Ces grandes entreprises ont plusieurs CAS (centres d'activités stratégiques). Les acquisitions et les fusions se sont faites selon plusieurs stratégies. IP, par exemple, avait pour stratégie de renforcer sa présence en Europe, par croissance externe. De son côté, Mondi avait voulu étendre son expansion en Europe. D'autres, ont voulu ajouter à leur métier de papetier, celui de l'emballage, de la production de boîtes, de caisses et de cartons.

4.1 Quelles méthodes de valorisation ?

Oui, c'est bien la question préliminaire qui se posait et qui se pose encore dans chaque dossier : face à ces grandes manœuvres de fusions et d'acquisitions comment valoriser la cible ? Quelles méthodes utilisent les grands cabinets, et les autres, pour évaluer une entreprise, ses actifs, ses hommes, ses produits et ses services, son organisation ?

Bien sûr, les méthodes de valorisation existent. Elles sont nombreuses et font l'objet de nombreux ouvrages. Il ne s'agit pas, ici, de les réécrire. Intéressons-nous aux principales : l'évaluation patrimonial, le discounted cash-flow (le DCF), le multiple de l'EBITDA – que nous appliquons dans nos secteurs d'activité. Les approches se basent, aussi, sur les flux financiers de la rentabilité future. Il y a, également, le prix du marché, via les méthodes d'évaluation comparatives (appelées, aussi, méthodes des barèmes). Et puis, la combinaison de certaines d'entre-elles, l'utilisation de moyennes et de ratios complémentaires peuvent affiner, ajuster l'ensemble d'une évaluation. Le plus dur, c'est d'évaluer un groupe qui est un conglomérat d'activités diverses.

A ce stade, intéressons-nous au groupe Gemayel Chaoui France, GCF, et à ses entreprises sur le sol bleu-blanc-rouge.

Le groupe cherchait à réaliser une augmentation de capital, pour renforcer ses actifs dans le but d'effectuer une croissance externe. Nous avons, alors, collaboré avec deux grandes banques d'affaires et des cabinets d'audit, parmi les plus importants en Europe. Une expérience très enrichissante, car le processus de recherche de cibles s'accompagne de la mise à plat de nos données comptables, financières, fiscales, juridiques, économiques et organisationnelles, sociales. Les futures mariées doivent être belles, et là, il ne s'agit pas seulement de l'apparence. Ainsi, beaucoup d'efforts ont été déployés à tous les niveaux, chez GCF, au sujet de la due diligence et de la validation de notre business plan. Ce dernier est un exercice de projection des chiffres clés et de la vision de l'entreprise (du bilan, du compte de résultat, du plan de trésorerie, de sa stratégie, etc.) pour une période planifiée de cinq ans. Ils se basent, aussi, sur l'évaluation des années passées. C'est tout l'intérêt d'acquérir une entreprise existante, plutôt que d'en créer une ou de créer une filiale à l'étranger. Car, elle a une histoire, un passé riche de croissances et de développements, de risques, de réussites et d'échecs. Elle est même, certainement, déjà passée par des turbulences. L'expérience de la turbulence est clef.

4.2 Faut-il normaliser son EBITDA ?

Aujourd'hui, la plupart des entreprises ont vécu la turbulence de ces trois dernières années, celle du COVID, des conflits en Ukraine et au Moyen-Orient, surtout avec les grandes variations des coûts de l'énergie. Cette inflation à deux ou trois chiffres a causé de grandes perturbations de nos EBITDA annuels. Elle a entraîné des pertes mais aussi des gains attribués à des opérations ponctuelles exceptionnelles de couverture des coûts de l'énergie. Par conséquent, ces EBITDA sont à considérer comme étant exceptionnels. Ils ne reflètent pas l'activité normale de nos entreprises.

Chez GCF, lors des audits récents, les cabinets ont proposé de « normaliser » les EBITDA afin qu'ils reflètent la capacite intrinsèque des opérations. Ces EBITDA ont impacté, comme nous l'avons dit, la valorisation de l'entreprise. Et, le fait de les « normaliser », c'est-à-dire de les retraiter avec des éléments exceptionnels, arase et gomme les pics, les sommets inversés de nos activités assujetties aux turbulences énergétiques.

Comment ont-ils fait, en deux mots ? Ils ont pris en considération les moyennes historiques des revenus et des coûts. Puis, ils les ont projetés.

D'autres questions se posent alors. Et si, l'élément exceptionnel qu'est la turbulence devenait « normal » ? Est-ce que les hypothèses (de prix, de qualité, de coût de matière, etc.) seraient validées par la réalité future ? La prévision est fortement impossible en temps de turbulence. Ainsi, le business plan ne révélerait plus l'activité future.

De plus, cette « normalisation » ne prend pas en considération le potentiel des ressources humaines et leur capacité organisationnelle. Et pourtant, c'est un élément essentiel : car il n'y a d'entreprises que d'hommes, pour paraphraser Jean Bodin qui écrivait : « Il n'y a de richesse que d'hommes ».

Pour répondre aux questions précédentes, au Liban, il est impossible d'avoir une prévision qui ne dévie pas de sa trajectoire le jour ou le mois d'après.

En France, pays beaucoup plus stable pour entreprendre et se développer, depuis notre implantation en 2012, nos entreprises consacrent beaucoup de ressources et mobilisent les directeurs pour présenter des budgets annuels. Mais, nos entreprises connaissent de plus en plus de turbulences. En effet, depuis la hausse des coûts de l'énergie nos ventes n'ont pas du tout été au rendez-vous pour nous et pour toute l'industrie papetière européenne. C'est pourquoi je n'hésite pas à confirmer que les valorisations basées sur l'EBITDA uniquement ne sont pas sans risque.

La question fondamentale qu'il faudrait, dès-lors, poser au dirigeant est celle-ci : va-t-il appliquer et suivre stricto sensu son business plan, ses budgets, et/ou va-t-il bien gérer les changements et les turbulences imprévisibles ?

4.3 Le face-à-face de la turbulence et de la valorisation

Le bon dirigeant est celui qui, justement, va pouvoir et vouloir s'adapter continuellement avec son équipe. C'est ça l'enjeu : que tous soient orientés à défendre les défis opérationnels, au quotidien. Que tous convergent vers ces enjeux stratégiques, à court, moyen et long terme.

Il est, donc, important de sauvegarder la cohésion et la capacité des équipes à opérer cette convergence. Dans un monde qui entre de plus en plus en turbulence, le fameux business plan, les nécessaires budgets, aussi scrupuleusement élaborés soient-ils, ne peuvent pas déterminer à eux seuls le potentiel de l'entreprise et sa valorisation.

Comme on l'a vu précédemment, il ne faut surtout pas occulter la capacité de l'entreprise, en tant qu'organisation, à affronter les aléas, voire à faire face aux défis qui se présentent tous les jours. Nous parlons ici des femmes et des hommes qui sont les pierres vivantes de nos organisations, et qui doivent être formés pour se préparer à affronter, à encaisser les turbulences. Il est, en outre, important de tenir compte, bien évidemment, de toutes les valeurs financières, de toutes les projections, de la valeur du patrimoine.

A ce sujet, il serait bon que dans chaque entreprise, dans chaque CE (comité d'entreprise) les dirigeants ouvrent le livre d'or de la turbulence, dans lequel seraient archivées et notées toutes les décisions qui ont permis à l'entreprise de continuer ses activités. Elles seront utiles pour le futur.

C'est l'enjeu face aux turbulences : continuer son activité ou ne plus en être capable.

Les entreprises qui sont en incapacité d'affronter ces turbulences, de les prévoir, sont « déjà mortes, mais elles n'ont pas encore annoncé leur date de décès ».

Accordons-nous sur un fait : le business plan et les budgets sont des exercices nécessaires, passionnants. Ils permettent de pouvoir gérer nos entreprises, d'être un outil de valorisation, jour après jour. Bémol : Ils ne mettent pas en avant l'organisation, sa capacité à s'adapter, à changer, à converger, à affronter la turbulence.

Il faut, ainsi, redire que le business plan et les budgets, seuls, ne permettent pas de rendre compte de cette organisation.

Ces capacités organisationnelles sont, comme nous l'avons, déjà, vu dans les passages sur le CHT, des capacités d'abord humaines. Dans nos entreprises, nos femmes et nos hommes, nos collaborateurs sont notre trésor. Il est important et vital de connaître ces capacités et les capacités managériales, qui vont entraîner celles de toutes les équipes.

Le CHT a mis en évidence l'importance de la convergence de la complexité, des hommes, et du temps. A chaque entreprise de s'assurer de cette convergence. Cette proposition est innovante. Elle est très rarement appliquée. Elle remet l'homme au centre.

Nous ne le répéterons pas assez : dans nos entreprises, la prédisposition de nos capacités organisationnelles est fondamentale, non seulement pour améliorer et performer son bon fonctionnement en temps normal, mais surtout pour être en capacité de continuer son activité et de la développer en temps de turbulence.

Par conséquent, nos entreprises ont besoin de cette méthode de valorisation qui intègre le CHT.

4.4 Vers un nouvel indicateur

Au sein de GF, nous plaidons pour la mise en place d'un nouvel indicateur qui permettrait d'ajouter à la valeur de l'entreprise, nonobstant la méthode utilisée, une prime, une sur-valeur. Oui, une sur-valeur pour l'entreprise qui a, déjà, affronté des turbulences avec succès. Les capacités opérationnelles de l'entreprise en ont été renforcées et cela se valorise.

Cet indice serait le facteur de valorisation des capacités organisationnelles.

La normalité, la stabilité n'est pas valorisable en elle-même. Mais ce qui devrait être pris en compte dans la valorisation de l'entreprise en complément de l'EBITDA à multiplier, c'est la capacité à manager, à prendre des décisions en temps d'instabilité. En d'autres termes : s'il n'y a pas de pilote dans l'avion secoué par les turbulences, il tombe comme une pierre. Et, s'il n'y a pas de bon capitaine au gouvernail de son navire qui prend l'eau, il a toutes ses chances de couler à pic. Cependant, même si vous avez un bon pilote ou un bon capitaine, même si vous êtes vous-même ce pilote ou ce capitaine, vous pouvez être en incapacité face aux fortes turbulences de prendre la ou les bonnes décisions. Bâbord ou tribord ?

La question de l'intuitu personae, de la personnalité du dirigeant et de son aptitude à manager en phase de grand risque, de sa sur-humanité en quelque sorte, est posée. Mais, finalement, dans une entreprise ou l'intrapreneuriat est culturel, l'intuitu personae concerne chacun d'entre-nous. Le savoir-être apparaît, enfin, avant le savoir-faire.

Certes, c'est l'équipe de direction, c'est toute une équipe qui est au gouvernail. Il faudrait, d'ailleurs, miser sur une équipe de direction qui gagne, qui possède une telle aptitude, une telle expérience à leader sa compagnie, son groupe, sa PME-PMI, en pleine tempête. Il faudrait transformer chaque membre, chaque équipe, chaque atelier en « task force » ou plutôt en « rescue force ».

En pleine tempête, les skippers - dignes de ce nom - prennent le large et vont jusqu'à affronter les 40è rugissants. Ils sont les seuls à pouvoir faire la traversée et à mener à bon port leurs marchandises. Les autres, qui ne voulaient pas prendre de risque sont restés à quai. Ont-ils eu raison ? Ils n'ont pas pris de risque. Ils ont fini par stocker leurs marchandises, augmentant, ainsi, le stock initial et son coût. Certains ont, néanmoins, perdu leur client… faute de livrer à temps.

Qui veut prendre la mer en pleine tempête ?

Des dirigeants ont essuyé mille tempêtes. Ils sont devenus des skippers aguerris. Mais, ils ne sont pas seuls. Avec eux, les collaborateurs, les équipes, les moussaillons et les cadres sont sur le pont.

Oui, cet indicateur « de la sur-qualité humaine intrapreneuriale et managériale » est importante. Elle se baserait sur les capacités organisationnelles et managériales de l'entrepreneur et de son équipe dirigeante qui devrait agir comme un « groupe entrepreneur », comme des intrapreneurs.

Cet indicateur devrait permettre d'évaluer les capacités organisationnelles et managériales d'une part et d'autre part de les confronter au degré de turbulence de l'entreprise

Cet indicateur : le « potentiel des capacités organisationnelles effectives » est le ratio des capacités organisationnelles divisé par l'indice de turbulence.

Présentons quelques critères d'évaluation des capacités organisationnelles :

- L'expérience et le parcours des dirigeants, du DG ;
- le degré de prise de connaissance des données opérationnelles. A-t-il les informations concernant des dérives du prix de vente, du prix de matières premières, des manœuvres des concurrents, en temp réel ?
- Les méthodes d'acquisition de l'expérience pour l'introduction de nouveaux produits ;
- les expériences durant les crises passées ;
- les hypothèses de risque dans les données du business plan ;
- le potentiel d'innovation et de créativité ;
- l'ancienneté et la fiabilité du parc machines et des autres équipements ;
- les compétences clés de l'entreprise ;
- la relation avec les clients, les fournisseurs, les contreparties et les tiers.

Les critères d'évaluation des turbulences, eux, concerneraient :

- Des contraintes et des dépendances au sujet de :
  - L'énergie : le pourcentage du coût des énergies dans tous les coûts de production ;
  - la matière première : avec la fluctuation des cours, des coûts et la stabilité des sources d'approvisionnement ;
  - RH : la personnalité, le profil, l'expertise spécifique et la formation nécessaire ;
  - le réseau de distribution et de vente ;
  - l'image et la notoriété de l'entreprise ;
  - son financement.
- D'autres contraintes concernent les risques et/ou menaces :
  - Technologiques : quel est notre positionnement, est-ce que nous investissons assez dans la R&D ? Sommes-nous en phase d'obsolescence et de risque de rupture, ou le contraire ? Sommes-nous en phase de différenciation débouchant sur une innovation majeure ?
  - Marchés : notre positionnement vis-à-vis de nos clients, et notre compétitivité vis-à-vis de nouveaux concurrents.
  - Nouveaux produits : positionnement et risque de rupture, perception des clients.
  - Condition des produits de substitution.
  - Evolution du cadre légal.
  - Positionnement vis-à-vis des réglementations environnementales et professionnelles.
  - Gestion et finance qui révèlent l'image de l'entreprise.
  - Qualité et stabilité de l'actionnariat.

Chacun des indicateurs aura une grille qui reflète à la fois l'incidence de chaque point sur l'indicateur et un positionnement de 0 à 100 pour chacun, sachant qu'un positionnement moyen serait de 50. Chaque indicateur aura sa « note » finale. Nous aurons ainsi calculé le « potentiel des capacités organisationnelles effectives ». Ce ratio sera le multiplicateur qui viendra compléter l'évaluation de l'entreprise. Par exemple si les capacités sont de 55 et celles des turbulences de 50. Le multiplicateur serait de 1,1 qui viendrait multiplier l'EBIDTA par 1,1 ou bien si la valorisation est faite suivant le DCF elle serait augmentée de 10%.

4.5 Exemple d'évaluation avec ce nouvel indicateur

Prenons un exemple concret d'une entreprise où les divers facteurs qui déterminent ses capacités organisationnelles ont tous la même importance (10 sur 100), le parcours du directeur général mérite le double (20 sur 100). Ces divers facteurs sont évalués entre 0 et 100 avec une moyenne de 50 pour une évaluation normale. Dans ce cas, le directeur général est mieux évalué que la moyenne pour une note de 60. Chaque facteur subit la même évaluation. Ainsi les capacités organisationnelles ont une note finale de 55. Elles sont de ce fait 10% plus élevées que la moyenne. **Nous passons à l'évaluation de la turbulence de l'environnement.**

Chacun des facteurs a une pondération qui reflète les conditions de l'entreprise et de son activité. Pour simplifier l'exemple, considérons que chacun de ces facteurs a une moyenne de 50, sauf pour l'énergie ou nous présentons deux cas : le cas A où l'entreprise est exposée au cout de l'énergie qui peut varier de +/-20%. Elle aura donc une note de 60.

Dans le cas A, la note finale est de 52 pour la turbulence.

Par contre, dans le cas B, si l'entreprise assure la couverture de ses coûts d'énergie, soit par une solution financière ou par des contrats à terme, son risque devient minime et dépendant de la couverture. Alors une note de 40 lui est attribuée.

Dans le cas B, la note finale pour la turbulence est de 48.

Nous calculons à présent le « potentiel des capacités organisationnelles effectives ».

Il est le ratio des capacités organisationnelles divisées par l'indice de turbulence.

Pour l'entreprise A, dont la turbulence est de 52, le potentiel est de 55/52, soit 1,057. Ses capacités dépassent l'indice de turbulence de +5,7%. Cette différence serait la prime qu'elle obtiendrait.

Pour l'entreprise B, dont la turbulence est de 48, le potentiel est de 55/48, soit 1,1458. Ses capacités dépassent la turbulence de 14,58%, qui serait la prime qu'elle obtiendrait.

Si l'entreprise a été évaluée à 50 millions d'euros, selon la méthode du multiple (7) de l'EBITDA (7,2 M), et si elle est dans la configuration A, sa valeur ajustée serait de 52,8 millions d'euros. Si elle se rapproche de l'hypothèse B, sa valeur ajustée serait de 57,3 millions d'euros.

Avec cet exemple, on comprend l'importance d'agréger, aux méthodes de calcul habituels de la valorisation, les critères de turbulences.

4.6 Le CHT et la communauté financière

Outre sa contribution à la gestion de l'entreprise, surtout en temps de turbulence, ce qui assurerait sa pérennité et son succès financier, le

CHT permet une meilleure communication avec la communauté financière et les investisseurs.

Les analystes de cette communauté scrutent la performance des actions cotées. Les chiffres, les résultats mensuels, trimestriels et annuels sont sous la loupe. Toute divergence des attentes « du marché » est pénalisante et la valeur de l'action en pâtit directement. Il y a en fait un déphasage en termes de temps entre les attentes du marché d'une part et la déclinaison du business plan d'autre part. Les financiers suivent des échéances de calendrier fixes comme le trimestre ou l'année, alors que l'entreprise décline son business plan en fonction de ses considérations internes.

Des investissements qui sont en cours ont une maturité pour dévoiler leurs avantages. Ces investissements peuvent conduire à des périodes de stabilité de résultats qui dépassent le trimestre ou l'année en cours, avant d'atteindre les objectifs recherchés. Ceci peu conduire à des dérapages de la valeur de l'action. Ainsi, les dirigeants se mettent, alors, à tenir compte de contraintes supplémentaires qui sont les attentes des marchés. Cette ligne de conduite les pousse à se focaliser sur le court terme au lieu de tenir compte de l'intérêt stratégique de l'entreprise à moyen et long terme.

L'entreprise a intérêt à communiquer suivant son premier facteur contraignant stratégique (par exemple, la hausse de l'énergie, l'arrivée d'un outsider, ou l'annulation d'une commande) pour mieux expliquer son propre progrès sur le temps.

Sur un autre plan, les dirigeants des entreprises cotées en bourse suivent de très près la valeur boursière de leur entreprise. Ils la surveillent plusieurs fois par jour, comme le lait sur le feu. Ils cherchent à assurer à leurs actionnaires le plus grand rendement à travers la distribution de dividendes, mais surtout à travers la plus-value en bourse que l'action de l'entreprise peut réaliser.

D'ailleurs, il est devenu courant que les dirigeants principaux soient rémunérés en grande partie par la valorisation en bourse des actions cotées. Les enjeux pour eux sont importants. Ils doivent pouvoir se focaliser sur l'intérêt de l'entreprise à terme, et non pas sur les contraintes posées par les attentes du marché à court terme.

5. Les *néo-révolutions* : la numérisation et l'intelligence artificielle

Il est loin le temps où les premiers ordinateurs étaient de grosses calculettes. Il fallait une armée de programmeurs pour les utiliser. Leur dimensionnement était tel, qu'un seul prenait la place de tout un bureau, d'une pièce, d'un étage entier : un seul ordinateur ! Ici, l'idée n'est pas de retracer à grandes lignes, comme au début du livre, les 360° de l'histoire et de la littérature informatique sur le sujet. Elle est très prolixe. Cela demanderait des années.

L'évolution, voire la révolution, des technologies de l'information et de la communication englobe à la fois l'enseignement et la recherche, des hommes et des femmes passionnés par les technologies, donc, des machines et des logiciels.

Parmi les dernières révolutions, l'intelligence artificielle est, presque tous les jours, à la Une des médias. Il n'y a pas une journée qui passe sans que ce mot d'IA, d'intelligence artificielle, ne soit utilisé. L'IA est, également, à l'ordre du jour de plusieurs conférences, de plusieurs programmes politiques. L'IA bouscule tout…

Ces deux lettres infimes ont renversé la table de nos vieilles habitudes. Le sujet est devenu, également, politique et social. L'intelligence artificielle est un enjeu stratégique indéniable. C'est l'histoire de la révolution industrielle de la fin du 18e et du 19e siècle qui se répète en accéléré avec des répercussions inimaginables dans toutes les couches de nos vies entrepreneuriales, familiales, professionnelles et sociétales. Deux petites lettres majuscules : I et A ont un effet de levier révolutionnaire sur nos vies.

Sur le sujet, des anecdotes inédites démontrent une part de cet enjeu. Il y a quelques mois, des auteurs et des éditeurs d'Hollywood se mettaient en grève par crainte que l'Intelligence Artificielle ne leur prenne leur rôle.

De son côté, le sujet de la *numérisation des données* a une moindre importance. Mais, elle reste révolutionnaire, tant par sa technologie dématérialisée, que par son potentiel d'utilisation.

Tout ceci est passionnant. Oui, la technologie subit une révolution qui dépasse l'imagination la plus fertile.

Est-ce qu'elle pourrait remplacer un jour nos dirigeants, nos managers, nos leaders et nos équipes, là est la vraie question ? Matériellement, la technologie peut éditer un business plan. Mais peut-elle s'engager à notre place ? Peut-elle signer un contrat, une lettre d'intention, un mandat, un « nda », etc. ? La réponse est non pour les dirigeants, car il faut bien un signataire et une personne physique qui endosse la responsabilité sociétale. Mais la signature électronique existe, déjà, depuis fort longtemps.

Comment, par exemple, *assurer* une intelligence artificielle ?

Quant à nos équipes, vont-elles se réduire comme une peau de chagrin, leur intelligence humaine passant aux oubliettes ? Seront-elles remplacées par des robots ? Car l'intelligence artificielle, la robotique et la robotisation sont liées.

Reparlons de la numérisation des données et de Gemayel Frères. Au sein de GF, la logique même de notre approche entrepreneuriale se base sur la prise en compte de nos données historiques. D'où l'importance de notre base de données. Elles sont notre trésor.

Plus généralement, au sein de nos entreprises, le sujet de l'intelligence artificielle et de la numérisation des données peut être abordé sous l'angle macro, c'est-à-dire, celui de la gestion globale de l'entreprise et sous l'angle micro, c'est-à-dire des taches et des travaux dans l'entreprise qui sont plus ou moins répétitives (taches qui seraient à même d'être remplacées par l'intelligence artificielle, la robotisation et le système d'information).

5.1 La numérisation des données

Nos données sont vraiment un trésor enfoui dans le terreau de nos activités industrielles centenaires. Sans leur numérisation, le risque de les perdre est réel. Chez Gemayel Frères, les dirigeants ont vu brûler deux fois leur entreprise. Et, à chaque fois, ils se sont relevés. Ils ont, ensuite, recommencé à travailler. Ont-ils tout perdu ? Non.

Durant les temps de turbulences, durant la guerre, GF a continué son activité, même si elle avait été réduite à 100% pendant 8 mois. Heureusement, les archives avaient été numérisées au préalable. Elles ont permis de relever la tête plus rapidement.

Fady Gemayel se souvient : « Effectivement, avec la numérisation de nos données, nous nous sommes relevés plus vite en moins d'un an. La plupart de nos observateurs étrangers nous regardaient à la loupe, attendant, sans doute, que nous annoncions la fermeture définitive de nos usines. L'enjeu, le risque : que les données, justement, les connaissances, les procédures et le savoir-faire disparaissent. » Bien entendu leurs métiers sont ancrés dans l'histoire, dans les pratiques et les savoir-faire, dans la vie des collaborateurs.

« Avec la numérisation, l'historique de notre chiffre d'affaires, nos moules, nos plans, nos caractéristiques, nos fiches techniques, tous nos process-métiers sont historisés, archivés. Ils sont plus facilement protégés et sécurisés. Nos données sont accessibles en l'espace d'un branchement, d'un clic, d'une connexion. Ce travail, dont nous voyons les fruits aujourd'hui, résulte de la mobilisation remarquable de tous nos collaborateurs. »

La numérisation est une clef qu'il ne faut surtout pas perdre. Il faut même en faire des doubles et les confier à des personnalités de confiance.

« Nous l'avons couplée avec notre système d'information. Nous sommes très bien outillés en matière de gestion, de management et de pilotage de nos données. C'est notre trésor. C'est notre carburant : il alimente les données de nos ateliers, nos équipes, nos machines et nos outils. »

Une question se pose : en temps de turbulence, peut-elle être remise en question ? « En temps de turbulence, elle est un avantage indéniable, car elle nous permet d'agir plus vite, d'être tout de suite proactif. Elle nous permet de bénéficier encore mieux de la méthode du CHT et d'être pro-dynamique, plus solidaire les uns avec les autres, en partageant au mieux et rapidement les informations clefs. »

GF, malgré ses vieux métiers ancestraux est bien avant-gardiste ! Avant-gardiste, ayant numérisé toutes ses informations dès 1983, elle dispose d'un trésor inestimable qui a servi dans un premier temps à la programmation des commandes. Au début, il fallait mobiliser toute une équipe pour saisir les données. Même les opérateurs devaient, en plus de faire fonctionner la machine, remplir des formulaires de données. Plus tard, elles seront recueillies en ligne, en temps réel. Nous avons fait, également, l'acquisition d'un logiciel spécifique allemand, parmi les meilleurs, pour la programmation des commandes et l'affichage de dates de livraison. Il a été installé dès 1998.

5.1.1 Exemples dans le secteur d'activité de GF

Dans notre activité de carton ondulé, la séquence de la fabrication dépend de la productivité de chaque machine. Ces productivités sont revues en fonction de l'effet d'expérience et dans les cas d'amélioration elles se reflètent sur le temps accordé à chaque commande. Le résultat est l'action propre de l'intelligence artificielle qui se nourrit des informations numérisées. Ainsi, nous pouvons inclure d'autres éléments de fabrication, dans le cadre d'un emballage, d'une caisse, il s'agira de la largeur de la plaque de carton, du nombre de couleurs et de la surface d'impression. L'objectif est d'optimiser la productivité de nos machines.

Prenons un autre exemple, en papeterie. Au Liban, lors de l'étude du projet de nos nouvelles installations en 2012, une question se posait, au sujet de la mise en service d'une nouvelle machine à papier : voulions-nous installer un DCS, un automatisme sur la machine à papier ? Après des échanges constructifs avec le prestataire, il s'est avéré que l'automatisme dans ce métier se limitait à synchroniser tous les points de la machine seulement lors du lancement de la pâte pour la production du papier. Cette synchronisation était limitée et nous avions besoin d'automatiser les interventions spécifiques : soit changer de fibres, soit modifier la vitesse de la machine, soit intervenir en ajoutant d'autres produits (de l'amidon et d'autres additifs).

5.1.2 Les limites…

Notre projet allait même plus loin. Mais, nous avons connu des dérapages au niveau des spécifications demandées par notre propre client, qui concernaient la qualité du papier. Plusieurs possibilités d'intervention en direct auraient été possibles : soit modifier la vitesse de la machine, soit modifier la composition de la matière première, ou bien celle de la chimie. Chacune de ces solutions auraient eu des incidences non seulement sur les spécifications, mais aussi sur les coûts. **Le vrai automatisme à nos yeux, est celui qui permet d'intégrer directement les spécificités du client en cours de production.**

Ce n'est pas l'envergure du projet qui nous avait empêchés d'aller plus loin, mais le manque de données pertinentes que nous étions capables de maîtriser. Bien que l'entreprise eût numérisé un quantum important d'informations relayant plutôt les données opérationnelles – comme les recettes de plusieurs compositions de papier incluant plusieurs sortes de vieux papiers, des produits chimiques avec leur incidence sur les spécifications – nous n'avions malheureusement pas celles des données de fabrication, propres à la machine, comme les réglages de pression, de cylindres, etc. C'est notre prochain défi.

5.2 L'intelligence artificielle au service du dirigeant

Pour l'heure, chez GF, l'essentiel du sujet de l'IA est devant nous. Car nous sommes plus accaparés dans l'investissement de nouvelles machines pour répondre aux nouveaux besoins de nos clients que dans l'intelligence artificielle. Mais, il est impossible de l'ignorer.

Dans un premier temps, il est certain que l'intelligence artificielle va nous aider à anticiper, à diriger et à mettre en place nos stratégies de façon plus optimale. Elle va même nous surprendre par sa capacité à valider ou à remettre drastiquement en question notre management, notre organisation, nos opérations, notre structure et notre vision stratégique. Il y a, cependant, des garde-fous préalables. Car, il faut que ce soit au service de notre culture d'entreprise, de notre histoire et de nos valeurs. Dans son ensemble, cette révolution majeure doit être au service de l'homme, de nos collaborateurs et de nos entreprises. Et non pas le contraire.

Elle doit nous aider à mieux élaborer, à maîtriser nos process en interne. Elle doit nous permettre d'améliorer notre business model et notre business plan. Il est certain qu'elle va nous faire gagner du temps.

Dans le cadre du CHT, elle va simplifier, rendre plus accessible la complexité. Le C du CHT va s'amoindrir ; le H et le T vont pouvoir s'harmoniser.

Oui, l'IA va simplifier la complexité, la rendre accessible. Elle permettra, par exemple, d'analyser toutes les possibilités, toutes les hypothèses de vente, d'investissement, de production et de résultat qui s'offrent à l'entreprise pendant un cycle de temps, une période budgétaire. Elle connaîtra notre environnement externe et interne. Elle nous aidera à nous adapter, à mieux cibler, mieux segmenter, à modifier notre organisation et nos plans de développement en cas de turbulence.

Comment peut-on participer à cette révolution majeure ?

C'est la question que nous nous sommes posés.

Essayons d'y répondre par le prisme de notre méthode du CHT. A la base, la mise en application du CHT est bâtie sur le modèle de simulation. C'est la première pierre de fondation. C'est le socle qui permet toute analyse et toute prospection. Par définition, il prend en compte l'environnement de la complexité, la ressource des hommes et la dimension du temps.

Avec l'intelligence artificielle, la saisie des données sera instantanée, comme la projection des résultats. L'intelligence artificielle nous permettra de proposer des chemins à suivre après avoir analysé toutes les données – endogènes et exogènes – qui affectent la décision des dirigeants. Elle va nous conduire à des choix et/ou des recommandations d'action que nous, les dirigeants, nous avons à prendre. Ces décisions seront prises dans la mesure du temps, pour une période qu'elle nous aura élaborés.

Par exemple, chez GF, au cours d'un exercice N, les prix et les quantités de vente d'un produit spécifique, comme les caisses de pommes de terre, dépendent du coût de la matière première, et d'autres éléments endogènes ; mais, aussi, d'éléments exogènes comme les conditions de marchés de la pomme de terre, sur lesquels influent le climat, les prix de vente, la récolte et les exportations possibles. Chez GF, toutes les données endogènes (comme les prix et les volumes) sont généralement numérisées, mais ce n'est pas le cas des données exogènes. C'est tout l'enjeu de l'intelligence artificielle, qui dans ce cas permet la génération et l'intégration de ces données exogènes avec les autres données. Il ne s'agit pas pour autant d'une super-modélisation, mais il incorpore 100% des éléments importants dans le cadre de l'entreprise.

5.3 Le business plan et la démarche visionnaire

L'IA va nous permettre de construire notre business plan. Nous proposons, ainsi, une démarche en sept étapes.

5.3.1 Première étape : notre modèle interactif opérationnel présente une vision globale des hypothèses décisionnaires

Ces hypothèses font l'objet de simulations avec un positionnement sur les objectifs de toutes les données endogènes. L'objectif est de répondre à la problématique suivante : Quelle est la combinaison de choix, de paramètres sur les prix, sur la qualité, le volume, les crédits, les ressources humaines, etc... qui optimise les éléments suivants, d'après Drucker :

- Le positionnement marketing,
- l'innovation de nos produits,
- la productivité des machines,
- les ressources financières et la logistique,
- la rentabilité et le retour sur investissement (ROI),
- le développement et la performance de l'encadrement,
- l'expertise, la formation et la performance des salariés.
- la responsabilité publique et sociétale.

Cette combinaison se fera en tenant compte des contraintes suivantes :

- Les ventes en fonction du prix, des besoins des marchés, du pouvoir d'achat des clients, de la concurrence, des actions de l'entreprise confrontées aux produits de substitution (comme l'emballage en plastique), des crédits à la clientèle.

- La production, elle, est dépendante du choix technologique, et de son organisation (nombre et structure des équipes).
- Des approvisionnements qui sont liés au volume total, et au volume de chaque lot, et au coût du transport (du fret maritime).
- Des services administratifs qui affectent les coûts fixes suivant les volumes.
- Des finances, des intérêts et des besoins financiers, de la structure financière.

Chacune des combinaisons aura, ainsi, une incidence sur les 8 composantes des objectifs. C'est à partir de cela que nous parlons de simulations, d'où découleront les prises de décision du dirigeant.

Nous donnons l'exemple des ventes, qui font l'objet de notre politique commerciale et qui sont dépendantes de l'offre de crédit. Lors d'une prospection commerciale, il nous est présenté l'expression des besoins d'un client, des prix de vente et des quantités qui sont, étroitement, liées à notre politique de crédit.

Sont impactés, également, nos parts de marché et le positionnement du produit. Chacune de ces données représente une incidence sur une ou plusieurs composantes de nos objectifs. Ainsi, un certain volume représente une part de marché, et le crédit accordé représente des utilisations de facilités bancaires, qui à leur tour sont ajustées en fonction du curseur de risque. Le tout propose une série de prix de ventes, avec des volumes, des crédits à la clientèle, des niveaux de facilités, donc de risque et une certaine image de marque.

Cet exercice est assez complexe, il est vrai. Il est, cependant, nécessaire. Et, il est réalisé pour chacun des process métiers et des processus de support. Cet exercice permet de dégager une multitude de combinaisons de choix. Le modèle d'aide à la décision qui est une simulation globale permet d'avoir une série de choix de prix de vente et de volume, en fonction de tous les éléments pris en considération pour chacune des fonctions avec aussi un positionnement sur l'un ou plusieurs critères des objectifs. La simulation permet de dégager une multitude de combinaisons de prix et de volumes optimums avec différents facteurs tels que la part de marché, le crédit, les choix de politique d'achat de matière première, avec des positionnements sur les critères des objectifs. A la fin, le dirigeant est en capacité de faire le choix le plus judicieux. Ainsi, il se peut qu'une combinaison offre une rentabilité intéressante, mais associée à une utilisation importante de facilités bancaires qui dépasse en termes de risque les préférences de l'entreprise. Le dirigeant peut privilégier, alors, une autre combinaison légèrement moins rentable mais beaucoup moins risquée. Le curseur de ses décisions se situe, par conséquent, sur le niveau de risque qu'il est prêt à accepter. L'entreprise aura, ainsi, balayé la plupart des possibilités permises dans toutes ses fonctions, tout en tenant compte des cadres d'influence parcourus dans le chapitre 4.

5.3.2 Deuxième étape : nos données historiques

Cette étape vise à mettre en valeur les expériences passées de l'entreprise qui vont alimenter notre business plan et nos choix. Force est de pouvoir incorporer aussi l'historique dans les projections : justement le système de numérisation est un trésor à exploiter. Ainsi, le dirigeant pourra saisir toutes les combinaisons des données endogènes, leur résultante et leur positionnement.

5.3.3 Troisième étape : utilisation de l'intelligence artificielle

Il s'agit, par exemple, de sourcer sur les différents canaux d'information, sur les différents réseaux et sur le web, les données exogènes qui intéresseront notre activité et seront implémentées dans notre base de données. Celle-ci deviendra ainsi, holiste et exhaustive. L'enjeu est, effectivement, de renforcer les données endogènes de l'entreprise avec ces données exogènes. C'est, vraiment, ici que l'intelligence artificielle entre en jeu et va jouer tout son rôle.

5.3.4 Quatrième étape : simulation finale

Il s'agit de mieux appréhender, de mieux comprendre les données de l'entreprise mises en valeur dans notre système d'information, ainsi que les données exogènes recueillies précédemment. C'est tout l'apport de l'intelligence artificielle qui propose une prospection globale, extra-large, en 360°. On peut dégager, ainsi, une série de choix en fonction des objectifs et de la vision stratégique.

5.3.5 Cinquième étape : l'heure du choix

Le dirigeant a, maintenant, devant lui toutes les données endogènes et exogènes, ainsi que leurs incidences sur les objectifs et sa stratégie. Il prend, alors, sa décision et choisit avec son équipe son premier alignement stratégique. Ces données doivent, bien entendu, concerner toutes les activités de l'entreprise et ses processus-métiers, ainsi que les processus-supports.

5.3.6 Sixième étape : le cas de turbulence

Cette hypothèse doit, effectivement, être traitée.

Il s'agit d'être en capacité d'opérer un repositionnement stratégique. C'est une option : en cas de turbulence, mon entreprise est-elle en capacité de se repositionner ? En cours d'implémentation du business plan et des décisions managériales, l'intelligence artificielle prendra en compte, à l'instant T, les changements endogènes et les turbulences exogènes. Elle recalculera en temps réel leurs conséquences et nourrira le tableau de bord des dirigeants, qui ajusteront alors leurs décisions et en prendront de nouvelles. Ces décisions seront nécessaires pour gérer le court terme et ses conséquences sur le moyen et le long terme.

5.3.7 Septième étape et dernière étape : synthèse

Elle consiste à remettre toutes ces composantes au cœur même de l'entreprise, des équipes, des ateliers, des femmes et des hommes, de tous les collaborateurs. Elle est l'étape de l'effet d'apprentissage et d'expérience afin de nourrir non pas l'intelligence artificielle, mais l'intelligence de nos équipes, de nos savoir-faire.

L'intelligence artificielle contribuera, donc, à sourcer les choix qui se présenteront au dirigeant et à l'équipe. Ensuite, à enrichir tous les champs du possible dans lesquels le dirigeant puisera ses décisions. Ce dernier aura, enfin, l'occasion d'en voir les résultats et de valider le premier alignement stratégique de son business plan.

Finalement, c'est toute l'entreprise qui ressort renforcée de cette démarche. Le leitmotiv étant que le dernier mot revienne toujours au dirigeant. C'est lui qui prend et prendra la décision, même s'il peut se tromper. Les entreprises se nourrissent, aussi, de leurs erreurs.

5.4 L'intelligence artificielle entre rêve et réalité

Les belles perspectives entrepreneuriales et intrapreneuriales, au creuset du CHT et de l'intelligence artificielle, sont réelles. Elles tiennent compte parfaitement de la complexité dans une même plage de temps. L'intelligence artificielle pourrait même proposer plusieurs combinaisons de facteurs pour atteindre des résultats déterminés, avec des nuances concernant les composantes des objectifs.

Elle s'empare, pourrait-on écrire, de la complexité avec une facilité déconcertante. Avec l'intelligence artificielle nous explorons les hauteurs, les largeurs et les profondeurs du pilotage de nos entreprises et de la mise en place de nos stratégies dans les moindres détails.

Dans ce cas, nos collaborateurs sont en phase et cherchent chacun dans le cadre de leur responsabilité à exécuter les points qui les concernent, et, aussi, à recueillir toute graine de changement. Le dirigeant retourne à l'école. A l'école de l'intelligence artificielle. C'est une nouvelle école !

Mais qu'advient-il, quand après le lancement, une donnée importante change ? Bien sûr, ce modèle permet d'analyser les conséquences et les positionnements, mais lorsque plusieurs alternatives se présentent, le modèle peut-il réorienter le choix final en toute objectivité ? Bien sûr que non !

Le CHT a démontré que la turbulence de l'environnement pousse les dirigeants, soit à changer leurs plans opérationnels pour atteindre les mêmes objectifs, ce qui éventuellement pourrait être envisageable au niveau de l'IA, ou bien, les solutions impliquant la modification de l'objectif lui-même. L'entreprise peut, bel et bien, changer une ou plusieurs des composantes de ses objectifs en cours de route. Le changement des objectifs ne peut être que le fruit de la décision du dirigeant. C'est l'homme, et bien lui, qui est toujours au cœur de l'entreprise.

Pour être complet sur le sujet, n'oublions pas l'intuition du dirigeant, son esprit entrepreneurial, son sixième sens, qui ne saurait être numérisé. Il est de l'ordre de l'immanent. Et, par définition, il est insondable. Pourra-t-il un jour être numérisé ? L'intelligence artificielle pourra-t-elle, un jour, être immanente ? ;

En définitive : Le super modèle interactif projette l'avenir à partir d'estimations ; la numérisation permet d'ajouter à cette projection l'expérience passée et celle des données endogènes ; et, l'IA permet d'ajouter à la projection les données exogènes. Par conséquent, l'intelligence artificielle permettrait l'enrichissement des alternatives pour le dirigeant déjà doté d'un modèle de simulation d'aide à la gestion, aux choix stratégiques et à la prise de décision.

Oui, l'intelligence artificielle est une révolution majeure, qui démarre tout juste. Le modèle interactif que nous proposons en est un exemple concret, mais elle ne peut en aucun cas remplacer la décision humaine !

VII. CONCLUSIONS

Nous terminons, déjà, cette longue traversée qui nous a permis de naviguer sur de nombreux océans de l'économie, de la littérature, de la stratégie, de la turbulence et de la vie entrepreneuriale. Quelle traversée ! Plus je le relis, plus cet essai, ce « mini Strategor » m'épate…

Puisqu'il en a eu l'idée, l'initiative, et que la genèse de ce livre est née de sa thèse, de ses expériences de chef d'entreprise, de ses écrits au fil de l'eau ; puis, de notre collaboration, de mes écrits et de mes tracées de plume, laissons, donc, **Fady J. Gemayel** présenter sa conclusion.

Depuis que je suis dirigeant, j'ai, toujours, appris que gérer c'était prévoir, déléguer et contrôler. Mais, car il y a un mais : Est-ce que quelqu'un aurait-il prévu ce déferlement de crises qui se sont abattues depuis le début de notre 3è millénaire ? Celle du COVID a été hors-norme et imprévisible. C'est l'axiome de base qui est ébranlé, non pas une fois, mais à répétition !

Ce livre traite le sujet le plus délicat pour tout dirigeant : comment diriger en temps de turbulences ? Il est – permettez-moi de me répéter une dernière fois – le fruit de ma longue expérience de dirigeant qui était de plain-pied pendant quarante ans dans toutes les facettes de la gestion à la fois managériale, opérationnelle et stratégique. Au Liban, et aussi en France, cette expérience m'a poussé à agir en stratège qui met les mains dans le cambouis, ou plutôt dans la pâte à papier. J'ai dû répondre aux défis opérationnels et sauvegarder mon attachement à ma vision stratégique. Pendant toutes ces longues années, je n'ai jamais oublié l'adage de mon directeur de thèse « agir en homme de pensée et penser en homme d'action ». C'est pour cela que j'ai voulu collaborer avec Antoine Bordier pour écrire ce livre, pour qu'il soit plus vivant, moins académique et technique, et plus réel. Je le remercie d'avoir apporté sa collaboration, toute son énergie et sa belle plume à mon projet. D'une version très technique et très disparate, dans le temps, ce texte abouti traite de sujets très complexes avec une approche des plus agréables pour un lectorat étendu et pluri-générationnel. C'est vrai, le sujet reste assez complexe.

À la tête d'une entreprise industrielle et poursuivant mes études doctorales, j'avais par moment l'impression d'être tiraillé entre deux mondes : celui de la gestion d'une entreprise et celui du monde académique des sciences de gestion.

Notre entreprise sera centenaire dans 4 ans ! Elle a vécu, comme vous le savez maintenant, de nombreuses turbulences. Elle a failli disparaître à plusieurs reprises. Tombée deux ou trois fois, elle s'est, toujours, relevée. L'environnement libanais, connu pour ses changements fréquents et imprévisibles, a affecté toutes les entreprises du pays du Cèdre.

La nôtre a été particulièrement blessée par deux bombardements dévastateurs. Mais, comme vous le savez, elle n'est pas morte. Le premier en 1978 touchait notre usine de Beyrouth. Cette installation avait accompagné la croissance de toute l'industrie de l'emballage au Liban. Ce qui n'est pas rien. Je rappelle que nous avions démarré dans le recyclage du carton en 1929. Puis, nous avons introduit le carton ondulé en 1956. Le bombardement de 1978 anéantissait une usine qui symbolisait l'histoire de l'emballage en carton allant du recyclage des vieux papiers jusqu'au carton plat et des boîtes en carton ondulé. Cette gamme s'enrichissait, aussi, de plusieurs produits de transformation comme les emballages en carton plat, les plateaux pour les repas et tant d'autres produits de transformation. Nos engagements ont porté leurs fruits dans l'introduction de nouveaux produits.

Des années 30 aux années de turbulences…

Historiquement, la première grande turbulence a concerné les membres fondateurs. Le premier, mon oncle, décède en pleine fleur de l'âge à la fin des années 30. C'est lui qui avait le grand mérite d'avoir introduit en 1929 l'industrie du recyclage au Liban et probablement sur la région. Mon père malgré son très jeune âge, reprendra le flambeau pour faire de cette activité une vraie industrie, à l'écoute du marché. Visionnaire et audacieux, grand travailleur, il introduisait en 1956 l'industrie du carton ondulé pour accompagner les besoins de l'industrie manufacturière libanaise. Cette période glorieuse a vu, également, le retour du 3ème frère au Liban.

Notre réussite était belle et réelle. Elle creusait son sillon. A tel point qu'à un moment donné, le nom de Gemayel Frères était synonyme de tout genre d'emballage à base de papier et de carton. Nos clients se trouvaient dans tous les secteurs économiques du Liban. Nous étions devenus une référence. Et, la croissance était au rendez-vous.

Cette expansion devait, malheureusement, s'arrêter brutalement en 1960. Mon père décède prématurément, suivi un mois après de mon autre oncle. Ce fut une véritable tragédie familiale. Encore une ! Elle aura, également, des conséquences dans toute l'industrie de l'emballage au Liban. Heureusement, la famille était grande. L'entreprise fut reprise par nous, la seconde génération des Gemayel, au moment où elle ne subvenait plus aux besoins du marché en pleine expansion. Il est bon d'ajouter que dans cet environnement, du côté des clients, certains, dans le secteur agricole notamment, se plaignaient des ruptures fréquentes de leurs propres lignes de production en raison de nos livraisons différées voire annulées. Il fallait les accompagner sur ce sujet-là.

C'était une évidence et cela le reste toujours : les problèmes infligés au marché ne pardonnent pas. Ils ont un impact dans la sous-traitance, chez les fournisseurs.

Malgré ces difficultés, notre phrase en lettres d'or était celle-ci : *Les besoins des clients doivent être servis en permanence*.

Il y avait d'autres turbulences. Comme celles causées par le plus grand groupe de confiserie qui avait décidé de se lancer lui-même dans la fabrication d'emballages en carton. En même temps, des clients actifs dans le secteur agricole s'improvisaient, à leur tour, dans la production de caisses en s'associant avec d'anciens collaborateurs de notre entreprise. Le marché était en ébullition de ces nouveaux entrants. Cette concurrence est devenue, par la suite, une turbulence plus que significative, qui a marqué notre activité tout au long de ces quarante dernières années. Il a fallu, aussi, que nous soyons sauvagement bombardés en 1978 pour perdre toutes nos installations.

Une usine ou plutôt plusieurs usines, dont une porteuse de 50 années d'engagements et d'efforts, étaient mise à l'arrêt en quelques heures. Le groupe avait entretemps lancé la construction d'une cartonnerie pour accompagner sa croissance. Après quelques mois d'arrêt, l'activité du carton ondulé reprenait dans une nouvelle usine située dans la montagne libanaise. Ce pari n'était pas facile à relever à l'époque, puisque ni assurance, ni assistance des autorités avaient répondu présents.

De fait, nous étions hors de l'activité du recyclage et de tous les produits de transformation qui en découlaient. Un coup dur pour tout notre groupe.

Il faut énormément de résilience et d'engagement pour se relever.

Quelques années plus tard, notre nouvelle usine de Bickfaya est bombardée à son tour.

Cet aperçu reflète en quelques lignes l'histoire d'une entreprise familiale qui a eu la force d'affronter, puis, de se battre, enfin, de résister. Elle a répondu sans hésitation aux turbulences.

D'où viennent cette force, cette résilience et cette résistance ?

Elles font partie de nos gènes. C'est l'esprit pionnier de mon oncle, suivi de celui de mon père, pionnier à son tour, un vrai visionnaire qui est décédé à l'âge de 37 ans, emporté par la maladie. Terrible !

Il est déjà à l'époque, également dans une activité qui démarrait en Syrie. Il s'intéressait, de plus, à une autre en Egypte… Il est parti trop tôt, trop vite, suivi de près par son troisième oncle. Lorsque la deuxième génération a pris le relais « forcé » des responsabilités, ils voyaient se lancer deux autres groupes cartonniers durant cette période. Quel combat générationnel !

Nouvelles générations qui ont dû faire face, non seulement, aux drames familiaux, aux turbulences économiques, mais, également, à ces tragédies géopolitiques des années 2000 aux répercussions économiques et sociales gravissimes.

Pour ma part, mon histoire commence en 1982, avec mon jeune frère Nabil. Nous avions interrompu nos études aux États-Unis pour rentrer au pays, rappelés de toute urgence par le devoir familial de la reprise du groupe. Nabil devait reprendre sa maîtrise en génie industriel et j'avais interrompu mes études doctorales, alors qu'il me restait le dernier trimestre de cours avant de passer à la préparation de ma thèse. Ce n'était que partie remise car des évènements que nul ne pouvait prévoir s'imposaient à nous.

L'année 1984

En 1984, l'histoire mortifère et turbulente du Liban se répète. Notre usine est bombardée. De quoi nous désespérer !

Par chance, nous nous sommes relevés. Nous n'avons pas hésité mon frère et moi à reprendre l'activité, lui avait 24 ans à l'époque, et moi 27 ans. Alors que ceux qui nous avaient bombardés nous surplombaient de leur vigie militaire, nous nous sommes remis, un mois après, à reconstruire avec nos équipes et des spécialistes externes. Nous avons remis nos machines en marche. Oui, nous sommes repartis, laissant derrière-nous cet amas de ferrailles.

Depuis, c'est le combat quotidien de toute une équipe qui n'a pas cédé. Jamais ! Quelques années plus tard, notre jeune cousin se joignait au groupe après avoir terminé ses études aux États-Unis. C'était le combat de la nouvelle génération qui, fière de représenter l'héritage historique d'une entreprise familiale, devait tout reprendre de zéro.

Sur les bancs de la gestion, de la stratégie et de l'université, je me suis retrouvé.

C'était ma porte d'accès à cette prestigieuse université : La Sorbonne. C'était, aussi, à ce moment-là que la notion de gestion stratégique avait le vent en poupe. Elle représentait les nouveautés en matière de sciences économiques. Commence ainsi mon parcours entre la gestion de l'entreprise en tant que PDG de notre groupe et en même temps mes études en gestion. C'est bien cette expérience unique qui me marquera tout au long de ma carrière. Dans notre quotidien, il fallait trouver le bon équilibre entre les défis opérationnels et les enjeux stratégiques. Il fallait conduire notre groupe contre vents et marées, dans la bonne direction : vers le Cap de Bonne Espérance. C'est là, où j'ai pu mettre en avant le concept du CHT. J'ai pu l'appliquer, l'éprouver et le renforcer. Il est le fruit de mon expérience professionnelle et de mes lectures d'ouvrages professionnels riches en idées et en témoignages. C'est vrai, j'avais besoin de me plonger dans la littérature.

Ce large éventail d'ouvrages et d'approches, aussi différents que le nombre d'auteurs lus et parcourus (une quarantaine), a nourri mon expérience. Le monde académique est un trésor pour les entrepreneurs. Il est enrichissant à plus d'un titre. Mais, comment profiter des avis de tant d'experts, qui en même temps sont des références et divergent sur la stratégie d'entreprise ?

Selon moi, la stratégie de nos entreprises s'articule autour de 3 axes majeurs : les choix ou les options stratégiques, les démarches ou la mise en place stratégique et la structure organisationnelle stratégique.

Concernant l'axe des options stratégiques, plusieurs auteurs ont suggéré des approches différentes allant des alternatives stratégiques de Peters en passant par le reengineering, l'innovation et l'entrepreneurship. Rappelez-vous, nous avons parcouru les stratégies de positionnement de Kepner et Tregoe, de Calori et Atamer, de Thietart, de Prahalad et Hamel, de Godet, etc. Ces auteurs favorisent la stratégie aux opérations.

Sur le sujet de la démarche stratégique, citons en premier lieu, la stratégie d'action en temps réel. Parmi ces auteurs, j'ai parlé de Perry, de Scott et Smallwood, de Véran. Leur école favorise les opérations à la stratégie.

La notion de la structure organisationnelle passée en revue avec Denton, Bergelman, Feneuille, Peters, Tofler et Bower, Christenden, suggérait de déléguer la décision à la source même du changement afin de réduire le temps de réponse.

C'est vrai, un autre axe de la démarche stratégique préconise la « learning organization ». Ses auteurs emblématiques, nous vous le rappelons, sont Mintzberg et Quinn, Senge, Garmin, Rosenblum et Liedtke, Barlett et Ghoshal.

Toutes ces écoles mettent en avant le fait que gérer une entreprise, c'est finalement réussir une dynamique de groupe. Parfois, ces échanges s'enflamment. Même si les débats portent sur un point spécifique, ce sont les tenants et les hypothèses de chaque intervenant qui influencent la démonstration.

Ces hypothèses sont quelques fois bien énoncées, mais le plus souvent sous-entendues ou prises pour acquises. Je me suis longtemps intéressé à comprendre comment face à une problématique spécifique, les protagonistes pouvaient-ils aboutir à des conclusions différentes, quand ils prenaient tous les mêmes hypothèses ?

De ces auteurs, de ces écoles et de mes expériences, est né le CHT.

Mes responsabilités de dirigeant dans cet environnement turbulent exigeaient une prise de décision aussi juste que rapide. Car se tromper en temps de turbulence est la pire des choses. Fort de cette expérience de gestion en temps de turbulences, j'ai découvert plus tard, avec Schön et sa « reflective pratictioner », que la gestion de l'entreprise exigeait de répondre à la fois à ces trois dimensions : la complexité, les hommes et le temps.

La complexité est la conséquence de la pensée systémique à l'instar de l'équilibre général des sciences économiques. Elle est, aussi, la conséquence de l'affinement des méthodes de prévision. Plusieurs groupes ont réussi parce qu'ils ont réorganisé des variables pourtant opérationnelles pour aboutir à de nouvelles configurations stratégiques. Certainement, il fallait s'assurer que les exigences opérationnelles n'étaient pas en conflit avec les enjeux stratégiques. Surtout, il fallait qu'ils convergent, et que, de surcroît, cette complexité soit dynamique. Il était évident que les stratégies de positionnement répondent à la complexité, mais elles le font seulement avant le lancement du plan d'action. Les stratégies d'action en temps réel favorisent la rapidité de l'action ponctuelle même aux dépens de sa globalité. Alors que les adeptes de la « learning organization » n'ont pas élaboré les mécanismes qui permettent de répondre à la complexité en environnement turbulent.

J'ai trouvé alors que la notion du temps brillait par son absence. Le temps est omniprésent dans nos sociétés modernes qui courent après lui, et qui sont, souvent, en mode « pressées ». Et, c'est le grand oublié dans les ouvrages de gestion et de stratégie.

Elle était sous-entendue et en toile de fond. Les plans stratégiques qui cherchaient à positionner l'entreprise dans un futur plus ou moins proche considèrent en fait une échéance dans l'espace temporel. D'autres ouvrages en parlent dans le but de faire gagner en compétitivité dans la réduction du temps de réponse comme l'introduction de nouveaux produits sur le marché. Je ne pouvais pas concevoir que l'on puisse avancer vers l'échéance du plan stratégique à cinq ans et une fois arrivé par exemple en année 3, on pouvait se limiter à ce qu'il en restait. Ceci signifie deux ans, mais que fait-on après cette échéance ? Pour cela il faut penser à un nouveau concept qui exige la gestion de tout l'espace temporel et de gérer aussi loin que possible dans le temps.

Que dire des hommes ?

J'ai repris notre historique pour insister sur leur importance. Alors que certains ouvrages prônent une plus grande participation, la question principale était : Comment permettre à toute une équipe de rester dynamique et solidaire, surtout lorsque les turbulences frappent à la porte du temps ? Convaincu de leur rôle, il fallait leur assurer une plus grande participation dans la prise de décision. Mon expérience du terrain et ma synthèse des ouvrages m'ont poussé à fédérer les 3 dimensions CHT qui devaient ensemble être la base de tout système de gestion. Cette intégration permet de marier la flexibilité opérationnelle à la vision stratégique.

Oui, la complexité implique la flexibilité de l'action et l'intégration de tous les éléments du système. Les hommes agissent en flexibilité valorisant, ainsi, leur participation et surtout en assurant leur cohésion.

La convergence des trois dimensions : complexité, hommes et temps, conduit aussi au CHT Integrated Management. L'entreprise ne peut pas s'occuper d'un facteur sans l'autre et ceci à chaque instant. Cette approche se décline dans une démarche globale du groupe entrepreneur qui se base sur ces piliers : la détermination des intentions stratégiques, le balayage des choix permettant la prise de décision, et la vision stratégique… La démarche opérationnelle assure l'intégration de l'ensemble des opérations à la stratégie qui oscille comme un effet de pendule : opération-stratégie-opération. Les hommes, le vrai trésor de l'entreprise, se l'approprient.

L'entreprise peut ainsi s'assurer de l'optimisation globale de ses ressources en 2 étapes : tout d'abord une optimisation statique, puis une optimisation dynamique. L'exercice n'est certainement pas des plus faciles.

Face à la turbulence, nul ne peut prétendre amener des réponses simples. De plus, la turbulence est devenue plurielle : turbulences.

Il faut, aussi, reconnaitre que le tableau environnemental a bien changé depuis la séquence des perturbations sans fin : celle du COVID, celle des crises sociales, celle de la crise ukrainienne, etc.

Les crises politiques se sont ajoutées à ces crises dont personne ne sait quand elles finiront. Et, l'économie mondiale est aphone. La machine mondialisation, elle, est « grippée ».

En France, les interventions de l'Etat dans la vie économique des entrepreneurs en difficulté ont certainement permis la réduction de l'ampleur de la crise, mais l'économie peine toujours à reprendre. Elle ne reprendra véritablement, que si ses hommes clefs : les entrepreneurs, résistent ! Et, si l'Etat les libère des lourdeurs administratives…

J'espère qu'au bout de ces chapitres nous avons pu vous convaincre de la pertinence de vous plonger dans la littérature. De la pertinence du CHT, fruit d'une expérience sur le terrain et aussi de la synthèse des préconisations de beaucoup de ces auteurs.

A la lumière de l'historique de l'évolution des sciences de gestion, il convient d'apporter une analyse plus fine concernant le changement et la turbulence. Bien sûr, on l'a vu, l'approche CHT est complexe et exige une méthodologie de travail ardue pour toute une équipe, qui travaillerait en mode « entrepreneur ».

Il n'est pas demandé à toutes les entreprises d'assumer les exigences de ce modèle. Celles qui ont la chance d'avoir moins de contraintes de changements peuvent bien sûr se dispenser de ces exigences. Cependant, je ne vois pas comment celles qui connaissent ou sont confrontées à un fort niveau de turbulence pourraient faire autrement.

En outre, le concept du CHT ne se limite pas aux seules PME-PMI. En appliquant la notion du premier facteur contraignant cette manière de gérer le temps permet aussi d'apporter un outil pour gérer l'ensemble des entités qui font partie d'un groupe.

Cette approche amène une sérénité au groupe qui suivrait les progrès suivant ces repères. C'est la même logique qui prévaut. Dans ce cas il ne s'agit plus de gérer les différentes fonctions d'une PMI, mais les différentes entreprises ou les CAS du groupe.

De la micro à la macroéconomie : Keynes et Friedman

Passionné de macroéconomie, pendant mes études, j'ai, toujours, eu du mal avec ces oppositions entre les deux principales écoles que sont celles de John Maynard Keynes et de Milton Friedman.

De grands débats séparaient les deux approches : alors que Keynes se préoccupait du court terme, Friedman, via son école monétaire, se souciait, lui, du long terme. Les débats n'aboutissant pas à une notion convergente, les adeptes de Keynes se disaient : « Anyhow, we are all dead in the long run ».

Ce n'est bien sûr pas convaincant ! Et même un peu frustrant…

Ce livre apporte un nouvel éclairage sur le sujet, au creuset de ces deux écoles.

Car je ne pouvais pas comprendre ni même admettre que toute une théorie pouvait reposer sur la seule pertinence d'une action budgétaire au niveau de la politique gouvernementale. Que faire après avoir lancé cette impulsion ? On ne peut pas sous-estimer ses effets, ni même mettre de côté son utilité.

Evoquons, par exemple, le plan de relance des Etats-Unis, à la suite de **la crise de Lehman Brothers** en 2008 qui a abouti à une crise mondiale. Le programme « Economic Stimulus Measures », qui représentait une injection de 3% du PNB, de 289 milliards de dollars, dans l'économie, a servi à encaisser une crise qui présageait un effondrement économique d'une ampleur inédite.

De même, en France, à la suite de la crise du COVID, le programme d'assistance aux entreprises de 300 milliards d'euros avait pour objectif d'encaisser la déflagration de la pandémie.

Plus tard, c'est l'Union Européenne qui se mobilisait autour d'un plan de relance de 750 milliards d'euros pour faire face à la crise provoquée par la guerre en Ukraine et à son incidence sur les coûts de l'énergie. Des programmes exceptionnels, il est vrai, qui ont eu des impacts concrets sur l'économie ! A son tour, l'approche monétaire a aussi toute sa pertinence. On ne peut pas recourir continuellement à des perfusions monétaires pour stimuler l'économie sans finir par provoquer une inflation qui remet en question cette pratique en ouvrant un nouveau cycle (vicieux).

Continuons notre déambulation avec Keynes et Friedman, et notons ces deux mots clés qui ne sont pourtant pas cités quand on présente les deux écoles, mais qui font toute la différence : **ponctuellement** et **continuellement**. Ils clarifieraient toute la contradiction apparente entre les deux écoles. En les mettant l'une face à l'autre de cette manière sans préciser le cadre temporel de chacune, les économistes ne sont pas en train de traiter la même problématique, mais mettent en opposition deux notions au lieu de chercher à les fédérer ! Oui, un coup de relance ponctuel à la Keynes peut porter ses fruits. D'autre part Friedman n'a pas tort non plus : le faire continuellement conduit à en détruire les bienfaits.

Le Japon ?

Pour bien comprendre cela, il suffit de nous tourner vers le... Japon. L'expérience japonaise du gouvernement Abe, maintenant connue sous le nom de « Abenomics » est un parfait exemple du rapprochement possible. Elle se base sur trois vecteurs concomitants : une relaxation monétaire, des stimuli fiscaux et des réformes structurelles. Bien que les impacts des dernières mesures n'étaient pas dans les attentes, l'économie a pu briser un cercle vicieux d'endettement qui était enraciné depuis des années, et a permis une croissance qui a dépassé le taux d'augmentation de la dette nationale. Une vraie aubaine !

La gestion des cycles holistes, en fonction du premier facteur contraignant qui aident les entreprises à marier opérations et stratégie feront le même effet au niveau non plus de la simple entreprise, d'un groupe mais pour toute l'économie.

De plus, la gestion de la complexité s'inscrit aussi dans les mêmes approches de Leontief au sujet de l'équilibre général.

Que dire alors du rôle des hommes ? Ils sont à la fois affectés, dépendants, et acteurs !

C'est bien dans la lignée des modèles économiques où le rôle de l'homme est évident comme dans les « expectation theories », les « game theories ». En effet, la première apporte un regard nouveau sur les sciences économiques : la courbe des taux d'intérêts à long terme est la résultante des attentes qu'on les investisseurs à long terme. Cette théorie stipule par conséquent que la courbe des taux n'est pas la résultante d'une analyse fondamentale qui prend en considération les tenants et les aboutissants de ces taux, mais de la perception des acteurs. Elle met en évidence les interdépendances entre les différentes données. La seconde, comme son nom l'indique considère les interactions même au niveau des marchés comme un jeu de pouvoir entre les protagonistes. Elle relève l'importance des informations dont ils disposent.

Ainsi, l'homme est au cœur de l'économie et de l'analyse économique.

Le CHT : un modèle fédérateur

Finalement, la méthode CHT serait utile non seulement pour les PME-PMI, et les groupes, mais aussi pour toute l'économie. Oui, redisons-le une dernière fois : Le CHT est un modèle fédérateur qui peut aussi mettre l'économie au service des citoyens, et assurer une amélioration de leur quotidien avec une croissance durable et pérenne. Munis d'un modèle fédérateur, j'espère que nous pourrons faire avancer notre planète vers un futur meilleur !

En apparence, ces approches pourraient se contredire. Cependant, quand elle s'inscrit dans une séquence claire adoptée dès lors que les mesures de relance sont actées, l'économie profite des retombées de la relance sans nécessairement sombrer dans une inflation galopante.

Au risque de nous répéter, c'est le facteur temps qui est occulté dans l'explication des deux écoles qui apporte toute la différence.

Dans cette perspective, une politique économique peut bien proposer des mesures de relances ponctuelles à la Keynes à très court terme et prévoir en même temps des mesures fiscales qui amortiraient tout dérapage monétaire à plus long terme afin d'éviter les craintes de Friedman.

J'espère que cette idée ne sera pas qu'une simple conclusion ou bien une constatation éphémère de ce livre, et qu'elle ouvrira la piste à de nouvelles recherches.

Conclusion !

Oui, dans un monde qui entre de plus en plus en temps de turbulences, nous avons soutenu que les budgets et les business plans ne sont pas suffisants pour permettre à nos entreprises de passer ces ouragans. Le modèle du CHT permet à l'entreprise de remettre l'homme au cœur de son activité, de ses décisions et de sa stratégie. C'est, effectivement, en développant la culture de l'équipe entrepreneuriale, de l'intrapreneuriat, que surgissent les fruits de la solidarité. Dans nos entreprises, nos femmes et nos hommes sont capables de s'adapter rapidement au changement, mais aussi de l'anticiper, de le maîtriser, de le provoquer.

C'est à ce moment-là que l'*innovation*, maître mot, entre en jeu. Tout au long de notre livre, j'ai affirmé que face aux changements, l'entreprise doit pouvoir constamment changer ses décisions pour répondre à ce rythme de turbulence.

En outre, je n'hésiterai pas à affirmer que certains principes doivent rester immuables. Il s'agit du système de valeurs.

L'authenticité, l'éthique, l'honnêteté, la loyauté, la solidarité, la transparence et le travail bien fait y sont premiers. Ces mots sont des valeurs gravées en nous et sur les façades de nos ateliers, dans nos bureaux, sur nos tables de travail, dans nos usines.

Oui, nous essayons, continuellement, de les diffuser comme notre culture d'entreprise par excellence, auprès de nos femmes et de nos hommes de bonne volonté, de nos collaborateurs qui ont pour moteur la croissance et la solidarité.

Sans nos collaborateurs, que serions-nous, nous les dirigeants ?

Dans notre monde en turbulence, les valeurs et les principes sont comme des boussoles qui indiquent la bonne direction que doivent prendre nos entreprises pour prospérer.

Dans un monde où l'individualisme, le matérialisme et l'opportunisme déshumanisant, les sous-valeurs viennent gangréner nos environnements, il est urgent de déclarer que la réussite économique doit rimer avec les principes et les valeurs.

En un mot : avec humanisme !

Pour ma part – celle d'Antoine Bordier – je conclurai tout simplement par ces quelques mots, ayant accompagné Fady Gemayel dans cette belle aventure d'écriture à deux.

La Stratégie d'Entreprise en temps de Turbulences est un livre qui va permettre aux cadres et dirigeants d'entreprise, aux entrepreneurs, aux professeurs qui enseignent l'économie, l'histoire, la gestion, le management et la stratégie, de se poser les bonnes questions et d'obtenir une palette de solutions. Celles-ci (les questions) foisonnent, tant notre monde est devenu si complexe. Une complexité plus ou moins conflictuelle, dans un environnement où les relations contractuelles sont de plus en plus mises à mal.

Avec ce tour d'horizon des auteurs de gestion, dont le prisme est assez large, et les exemples multiples qui enrichissent les différentes pages, nous avons voulu donner de la consistance à ce livre, de l'épaisseur et de la hauteur. Certains lecteurs poseront la question : Quels auteurs préférez-vous ? J'aurais tendance à répondre : Fady Gemayel lui-même. Car le travail qu'il a réalisé est considérable. Ce sont plusieurs dizaines d'années de travail, depuis sa thèse, qui sont griffées dans ces pages.

Certes, j'ai, également, un faible pour Mintzberg. Il est un aventurier, un des héros de la stratégie en permanence. Il n'y a plus une minute à perdre : mettons-nous, tous, sans exception, à la stratégie et aux opérations.

Avant lui, c'est Ansoff que j'apprécie tout particulièrement. Car, il nous apprend, il nous guide sur le chemin des sciences de gestion.

Mais, il est vrai que je garde un attrait pour Godet, que j'ai croisé à plusieurs reprises. J'aime son intelligence. J'aime me mettre de temps en temps à son école de la prospective. J'aime quand il dit : « Il ne faut pas mettre les gens dans des cases. » C'est un franc-tireur, qui sort des sentiers battus. J'apprécie, aussi, quand il s'affiche contre les 35h (en France). J'apprécie, également, son *bon sens* : « Il faut faire du local ». Idem, lorsqu'il remet à l'honneur le principe de subsidiarité, celui de la souveraineté économique de nos territoires.

Quant au CHT, au début, je ne cacherai pas que lorsque Fady Gemayel m'en a parlé, j'ai été surpris. Sa pensée orientale est assez complexe. L'entendement, au début, n'y était pas clairement établi. Et puis, à force de démonstration, d'exemples, qui se retrouvent dans notre livre, il a réussi à me convaincre. Oui, en matière de stratégie, en matière de gestion et de management, le CHT est une solution à mettre en œuvre dans vos PME-PMI, dans vos ETI, et dans vos grands groupes. Et, à l'heure du surendettement français, au plus haut niveau de l'Etat ! Il y a urgence…

Au sujet des turbulences, si le Liban y a été confronté plus que la France, et plus que d'autres pays du pourtour Méditerranéen, aujourd'hui, elles se diffusent partout. En France, qui ne connaît pas de turbulences ?

Je me souviens de cette première turbulence significative, qui avait frappé la France en 1987. Certes, cette turbulence était mondiale. Il s'agissait du krach boursier du 19 octobre qui avait fait dévisser les bourses du monde entier, tel un jeu de dominos. Certains experts expliquaient alors qu'il y avait « une crise monétaire et financière tous les 7 ans ». Mais, aujourd'hui, force est de constater que cette « crise » est devenue multiple, qu'elle se décline au pluriel et qu'elle est plus fréquente.

Il faut, donc, se préparer, préparer nos entreprises, nos organisations, à affronter les turbulences d'aujourd'hui et de demain.

Le CHT y prépare en mettant en avant le H, d'Humanisme !

Je termine cette conclusion le jour de l'élection du nouveau pape Léon XIV, ce 8 mai 2025. Il est le meilleur Représentant de la Pensée sociale de l'Eglise. J'espère que cette pensée rejoindra celle de ce livre… et réciproquement. Car, au cœur de nos entreprises, il y a, en effet, l'homme, tout l'homme, toute notre humanité, sans exception. Du plus fragile au plus fort… Il y a le principe de solidarité, bien présent dans ce livre. Il y a, enfin, le principe de subsidiarité et le bien commun.

VIII. ANNEXES

1. Bibliographie : les articles et les livres

1.1 Les articles

Adler Paul S. : « Workers and flexible manufacturing systems : Three installations compared ». Journal of Organizational Behavior, 1991 (vol. 12, pages 447-460).

Amara R. : « Strategic Planning in a Changing Corporate Environment ». Long Range Planning, February 1979 (vol. 12, pages 2-16).

Andreou S.A. : « A Capital Budgeting Model for Product-Mix Flexibility ». Journal of Manufacturing and Operations Management, 1990 (vol. 3, pages 5-23).

Bacot L.M., Hartman S.J., Lundberg O.H. : « Adaptive strategies and survival in an environment dominated by economic decline ». Journal of Applied Business Research, 2004 (vol. 9, n°1, pages 34-43).

Balakrishnan S. et **Wernerfelt B.** : « Technical change, Competition and Vertical Integration ». Strategic Management Journal, 1986 (vol. 7, pages 347-359).

Barney J.B. : « Types of Competition and the Theory of Strategy : Toward an Integrative Framework ». Academy Management Review, October 1986 (vol. 11, n° 4, pages 791-800).

Barry D. : « Managing the Bossless Team : Lessons in Distributed Leadership ».

Bates C.S. : « Mapping the Environment : an Operational Environmental Analysis Model ». Long Range Planning, October 1985 (vol. 18, n° 5, pages 97-107).

Bates D.L. et **Dillard JR., J.E.** : « Wanted : A Strategic Planner for the 1990's ». Journal of General Management, 1992 (vol. 18, n°1).

Beatty R.W. et **Ulrich D.O.** : « Re-Energizing the Mature Organization ». Organizational Dynamics.

Beaumont P.B. et **Hunter L.C**. : « Competitive strategy, flexibility, and selection: the case of Caledonian Paper ». Industrial Relations Journal, September 1991 (vol. 22, pages 222-228).

Bere J.F. : « The Director as Servant and Leader ». Directors and Boards, Spring 1991.

Blanche B.C. (1987 /1) : « Le marketing aujourd'hui dans le monde. Tendances lourdes et signaux faibles ». Revue Française du Marketing, Janvier 1987 (n°111, pages 7-33).

Boisseau C. et **Tarondeau J.C.** : « Développer la réactivité dans les opérations industrielles ne s'improvise pas ». Revue Française de Gestion, Novembre-Décembre 1991 (pages 61-68).

Bolman L.G. et **Deal T.E.** : « Leadership and Management Effectiveness : A Multi-Frame, Multi-Sector Analysis ». Human Resource Management, 1986-1998 (vol. 30, n° 4).

Bonsignore F.N. : « Be Bold in Leading Through Values ». Directors and Boards, Summer 1989 (page 11-14).

Bougon M.G. : « Congregate Cognitive Maps : A Unified Dynamic Theory of Organization and Strategy ». Journal of Management Studies, May 1992 (29.3).

Bourgeois L.J., III : « Strategy and Environment : A Conceptual Integration ». Academy of Management Review, 1980 (vol. 5, n° 1, pages 25-39).

Bourgeois L.J., III : « Strategic Goals, Perceived Uncertainty, and Economic Performance in Volatile environments ». Academy of Management Journal, 1985 (vol. 28, n° 3, pages 548-573).

Boyer L. : « L'entreprise juge l'école ». Harvard l'Expansion : Harvard Special Europe, Automne 1991, n° 62.

Brown H.E. et **Brucker R.W.** : « Charting the Industrial Buying Stream ». Industrial Marketing Management, 1990 (vol. 19, pages 55-61).

Brown J.R., Lusch R.F. et **Koenig H.F.** : « Environmental Uncertainty Regarding Inventory Ordering : Its Behavorial Consequences In A Distribution Channel ». IJPD & MM, 1984 (vol. 14, 3, pages 19-36).

Brown J.S. : « Les Chercheurs doivent Sortir des Laboratoires ». Harvard l'Expansion : Dossier innovation, Automne 1991 (n° 62).

Campbell A. et **Goold L.** : « Adding Value from Corporate Headquarters ». International Review of Strategic Management, 1990 (n° 12).

Chakravarthy B. S. : « On Tailoring a Strategic Planning System to Its Context : Some Empirical Evidence ». Strategic Management Journal, Nov.-Dec. 1987 (vol. 8, n° 6, pages 517-534).

Colling T. et Ferner A. : « The Limits of Autonomy : Devolution, Line Managers and Industrial Relations in Privatized Companies ». Journal of Management Studies, 29 :2, March 1992.

Cook L.M., Ross S., Cho K., Cadbury D., Fireman P., Cawthorn R.E., Renier J.J., Shaheen G. T., Harf P., Heilmann C.F., Huntsman J.M., Groves R.J., Tellep D.M., Bally M., Saatchi M., Gerrity T.P., Zehnder E.P.S : « Chief executives report on how they view, the world of the 1990's & what it will take to succeed in it. Being a Global Leader ». Directors & Boards. Fall, 1991 (pages 21-49).

Cooper R. et **Kaplan R.** : « Mesurez mieux vos prix de revient ». Harvard l'Expansion, Automne 1991 (n° 62).

Copeland T. et **Weiner J.** : « Proactive management, of uncertainty ». The McKinsey Quarterly, 1990 (n° 4, pages 133-152).

Covin J.G. et **Slevin D.P.** : « A conceptual Model of Entrepreneurship as Firm Behavior ». Entrepreneurship Theory and Practice, Fall. Sage publications, October 1991 (vol. 16, pages 7-25).

Crozier M. : « The Boundaries of Business : Commentaries from the Experts. The changing organization ». Harvard Business Review, July 1991 (pages 138-140).

Csath M. : « Human resource management, corporate culture and entrepreneurship as key issues in the Hungarian Economic reform ». International Review of Strategic Management, 1988 (vol. 9, n° 12, pages 67-296).

De Nero H. : « Creating the "Hyphenated" corporation ». The McKinsey Quarterly, 1990 (n° 4, page 153).

Degot V. : « Projets d'entreprise : évolution d'un instrument de changement ». Revue Française de Gestion, Mars-Avril-Mai 1988 (n°68, pages 75-84).

Dobbs I.M. : « Decision making under ambiguity. Ambiguity or ("Uncertainty") ». Economica, November 1991.

Drucker P., Hammer M., Nadler D., Champy J., Stoddard W., Peters T., Rigby D. et **Stalk G.** : « Fads, Fixes & Fictions : Re-engineering is top of the US management theory pops. John Thackray asks the gurus why it's such a hit ». Management Today, June 1993 (pages 40-42).

Dumaine B. : « How Managers can Succeed through Speed ». Fortune, February 1989 (pages 30-35).

Dutton J.E. : « Interpretations on Automatic : A Different View of Strategic Issue Diagnosis ». Journal of Management Studies, 30(3), May 1993 (pages 339-357).

Dutton J.E. et **Duncan R.B.** : « The Creation of Momentum for Change through the Process of Strategic issue Diagnosis ». Strategic Management Journal, 1987 (vol. 8, pages 279-295).

Easton G. : « Competition and Marketing Strategy ». European Journal of Marketing, 1988 (vol. 22(2), pages 31-69).

Emery F.E. et Trist E. : « The Causal Texture of Organizational Environments ». Human Relations, Février 1965 (vol. 18, pages 21-32).

Feneuille S. : « A Network Organization to meet the challenges of Complexity ». EMJ, September 1990 (vol. 8, n° 3, pages 296-301).

Forgues B. : « La décision en situation de crise ». Revue Française de Gestion, Novembre- Décembre 1991.

Fichter J.L. : « Non au projet d'entreprise ». Revue Française de Gestion, Mars-Avril-Mai 1988, (pages 85-88).

Fincham R. : « Perspectives on Power : Processual, Institutional and 'Internal' Forms of Organizational Power ». Journal of Management Studies 29(6), November 1992 (pages 741-760).

Finholt T. et **Sproull L.S.** : « Electronics group at works », January 1988, page 4.

Fisher A.B. : « Is Long Range Planning Worth it ? ». Fortune, April 1990 (pages 137-140).

Forcinal I. : « Stratégie : comment gérer une crise ». Affaires économiques, Avril 1991 (n° 18).

Gemayel F. : « Lebanon's Economic System ». Note de recherche présentée lors du séminaire des systèmes économiques comparés, en automne 1981, Georgetown University.

Ghoshal S. : « Environmental Scanning in Korean Firms : Organizational Isomorphism in Action », 1988 (vol. 19, n° 1, pages 69-86).

Gilder G. : « Le mariage de l'ordinateur et du téléviseur ». Harvard l'Expansion, 1991, Dossier Innovation, Automne 1991 (n° 62).

Gladstein D.L. et **Reilly N.P.** : « Group Decision making under Threat : The Tycoon Game », 1985, Academy of Management Journal, (n° 28, pages 613-627).

Godet M. : « Les Dangers de la (seule) réactivité ». Revue Française de Gestion, Novembre- Décembre 1991, pages 91-92.

Godiwalla Y.M., Meinhart W.A. et **Warde W.D.** : « Environmental Scanning : Does it Help the Chief Executive ? ». Long Range Planning, October 1980 (vol. 13, pages 87-99).

Goold M. : « Research notes and communications design learning and planning : a further observation on the design school debate". Strategic Management Journal, 1992 (vol. 13, pages 169-770).

Grinyers S. et AL, McKiernan P. et **Yasai Ardekani M.** : « Correlates of Economic Performance », 1986-1987/

Guth W.D. et **MacMillan I.C.** : « Strategy Implementation Versus Middle Management Self interest ». Strategic Management Journal, 1986, (vol. 7, pages 313-327).

Hall S. : « A framework for Generating Viable New Services ». Business Marketing Digest. Product Development, (pages 11-15).

Hambrick D.C. : « Specialization of environmental scanning activities among upper Level executives ». Journal of Management Studies, July 1981 (vol. 18, pages 299-320).

Hamel G. et **Prahalad C.K.** : « Strategic Intent ». The McKinsey Quarterly, Managing in a global environment, May 1989.

Hamel G. et **Prahalad C.K.** : « Corporate Imagination and Expeditionary Marketing ». Harvard Business Review, July-August 1991.

Hansen E.L. et **Allen K.R.** : « The Creation Corridor : Environmental Load and Pre Organization Information Processing Ability ». Entrepreneurship Theory and Practice, Baylor University (vol. 17, n° 1, Fall).

Hardy K.G. : « Making Marketing Work : The Three Crimes of Strategic Planning ». Business Quarterly. Summer 1992.

Harris T.E. : « Toward Effective Employee Involvement : An Analysis of Parallel And Self-Managing Teams ». Journal of Applied Business Research, 1992 (vol. 9, n° 1, pages 25-33).

Hartman J.W. : « Who Killed LRP ? Hello SRP ». Sawyer Riley Compton Inc.

Haverty J.L. et Kyj M.J. : « What Happens when New Competitors Enter an Industry ». Industrial Marketing Management, 1991 (vol. 20, pages 73-80).

Horchover D. : « Practical Steps to Stop your Sales being skimmed ». Business Marketing Digest : Exporting, (page 17).

Huber G.P., Miller C.C. et **Glick W.H.** : « Developing more encompassing Theories about organizations : The Centralization Effectiveness relationship as an example ». Feb. 90 (pages 11-40).

Huey J. : « Managing in the Midst of Chaos ». Fortune, April 5 1993 (pages 30-36).

Ibrahim A.B. : « Strategy Formulation in Small Business : A Conceptual Framework ». Journal of Small Business & Entrepreneurship, July-September 92 (vol. 9, n° 4).

Jauch L.R. et Kraft K.L. : « Strategic Management of Uncertainty ». Academy of Management Review, 1986 (vol. 11, n° 4, pages 777-790).

Javidan M. : « Research Note and Communication : The Impact of Environmental Uncertainty on Long range Planning Practices of the U.S. Savings and Loan Industry ». Strategic Management Journal, 1984 (vol. 5, n° 1, pages 381-392).

Johnston W. : « Le nouveau marché mondial du travail ». Harvard l'Expansion, Automne 1991 (n° 62).

Judd V.C. et **Tims B.J.** : « How Annual Reports Communicate a Customer Orientation ». Industrial Marketing Management, 1991 (n° 20, pages 353-360).

Kelly J. : « Executive Behavior : Classical and Existential ». Business Horizons, January-February 1993.

Khandwalla P.N. : « Generators of Pioneering Innovative Management : Some Indian Evidence ». Organization Studies, January 1987 (vol. 8/1, pages 39-59).

Kiesler S. et **Sproull L.** : « Managerial Response ». December 1992.

Krijnen H.G. : « The Flexible Firm ». Long Range Planning, April 1979 (vol. 12, pages 63-75).

Lambert D.M., **Marmorstein H.** et **Sharma A.** : « Industrial Salespeople as a Source of Market Information ». Industrial Marketing Management, 1990 (vol. 19, pages 141-148).

Latham G.P. et **Locke E.A.** : « Self Regulation through Goal Setting ». Organizational Behavior and Human Decision Processes, 1991 (vol. 50, pages 212-247).

Laughlin J.L. et **Tyalor C.R.** : « An Approach to Industrial Market Segmentation ». Industrial Marketing Management, 1991 (vol. 20, pages 127-136).

Learned J.P. : « Problems of a New Executive ». Four Corners, Harvard Business Review, November-December 1991 (pages 57-64).

Leff N.H. : « Strategic Planning in an Uncertain World ». Environmental Analysis and Forecasting The Journal of Business Strategy.

Lenz R.T. et **Engledow J.L.** : « Environmental Analysis : The applicability of Current Theory ». Strategic Management Journal, 1986 (vol. 7, pages 329-346).

Lewis R.A. : « Communicating the Restructuring ». Directors and Boards, Summer 1989.

Little J.D.C. (1991). « Operations research in Industry : New opportunities in a changing world », Operations Research : OR FORUM, July-August 1991, (vol. 39, n° 4, pages 531 – 543)

Lyles M.A. et Schwenk C.R. (1992). « Top Management, Strategy and Organizational Knowledge Structures ». Journal of Management Studies, 1992 (vol. 29-2, March, page 155).

Maddux G.A., **Amos R.W.** et **Wyskida A.R.** : « Total Quality Management : Organizations can Apply Quality Function Deployment As Strategic Planning Tool ». Industrial Engineering, September 1991 (pages 33 – 37).

Marchington M. et Harrisson E. : « Customers, competitors and choice employee relations in food retailing ». Industrial Relations Journal, (pages 286-299).

Marx T.G. : « Removing the Obstacles to Effective Strategic Planning ». Long Range Planning, 1991 (vol. 24, n° 4, pages 21-28).

Mascarenhas B. : « Planning for Flexibility ». Long Range Planning, 1981 (vol. 14, n° 5, pages 78-82).

McCabe D.L. et **Narayanan V.K.** : « The Life Cycle of the PIMS & BCG Models ». Industrial Marketing Management, 1991 (vol. 20, pages 347-352).

McKenna R. : « Le Client a pris le pouvoir ». Harvard l'Expansion, Automne 1991 (n° 62).

McWilliams A. et **Smart D.L.** (1993). « Efficiency versus Structure, Conduct and Performance : Implications for Strategy Research and Practice ». Journal of Management, 1993 (vol. 19, n° 1, pages 63-78).

Meindel J.R. et Ehrlich S.B. : « The Romance of Leadership and The evaluation of organizational performance ». Academy of Management Journal, March 1987 (vol. 30, n° 1, pages 91-109).

Milan G. : « La Plate-forme stratégique dans un environnement instable ». Revue Française de Gestion, Novembre-Décembre 1991.

Miles C. A. et McCloskey J. M. : « People : The Key to Productivity ». HR Magazine. February 1993.

Miller D. : « The Structural and Environmental Correlates of Business Strategy ». Strategic Management Journal, 1987 (vol. 8, pages 55-76).

Milliken F.J. : « Three types of perceived Uncertainty About the Environment : State, Effect, and Response Uncertainty ». Academy of Management Review, 1987 (vol.12, n° 1, pages 133-143).

Mills Q. : « The Road Map to The Future ».

Millstein I.M. : « On the Making of Pension Funds as "Patient Capitalists" ». Directors and Boards, Winter 1990 (page 11).

Mintzberg H. : « The design school : reconsidering the basic premises of strategic management ». Strategic Management Journal, 1990 (vol. 11, pages 171-195).

Mintzberg H. : « Structure & dynamique des organisations », Revue Française de Gestion.

Morris M.H. et **Don Trotter J.** : « Institutionalizing Entrepreneurship in a Large Company : A case Study at AT&T ». Industrial Marketing Management, 1991 (vol. 19, pages 131-139).

Nalebuff D. : « The competitive Edge in Business, Politics and Every day life ». Thinking Strategically.

Narchal R.M., **Kittappa K.** et **Bhattacharya P.** : « An Environment Scanning System for Business Planning ». Long Range Planning, December 1987 (vol. 20, n° 6, pages 96-105).

Neubauer F.F. et **Demb A.** (1990) : « Board Participation in Strategy : When and How ? ». International Review of Strategic Management, 1990 (n° 11, pages 243-265).

Nicholls J. : « The Alloplastic organization : Balancing Flexibility and Stability in a turbulent Environment » (pages 61-69).

Nonaka I. : « The Knowledge Creating Company ». Harvard Business Review, November- December 1991, (vol. 69, pages 96-104).

Normann R.A. et **Ramirez R.** : « From value chain to value constellation : designing interactive strategy. » Harvard Business Review, July-August 1993.

Oliff M.D. : « Strategic Information Management in Global Manufacturing ». European Management Journal, December 1991 (vol. 9, n° 4, page 361).

Ormsby J.G. et **Tinsley D.B.** : « The role of marketing in material requirements planning systems ». Industrial Marketing Management, February 1991 (vol. 20, pages 67-72).

Peterson P.G. : « Seven Propositions for the Future : Chairman's Agenda : The Activist shareholder ». Directors and Boards, Winter 1990 (pages 6-10).

Porter M. : « International Competitive Strategy from a European Perspective ». European Management Journal, December 1991 (vol. 9, n° 4, pages 355-360).

Preble J.F. : « Towards a Comprehensive System of Strategic Control ». Journal of Management Studies July 1992 (vol. 29/4, pages 391-408).

Puri S.J. et Korgaonkar P. : « Couple the Buying and Selling Teams ». Industrial Marketing Management, 1991 (vol. 20, pages 311-317).

Quarantelli E.L. (1988) : « Disaster Crisis Management : A Summary of Research Findings ». Journal of Management Studies, July 1988 (vol. 25/4, pages 375-385).

Rawl L.G. : « Adjusting to Variability in the Oil and Gas industry ». Environmental Analysis, The Journal of Business Strategy, Spring 1987 (vol. 7/4, pages 77-80).

Rogers C.R. et Roethlisberger F.J. : « Barriers & Gateways to Communication ». Harvard Business Review, November-December 1991 (page 105).

Sager J.K. : « Recruiting and Retaining Committed Salespeople ». Industrial Marketing Management, 1991 (vol. 20, pages 99-103).

Sanderson S.M. et **Luffman G.A.** : « Strategic Planning & Environmental Analysis ». European Journal of Marketing, 1988 (vol.22/2, pages14-30).

Schoemaker P.J.H. : « Strategic Decisions in Organizations : Rational and Behavioral Views". Journal of Management Studies, January 1993 (pages 107-129).

Sethi S.P. : « Opportunities and Pitfalls for Multinational Corporations in a Changed Political Environment ». Long Range Planning, December 1987 (vol. 20, n° 6, pages 45-53).

Seymour M. : « Crafting a Crisis Communications Plan ». Directors and Boards chairman's Agenda, Managing environmental responsibility, Summer 1991, (pages 26-29).

Shapiro B. : « Managing People and Organizations ». The Practice of Management Series, Harvard Business School.

Shipper F. et **White C.S.** : « Linking Organizational Effectiveness and Environmental change". Long Range Planning, June 1983 (vol. 16, n° 3, pages 99-106).

Shrivastava P. : « Rigor and practical usefulness of research in strategic management ». Strategic Management Journal, 1987 (vol. 8, pages 77-92).

Singh H. : « Challenges in researching corporate restructuring ». Journal of Management Studies, January 1993 (vol. 30/1, pages 147-172).

Smith K.G. et **Grimm C.M.** : « Environmental variation, strategic change and firm performance : A study of railroad deregulation ». Strategic Management Journal, 1987 (vol. 8, pages 363-376)

Snyder N.H. et **Glueck W.F.** : « Research notes : can environmental volatility be measured objectively ». Academy of Management Journal, March 1982 (vol. 25, n° 1, pages 185-192).

Sriram R.S. et **Gupta Y. P.** : « Strategic Cost Measurement for Flexible Manufacturing Systems ». Long Planning, 1991 (vol. 24, n° 5, pages 34-40).

St. John C.H. et **Hall Jr. E.H.** : « The interdependency between marketing and manufacturing ». Industrial Marketing Management (vol. 20, pages 223-229).

Steiner G.A. et **Kunin H.** et **Kunin E.** : « The new class of chief executive officer ». Long Range Planning, 1981 (vol. 14, n° 4, pages 10-20).

Stone N. : « L'éducation est-elle l'affaire des hommes d'affaires ? ». Harvard l'Expansion, Automne 1991, No. 62.

Strasser S., Eveland J., Cummins G., Deniston O. et **Romani J.** : « Organizational Effectiveness Models », 1981 (pages 322-339).

Vancil R.F. : « Strategy Formulation in Complex Organizations ». Sloan Management Review Reprint Series, Massachusetts Institute of Technology, Winter 1976 (vol. 17, n° 2, pages 1-18).

Veliyath R. et **Shortell S.M.** : « Strategic orientation, strategic planning system characteristics and performance ». Journal of Management Studies, May 1993 (vol. 30, n°3, pages 360-381).

Véran L. : « Temps réel, prise de décision et performance de l'organisation ». Revue Française de Gestion, Novembre-Décembre 1991 (pages 27-45).

Williams A.J. et **Smith W.C.** : « Involving Purchasing in Product development ». Industrial Marketing, 1990 (vol.19, pages 315-319).

Yasai et **Arderani M.** : « Structural Adaptations to Environments ». Academy of Management Review, 1986 (vol. 11, n° 1, pages 9-21).

Zairi M. : « The Role of Consultants in AMT Implementation ». Journal of General Management, Autumn 1992 (vol. 18, n° 1).

Zipkin P. : « Le mirage du Just-In-Time ». Harvard l'Expansion, Autumn 1991 (n° 62, pages 48-57).

1.2 Les livres

Ansoff H.I. et **McDonnell E.** : « Stratégie du développement de l'entreprise : une approche méthodologique du management stratégique dans le dernier quart du XXe siècle ». Paris, Les Editions d'Organisation, 1989.

Ansoff H.I. : « Implanting Strategic Management ». U.K, Prentice-Hall. Seconde édition avec McDonnell E. parue en1990.

Arnoldo C. Hax et Nicolas S. Majluf : « Strategic management : an integrative perspective », Prentice-Hall, 1984.

Battini P. : « Innover c'est gagner ». Paris, Dunod, 1991.

Bidault F. : « Le champ stratégique de l'entreprise ». Paris, Economica, Collection Gestion, 1988.

Bolman L.G. et **Deal T.E.** : « Reframing Organizations ». San Francisco, Jossey Bass Publishers, 1991.

Calori R. et **Atamer T.** : « L'action stratégique : Le management transformateur ». Paris, Les Editions d'Organisation, 1991.

Certo S.C. et **Paul Peter J.** : « Strategic Management : a Focus on Process ». USA, McGraw -Hill International Editions, Management Series, 1991.

Charreaux G., Couret A., Joffre P., Koenig G. et **de Montmorillon B.** : « De nouvelles théories pour gérer l'entreprise ». Paris, Economica. Collection Gestion, 2000.

Chaib A. : « L'aventure de la liberté : Essai sur le libéralisme économique au Liban. Publishing and Marketing House s.a.l. Beyrouth, 1983.

Chiha M. : « Propos d'Economie Libanaise ». Editions du Trident, Beyrouth, 1965.

Crozier M. et **Sérieyx H.** (1994) : « Du management panique à l'entreprise du XXIe siècle ». Maxima Laurent du Mesnil, 1994.

D'Aveni R. : « Hypercompetition : Managing the Dynamics of Strategic Maneuvering ». Free Press, New York, 1994.

Dalrymple D.J. et **Cron W.L.** : « Sales Management : Concepts and Cases ». Second edition, New York, John Wiley and Sons, 1985.

Dagher A. : « La crise de la monnaie libanaise (1983-1989) », FMA, 1989.

De Woot P. et **Desclée de Maredsous X.** : « Le Management Stratégique des Groupes Industriels : Fonctionnement au Sommet et Culture d'Entreprise ». Paris, Economica. Collection Gestion, 1985.

Denis H. : « Stratégies d'entreprise et incertitudes Environnementales : Design Organisationnel, Cultures et Technologie ». Ottawa, Editions Economica, Collection Gestion, 1990.

Denton D.K. : « Horizontal Management : Beyond Total customer Satisfaction ». New York, Lexington Books, 1998.

Geneen H. et **Moscow A.** : « La direction doit diriger ». Paris, Editions Robert Laffont, 1986.

Gibeily T. : « Strategic Planning ». Thèse de Doctorat Université du Saint-Esprit Kaslik, Liban, 1989.

Godet M. : « De l'anticipation à l'action. Manuel de prospective et de stratégie ». Paris, Dunod, 1991.

Hamel G. et **Prahalad C. K.** : « Competing for the future ». Harvard Business School Press, Boston Massachusetts, 1994.

Hatziantoniou P. : « The relationship of environmental turbulence, corporate strategic profile, and company performance ». Doctoral Thesis. United States International University, San Diego Ca, 1991.

James C. et **Hammer M.** : « Reengineering the corporation : A manifesto for business revolution ». Harper Business, New York, 1993

Jauch L.R. et **Glueck W.F.** : « Strategic Management and Business Policy ». Third Edition, New York, Mc Graw-Hill, International Editions.

Joffre P. et **Koenig G.** : « Stratégie d'Entreprise : Antimanuel. Paris, Economica, Collection Gestion, 1985.

Kami M.J. : Trigger points : How to Make Decisions Three Times Faster, Innovate Smarter, and Beat your Competition by Ten Percent. McGraw Hill, New York, 1988.

Kanter R. Moss : « When Giants Learn to Dance ». New York, a Touchstone Book, 1990.

Kepner-Tregoe : « La Vision Stratégique en Action » (traduit de : Tregoe, Benjamin B., « Vision in Action : Putting a Winning Strategy to Work », Simon and Schuster, NY, by Kepner-Tregoe Inc., 1989). Paris, Les Editions d'Organisation, 1991.

Khoury N. : « La crise économique libanaise : aspects monétaires ». Publishing and Marketing House s.a.l., 1988.

Kolter P. et **Armstrong G.** : « Marketing : an introduction ». Prentice-Hall international Editions, 1984.

Kolter P., Fahey L. et **Jatusripitak S.** : « The New Competition : What Theory Z Didn't Tell You About Marketing ». New Jersey, Prentice-Hall, Inc, 1985.

Lawrence P.R. et Lorsch J.W. : « Organization and Environment : Managing Differenciation and Integration ». Harvard University, Boston, M.A, 1967.

Levitt T. : « Thinking about Management ». New York, The Free Press, 1991.

MacKenzie K.D. : « The Organizational Hologram : The Effective Management of Organizational Change ». Kluzer Academic Publishers, Boston, 1991.

Makdisi S.A. : « Financial Policy and Economic growth - The Lebanese Expérience ». Columbia University Press New York, 2022.

Makridakis S.G. : « Forecasting, Planning, and Strategy for the 21st Century ». New York, The Free Press, 1990.

Mallat R. : « 70 years of Money Muddling in Lebanon ». Reprint Fall, 1977.

Mallat R. : « Fiscal Policy for Social Justice and Economic Development in Lebanon ». Fall, 1980.

Marchesnay P. : « Le management stratégique ». Paris, Eyrolles, 1993

Maroun I. : « L'économie libanaise, le marché arabe et la concurrence israélienne ». Publishing and Marketing House s.a.l., 1983.

McKenna R. ; « Relationship Marketing : Successful Strategies for the Age of the Customer ». USA, Addison Wesley, 1991.

Mintzberg H. et **Quinn J.B.** : « The Strategy Process : Concepts, Contexts, Cases ». Englewood Cliffs, N.J., Prentice Hall inc. Toronto, 1991.

Morika A., Reingold E. et **Shimomura M.** : « Made in Japan : Le management à la japonaise par le grand patron de Sony », Paris, Editions Robert Laffont, 1986.

Moukheiber H. : « Le Génie Libanais : Mythe et Réalité ». Editions La Presse Beyrouth, 1993.

Besh B., Calori R., Charbonneau R., Colombo M.G., Demers C., Dussauge P., Garrette B., Giroux N., Guieu G., Johnson G., Julien P.A., Koenig C., Lejeune A., Liouville J., Marchesnay M., Miller R., Noël A., Nanopoulos C., Quélin B., Van Wijket G. : « Perspectives en Management Stratégique ». Tome I : 1992-93, Paris, Economica.

Paquet G. et **Gélinier O.** : « Le management en crise : Pour une formation proche de l'action ». Paris, Economica, 1991.

Perry L.T., Randall G.S. et **Smallwood W.N.** : « Real time Strategy. Improvising Team Based Planning for a Fast Changing World ». John Wiley & Sons, New York, 1993.

Peters T. : « Liberation Management : Necessary Disorganization for the Nanosecond Nineties ». Alfred Knopf, New York, 1992.

Probst G.F.B., Mercier J.Y., Bruggimann O. et **Rakotobarison A.** : « Organisation et Management. Tome 1 : Structurer l'organisation ». Paris, Les Editions d'Organisation, 1992.

Reeder R.R., Brierty E.G. et **Reeder B.H.** : « Industrial Marketing : Analysis, Planning and Control ». New Jersey, Prentice-Hall International Editions, 1987.

Rogers D.J. : « Les Grandes Stratégies Militaires Appliquées Aux Affaires ». Paris, First, Inc., 1988. (Traduit de : « Waging Business Warfare ». By Service Innovations Corp., Published by Charles Scribner's sons, 1987).

Sadler P. : « Designing Organizations : the foundation for excellence ». London, By Mercury Books, 1991.

Salvet J.M. : « Du Management Panique à l'Entreprise du XXIème siècle ». (Présentation des travaux de la Conférence Internationale : « À la Recherche de l'Organisation de Demain » qui s'est tenue à Montréal, Canada, en 1993 ; présentation par Crozier M. et Sérieyx H. des travaux du groupe Innovation ; synthèse rédigée par Jean-Marc Salvet. Editions Maxima, Laurent du Mesnil Editeur, 1994).

Senge P.M. : « The Fifth Discipline : The Art and Practice of the Learning Organization ». Double Day Currency, New York, 1990.

Sharplin A. : « Strategic Management ». USA, McGraw-Hill Education, International Student Edition, 1985.

Schön D.A. : « The Reflective Practioner ». New York, Basic Books, 1988.

Schön D.A. : « Educating the Reflective Practioner : Toward a New Design for Teaching and Learning in the Professions ». San Fransisco, Jossey-Bass Inc., Publishers, London, Jossey-Bass Limited, 1987.

Sinan F. : « L'économie Libanaise - Réalités et développement ». Dar Al Amal (en arabe), 1979.

« STRATEGOR : Stratégie, Structure, décision, identité ». Paris, InterEditions, Dunod, 1988, 1997, 2004, 2024.

Thietart R.A. : « La stratégie d'entreprise ». Paris, McGraw-Hill, 1990.

Ulrich D. et **Lake D.** : « Organizational Capability : Competing from the Inside Out ». John Wiley & Sons, 1990.

Véran L. : « La Prise de Décision dans les Organisations : Réactivité et changement ». Paris, Les Editions d'Organisation, 1991.

Vidal F. : « L'Entreprise et la cité : partenaires ou adversaires ». InterEditions, Paris, 1994.

Weizer N., Gardner G.O., et **al.** : « The Arthur D. Little Forecast on Information Technology and Productivity : Making the Integrated Enterprise Work ». John Wiley & Sons ; First Edition, 1991.

Wilson R. : « The economies of the Middle East ». Holmes and Meier Publishers, Inc., New-York, 1979.

Yabroudi A. : « Réalités de l'économie libanaise ». Publications du Centre des Etudes Stratégiques pour la paix - Publishing and Marketing House s.a.l. (en arabe).

Yachoui E. : « Restructuration et croissance de l'économie libanaise ». Beyrouth, Librairie du Liban, 1983.

2. Index des auteurs

Ansoff H. Igor : 2, 13, 24, 32, 34, 35, 36, 43, 44, 48, 50, 56, 59, 62, 63, 90, 91, 96, 98, 109, 157, 161, 163, 164, 226, 238.
Atamer Tugrul : 19, 59, 62, 89, 90, 221, 239.
Battini Pierre : 56, 238.
Bergadaà Michelle : 60.
Brown John Seely : 16, 57, 229.
Calori Roland : 19, 59, 62, 88, 89, 220, 238.
Campbell Andrew : 94, 229.
Champy James : 52, 53, 55, 91, 230.
Chandler Alfred DuPont : 81, 82.
Colling Trevor : 93, 229.
Cornet Annie : 55.
Demb Ada : 84, 85, 90, 234.
Denton Kenton : 68, 90, 91, 220, 239.
Denis Hélène : 91, 98, 239.
Descartes René : 37.
Drucker Peter : 29, 55, 112, 154, 212, 230.
Dumaine Brian : 67, 230.
Durand Rodolphe : 82.
Dussauge Pierre : 82, 240.
Fayol Henri : 27.
Feneuille Serge : 91, 220, 230.
Ferner Anthony : 93, 229.
Ford Henry : 27.
Friedman Milton : 223, 224.
Garrette Bernard : 82, 240.
Garvin David : 74, 75.
Gélinier Olivier : 17, 18, 243.
Gilles W. : 17.
Glick William : 92, 232.
Godet Michel : 13, 19, 24, 35, 59, 60, 61, 80, 89, 91, 95, 96, 98, 220, 226, 231, 239.
Goold Michael : 44, 94, 229, 231.
Hamel Gary : 13, 19, 20, 45, 86, 98, 111, 112, 126, 220, 231, 232, 239.
Hammer Michael M. : 52, 53, 55, 91, 230, 239.
Hardy Thomas : 25, 89, 232.
Homère : 50.
Hugo Victor : 29.

Kanter R. Moss : 56, 90, 91, 96, 98, 239.
Kepner Chuck : 59, 61, 88, 126, 220, 239.
Keynes John M. : 223, 224.
Krijnen Hans G. : 90, 233.
Lawrence Paul R. : 83, 84, 99, 103, 104, 240.
Lehmann-Ortega Laurence : 82.
Leontief Wassily : 120, 224.
Leroy Frédéric : 82.
Levitt Theodore : 56, 96, 111, 117, 186, 187, 240.
Lorsch Jay : 83, 84, 99, 103, 104, 240.
Lyles Marjorie A. : 89, 233.
Mackenzie Kenneth D. : 76, 89, 240.
Makridakis Spyros : 56, 64, 65, 240.
Marchesnay Michel : 21, 43, 82, 240.
Martinet Alain-Charles : 80, 82, 89.
Maslow Abraham : 29, 31.
McCallum Daniel : 30.
McDonnell Edward I. : 24, 50, 63, 97, 239.
McKenna Regis : 16, 57, 111, 116, 234, 240.
Miller Danny : 92, 234.
Mintzberg Henry : 13, 42, 43, 44, 45, 71, 75, 85, 86, 108, 176, 220, 226, 234, 240.
Morris Michael H. : 89, 234.
Navarre Claude : 17.
Neubauer Franz Friedrich : 66, 84, 85, 90, 234.
Nonaka Ikujiro : 90, 235.
Normann Richard A. : 97, 235.
Paquet Gilles : 17, 241.
Perry Lee Tom : 68, 90, 91, 220, 240.
Peters Tom : 87, 90, 220, 230, 235, 240.
Pointeau Bertrand : 82.
Porter Michael E. : 45.
Prahalad Coimbatore Krishnao : 13, 19, 20, 45, 86, 93, 111, 112, 126, 220, 231, 232, 239.
Quinn Robert E. : 45, 85, 86, 176, 220, 240.
Roudaut Yannick : 22, 243.
Sadler Philip : 56, 91, 241.
Schoemaker Paul J.H. : 44, 45, 235.
Schön Donald A. : 36, 37, 38, 39, 40, 41, 43, 221, 241.
Schwenk Charles R. : 89, 233.

Senge Peter : 71, 72, 73, 74, 78, 90, 108, 220, 241.
Sibony Olivier : 82
Simon Herbert : 42.
Simon Hermann : 181, 182, 184, 239.
Smallwood Norman : 68.
Smith Adam : 53, 82, 200, 236.
Stott Randall : 68, 90, 220, 240.
Taylor Frederik Winslow : 27, 32.
Tézenas du Montcel Henri : 17.
Thackray John : 54, 55, 230
Thietart Raymond-Alain : 19, 42, 220, 241.
Tregoe Benjamin : 59, 61, 88, 126, 220, 239.
Trotter Donald J. : 89, 234.
Véran Lucien : 66, 67, 69, 90, 220, 236, 241.
Vimont Claude : 17.
Watt James : 24.

IX. REMERCIEMENTS

1. Remerciements de Fady J. Gemayel

Je ne peux m'empêcher de penser à cette personne que je n'ai pas eu la chance de connaître longtemps, mais dont j'ai toujours senti la présence : mon père qui nous a quitté en pleine force de l'âge, quand je n'avais pas encore trois ans. Mon frère Nabil avait trois mois ! Sa mémoire a été ancrée dans nos vies grâce à ma mère, une dame exceptionnelle, qui nous a élevés dans ce noble souvenir teinté d'admiration et de respect. La force de sa grandeur d'âme n'avait de pareil que son grand cœur dilaté. Elle a su nous imprégner de cette détermination à dépasser les aléas et à aller de l'avant.
Je voudrais, aussi, remercier mon épouse Nayla et mes enfants Joseph et Hélène. Ils ont accompagné, voire subi, le dirigeant totalement engagé pour remettre son entreprise à flot, après un bombardement dévastateur. Ils étaient à mes côtés dans mon projet doctoral que j'ai enrichi au long des années, dans l'optique d'un livre, de ce beau livre.
Je me tourne, également, vers mon frère Nabil qui a été mon compagnon de route depuis que nous avons relevé ensemble notre entreprise. Plus jeune que moi, il a su transposer mon enthousiasme, quelquefois effréné, en démarches opérationnelles concrètes.
Je ne peux pas oublier, non plus, mon cousin Elias. A nous trois, nous avons pu naviguer contre vents et marées. Nous avons pu redorer le blason d'une entreprise familiale souvent éprouvée par des évènements dramatiques.
Ce livre est l'aboutissement de plus de quarante ans de ma vie au sein de notre entreprise familiale, Gemayel Frères sal ; et, plus tard, au sein de la Société Libanaise de Carton, Solicar ; et, depuis une douzaine d'années, de Gemdoubs et de Norpaper en France.
Un grand merci, aussi, pour la fidélité de nos partenaires en France, dont le groupe de la famille Chaoui, présidé par Monsieur Zafer Chaoui.
Je remercie toutes nos équipes et nos conseillers en France et au Liban, qui m'ont accompagné pendant toutes ces années. Je remercie particulièrement Monsieur Damien Kattar.

Ce livre est, également, le fruit de mon parcours universitaire en tant qu'étudiant en sciences économiques aux Etats Unis, aux universités Texas A&M et Georgetown, et aussi à Beyrouth, à

l'Université du Saint Esprit, USEK, et à l'Université Saint Joseph, USJ, en tant qu'enseignant, et puis à la Sorbonne.
Cette expérience de chemins croisés entre le monde de l'entreprise et le monde universitaire a permis de tisser les grandes lignes de ce livre. Vous l'avez bien compris. C'est pour cela, que je ne veux pas oublier tous ceux qui ont éclairé mon chemin. Je remercie tout particulièrement Messieurs Gibeili, Awad, Génot et Wacheux.

Également, j'ai une pensée toute particulière de gratitude pour mes collègues au sein des différentes organisations que j'ai eues l'honneur de présider : la FEFCO, la Fédération Européenne des Fabricants de Carton Ondulé, l'Association des Industriels Libanais et la Fédération Arabe des industries papetières, d'emballage et d'arts graphiques.

Enfin, je tiens à remercier mon co-auteur, Monsieur Antoine Bordier, dont les expériences dans le monde académique, entrepreneurial, journalistique et littéraire ont été précieux. Il a mis au service de ce livre sa belle plume pour rendre un texte académique plus intéressant et plus riche. Et cela, pour satisfaire un plus grand nombre de lecteurs.

2. Remerciements d'Antoine Bordier

Mes aventures au Levant m'ont entraîné dans l'écriture de ce livre sur la stratégie d'entreprise.

Après mes années consacrées à l'entreprise, au journalisme, à la littérature, à la biographie et à l'essai économique, j'ai une pensée toute particulière pour remercier la vie et ceux qui me l'ont donnée : mes parents, encore de ce monde !

Je tiens à remercier, également, toutes celles et tous ceux qui m'ont accompagné, fidèlement, dans cette aventure d'écriture. Mes remerciements sont comme des parfums qui s'élèvent vers ma famille, mon épouse et mes enfants, mes amis et mes proches.

Au Liban, j'ai découvert la beauté d'un pays, unique au monde, dont les traits ont été déposés comme un sceau sur le littoral de la civilisation humaine, entre mer et montagne – entre la Méditerranée, le Mont Liban et l'Anti-Liban (cette chaîne de montagne, véritable frontière naturelle avec la Syrie).

J'ai découvert un peuple traumatisé par les guerres du Liban et les nombreux conflits qui frappent, encore, ses cèdres millénaires, ses plaines fertiles (comme celle de la Bekaa), son peuple de résistants, ses rivages, ses villages et ses villes. Avec ce livre, j'ai mieux compris ce pays-mosaïque tant convoité, son histoire, ses racines et ses valeurs. Je ressens encore ses parfums épicés, et cet encens qui continue à brûler vers le ciel en s'élevant vers le ciel.

Les Libanais sont des Phéniciens – un peuple de commerçants, d'entrepreneurs et d'explorateurs. Ces derniers auraient mis les pieds sur la terre de notre douce France avant l'arrivée des… Gaulois ! Ils auraient donné son nom à notre continent : Europe !

Je remercie, aussi, Fady J. Gemayel de m'avoir invité à déposer sur la toile de sa peinture-mosaïque, le puzzle de sa vie académique, de sa vie d'entrepreneur et de sa vie francophone, mes propres coups de pinceaux, qui sont devenus cette plume d'écriture.

En écrivant ces dernières lignes, je me retrouve à HEC, cette grande école de commerce française mondialement connue, où j'ai appris la stratégie d'entreprise, lors de mon Executive MBA, il y a 22 ans.
C'est pour cela, que mon avant-dernier remerciement s'envole, tel l'aigle royal, en direction de Bernard Ramanantsoa, le Directeur général honoraire d'HEC Paris, que j'ai connu comme étudiant, puis, comme journaliste, et, enfin, comme essayiste.

Enfin, je remercie L'Harmattan et toute son équipe formidable !

Structures éditoriales du groupe L'Harmattan

L'Harmattan Italie
Via degli Artisti, 15
10124 Torino
harmattan.italia@gmail.com

L'Harmattan Hongrie
Kossuth l. u. 14-16.
1053 Budapest
harmattan@harmattan.hu

L'Harmattan Sénégal
10 VDN SICAP AMITIE 3
BP 45034 Dakar-Fann
direction@senharmattan.com

L'Harmattan Cameroun
Tsinga/Derrière polyclinique FECAFOOT
BP 11486 Yaoundé
Jacques.koukam@harmattan.fr

L'Harmattan Burkina Faso
Villa 281, secteur 23 623, rue 14.32
Ouagadougou
zagbie@outlook.fr

L'Harmattan Guinée
Almamya, rue KA 028 OKB Agency
BP 3470 Conakry
harmattanguinee@yahoo.fr

L'Harmattan RDC
185, avenue Nyangwe
Commune de Lingwala - Kinshasa
matangilamusadila@yahoo.fr

L'Harmattan Congo
219, avenue Nelson Mandela
BP 2874 Brazzaville
deunovmikhael@gmail.com

L'Harmattan Mali
Immeuble Mgr Jean Marie Cissé
Aci Hamadallaye
BP 145 Bamako
syllaka@yahoo.fr

L'Harmattan Togo
Djidjole - Maison Amela
face EPP BATOME
02 BP 20680 Lomé
didieramela11@gmail.com

L'Harmattan Côte d'Ivoire
Résidence Karl - Cité des Arts
Abidjan-Cocody
03 BP 1588 Abidjan
harmattan.ivoire@gmail.com

L'Harmattan Bénin
Rue 604, (Immeuble à l'entrée
de la rue UCAO- Cite de Saint-Jean)
Cotonou
stepcorpus@gmail.com

Nos librairies en France

Librairie internationale
16, rue des Écoles
75005 Paris
librairie.internationale@harmattan.fr
01 40 46 79 11
www.librairieharmattan.com

Librairie des savoirs
21, rue des Écoles
75005 Paris
librairie.sh@harmattan.fr
01 46 34 13 71
www.librairieharmattansh.com

www.ingramcontent.com/pod-product-compliance
Lightning Source LLC
LaVergne TN
LVHW011449061026
849535LV00004BA/1010